他者とともに生きる

民法から見た外国人法

大村敦志 ―［著］

東京大学出版会

VIVRE ENSEMBLE :
Cours de "droit des étrangers" par un civiliste
Atsushi OMURA
Presses universitaires de Tokyo, 2008
ISBN978-4-13-032344-4

Jとともに──

「その次の日,社長の藤田から入管への密告を指示されたのだ.

怪しいタイ人がいるから何とかしてほしいと入国管理局に電話してアパートを教えてやれと.

『滞っているやつらの給料が帳消しになれば工場は相当助かる.逆にいえば,これまでのやつらの給料を全額払うとなれば工場はかなりの打撃を受けるということだ』」

池永陽『アンクルトムズ・ケビンの幽霊』(角川書店,2003)

「『この国もだんだん変わり始めている.これからもっと変わって行くはずだ.在日だとか日本人だとか,そういうのは関係なくなっていくよ,きっと.だから,おまえたちの世代は,どんどん外に目を向けて生きていくべきだ』

『そうかな?』とぼくは真剣に訊いた.『ほんとに変わるかな?』

オヤジはなんの根拠があるのか,はっきりと頷いた.顔には自信満々の笑みが広がっていた.根拠? そんなもの必要ない.思うことが大事なんだ,きっと.」

金城一紀『GO』(講談社,2000)

はしがき

　1　本書を手にとられた方々は，表題にいくらかの違和感を抱くかもしれない．たとえば，次のような印象を持つ方も多いことだろう．
　「他者とともに生きる」という表題はエッセイを思わせるが，副題には「民法から見た外国人法」と記されている．いささか奇妙ではある．だが，いずれにせよ「外国人法」に関する書物ではあるらしい．構成や文章を見ると，エッセイ風の概説書といったところだろう．「民法から見た」という方向づけをされているが，「民法」と「外国人法」とはどのような関係にあるのだろうか．よくわからないが，ともかく「民法」と「外国人法」は同じではないのだろう，きっと．
　この程度のイメージをもっていただければ，さしあたりは十分である．確かに，本書は，①「外国人法」を対象として，②講義風のスタイルで，③（外国人法を専門とするわけではなく）民法を専門とする著者によって書かれたものであるのだから．まずは，そうしたものとして受け取っていただくことを期待している．すなわち，外国人と法とのかかわりに関心を持つ人々が，ある程度まとまった形での知識を得るために，類書とは少し異なる視点から（民法にかかわる叙述を中心として）書かれた概説書として本書を手にして下されば，と思う．
　2　しかし，著者のもくろみは，以上のような了解からはやや離れたところにある．
　まず第一に，本書の対象は，二重の意味で「外国人法」ではない．「外国人法」という言葉は十分に確立したものではないが，「外国人にかかわる法」という意味で，具体的には，国籍法・出入国管理法・外国人登録法など外国人との関連性の高い法律を指して用いられることが多いようである．だが，本書では，民法を中心とする諸々の法のうち，外国人にも適用されるものを

含めて「外国人法」と呼んでおり，狭い意味での「外国人法」のみを対象とするわけではない（なお，手塚和彰『外国人と法』〔有斐閣，第3版，2005，初版，1995〕はすでに広い意味での「外国人法」を視野に入れている）．また，広い意味での「外国人法」に関する説明にあたっては，対応する「日本人法」（「外国人法」と同じことも違うこともある）を常に念頭に置いている．その意味で，本書は，「外国人法」と同時に「日本人法」を扱うものなのである．

　結論の一部を先取りすることになるが，著者は，「民法」の領域を広くとり，ここでいう「外国人法」「日本人法」の双方を包摂するものとしてとらえたいと考えている．そう考えるならば，本書の対象は「民法」にほかならない．言い換えれば，本書では，「外国人」という存在を鏡として，「民法」に新たな光をあてることが試みられることになる．

　第二に，本書の目的は，「外国人法」に関する実際的な知識を提供することではない．その意味では概説書でもない．概説書としては，手塚・前掲書が優れており，さらに類書が必要だとも思わない．本書が目指しているのは，①「民法」における「人」の処遇のあり方を検討することであり（大村『消費者法』〔有斐閣，第3版，2007〕，同『家族法』〔有斐閣，第2版補訂版，2004〕では，消費者・家族を通じてこの問題を検討した），②「人」の生活を支える新たな法規範や制度の生成の様子を理解することであり（大村『生活のための制度を創る』〔有斐閣，2005〕はいくつかの事例による簡単なケーススタディであった），そして，③「民法」とは何か，「民法」を持つとはいかなることか問うことである（大村「民法と民法典を考える」同『法典・教育・民法学』〔有斐閣，1999〕や同『「民法0・1・2・3条」』〔みすず書房，2007〕などでも検討している）．このような関心のあり方を集約して表現したのが表題の「他者とともに生きる」である．

　本書は，「人」を「他者とともに生きる」存在としてとらえ，そのような「人」を支える仕組みとして「法規範（ルール）」や「制度」を位置づけ，さらに，そうした「人」「制度」のあり方を指して「シヴィル」と呼ぶ．それは，国籍に基づく「ナショナル」，民族に基づく「エスニック」のいずれとも異なる「人」「制度」のあり方でもある．概説書風の外観にもかかわらず，本書は全体を通じて，「民法学」の立場からの「シヴィル」をめぐるessai（試論／エッセイ）として書かれている．

3　本書の具体的な構想は，東京大学法学部において 2004 年度に開講した演習「他者とともに生きる―日本の外国人法」，同法科大学院において 2005 年度・06 年度に開講した演習「外国人留学生のための法律ハンドブックをつくる（正・続）」を通じて練られたものである．学部では，裁判例とルポルタージュ類を素材とした問題の発掘に，法科大学院では，Q&A 式の法律ハンドブック（http://www17.ocn.ne.jp/~lgis/ で公開）の作成に，それぞれ多くの学生諸君が参加し，熱心に活動してくれた．この場を借りて謝意を表する．また，ティーチングアシスタントとして，3 年間にわたりこれらの演習を補助してくれた大澤彩さん（東京大学大学院博士課程・民法専攻）にもお礼を申し上げる．

　漠然とした問題意識はこれより早く，2 度にわたる比較的長期のフランス滞在の際に育まれた．1980 年代後半のフランスでは「イスラムの郊外」が大きな社会問題になっていたが，やがて日本もこのような社会になるだろうとは思いつつも，この問題についての立ち入った調査・研究をする余裕はなかった．しかし，自らが外国人の若者の一人として，異なる社会に生きた経験は，本書の基礎となっている．10 年を経て 20 世紀末に再訪した折には，「排除」と「不平等」に対するフランス社会の対応に強い感銘を覚え，若干のことがらを書き留めてもみた（大村『フランスの社交と法』〔有斐閣，2002〕，特に，第 2 章参照）．

　さらに遡るならば本書の淵源は，少年の日々を過ごした 1960 年代に求めることができるかもしれない．当時の子どもとしては珍しいことではないが，父親の転勤のため，小学校の初めの 4 年間に 6 つの学校を渡り歩いた．それ自体が小さな異文化体験であったとも言えるが，巨大な米軍基地に隣接する畑中に赤旗の翻るやぐらが立つ町や，閉山により職を失った炭坑労働者が集団移住した町に住んだのも，異なるものと遭遇する貴重な経験であった．

　国境の内外を問わず，見知らぬ町でめぐりあい，様々な形で援助をしていただいた多くの方々にも，この場を借りてお礼を申し上げる．

　4　本書の出版については東京大学出版会の羽鳥和芳さんに，資料の整理，原稿の試読などについては私設秘書の伴ゆりなさんに，お世話になった．また，山内由梨佳さん（東京大学大学院博士課程・国際法専攻）には，専門の観点からの試読をお願いして，有益なご教示を得た．それでもなお残っているで

はしがき

あろう誤りは著者の責任に属することは言うまでもない．

　本書は，第 2 次日韓協約 100 周年の 2005 年に起稿され，ブラジル移民 100 周年の 2008 年に公刊される．

　2007 年 12 月

大　村　敦　志

主要目次

序章　**外国人と民法**　　1
　第1節　導入　　[Leçon 01]　2
　第2節　現状──現代日本の外国人　　[Leçon 02]　13
　第3節　視点──民法典・民法学から見た外国人　　24
　　第1　民法典における外国人　　[Leçon 03]　24
　　第2　民法学における外国人　　[Leçon 04]　33

第1章　**外国人とは何か**　　45
　第1節　外国人の識別・同定　　[Leçon 05]　46
　第2節　外国人の基本的処遇　　[Leçon 06]　58

第2章　**外国人の生活から見た日本法**　　67
　第1節　外国人の家族生活　　68
　　第1　婚姻　　[Leçon 07]　68
　　第2　親子　　[Leçon 08]　76
　　第3　その他の家族関係　　[Leçon 09]　85
　第2節　外国人の労働・学生生活　　94
　　第1　労働　　[Leçon 10]　94
　　第2　勉学　　[Leçon 11]　103
　第3節　外国人の日常生活　　113
　　第1　住まい・買い物　　[Leçon 12]　113
　　第2　事故　　[Leçon 13]　123
　　第3　医療・年金など　　[Leçon 14]　132
　　第4　教育・言語　　[Leçon 15]　140
　　第5　宗教・文化　　[Leçon 16]　155

第3章 在日外国人の生活支援 ……………………………………………… 165

第1節 具体例 166
- 第1 大都会――池袋・新宿 [Leçon 17] 166
- 第2 工業都市A――浜松・大泉 [Leçon 18] 175
- 第3 工業都市B――川崎市臨海部 [Leçon 19] 186
- 第4 郊外団地――横浜市内陸部 [Leçon 20] 193
- 第5 農村部――山形県最上地域 [Leçon 21] 199

第2節 考察 [Leçon 22] 207

補章 「外国人」の多様性・「日本人」の多様性 …………………………… 213

第1節 戦後日本の「外国人」 [Leçon 23] 214
第2節 明治日本の「日本人」 220

結章 外国人と市民＝社会と法の将来 ……………………………………… 227

第1節 「民法」と「外国人法」
　　　――「人の法」の観点から [Leçon 24] 228

第2節 「外国人」から「市民」へ
　　　――「共和国」の観点から [Leçon 25] 237

第3節 「市民社会」の進化と「法」の役割
　　　――制度・慣習・法典の観点から 243

目　次

はしがき

序章　外国人と民法 …………………………………………………… 1

第1節　導入 …………………………………………………………… 2

Ⅰ——二つの訴訟……………3
1　東京都昇進訴訟……………3
　（1）事件の経緯　（2）問題の所在
2　小樽温泉訴訟……………5
　（1）事件の経緯　（2）問題の所在

Ⅱ——二つの権利……………8
1　私権と公権……………8
　（1）私権と公権の区別　（2）私権の広狭
2　「シヴィル」の領分……………11
　（1）「シヴィル」の多義性　（2）「シヴィル」の可能性

第2節　現状——現代日本の外国人 ………………………………… 13

Ⅰ——統計から見た外国人……………13
1　共時的な統計……………13
2　通時的な統計……………15

Ⅱ——背景事情から見た外国人……………16
1　これまでの状況……………16
　（1）経済的な条件　（2）制度的な条件
2　最近の状況……………19

Ⅲ——出来事から見た外国人……………20

第3節 視点——民法典・民法学から見た外国人……………………………24
　第1 民法典における外国人………………24
　　Ⅰ—外国人に関する規定………………25
　　　1 権利能力………………25
　　　　(1) 権利能力平等の原則　(2) 内外人平等の原則
　　　2 その他………………26
　　　　(1) 外国法人　(2) 戸主・婚姻・夫婦財産契約
　　Ⅱ—内外人平等の原則をめぐる論争………………28
　　　1 論争の紹介………………28
　　　　(1) 論争の経緯　(2) 論争の内容
　　　2 論争の意義………………31
　　　　(1) 当時における意義　(2) 今日における意義
　第2 民法学における外国人………………………………33
　　Ⅰ—民法学と外国人………………34
　　　1 「外国人」の再発見………………34
　　　　(1) 形式的平等から実質的平等へ
　　　　(2) 弱者保護からマイノリティの承認へ
　　　2 「外国人」による再発見………………38
　　　　(1) 試金石としての外国人
　　　　(2) 「抵抗」の民法学から「改造」の民法学へ
　　　　(3) 「シヴィル」の法学としての民法学
　　Ⅱ—民法学から外国人法へ………………40
　　　1 これまでの「外国人法」研究………………40
　　　2 本書の「外国人法」研究………………42
　　　　(1) 目的と対象　(2) 方法と構成

第1章 外国人とは何か………………………………………45

第1節 外国人の識別・同定………………………46
　　Ⅰ—序　民法における人の識別・同定………………47
　　　1 実定法の不足………………47
　　　2 原理の抽出………………47
　　Ⅱ 国籍………………49

         1 国籍の制度……………49
            (1) 国籍取得の要件　(2) 国籍取得の効果
         2 国籍法の位置づけ……………52
            (1) 歴史の中の国籍法　(2) 比較の中の国籍法
      Ⅲ―市民登録……………54
         1 日本人の場合……………54
            (1) 戸籍　(2) 住民登録
         2 外国人の場合……………56
            (1) 外国人登録　(2) 戸籍・住民登録との関係

   第2節 **外国人の基本的処遇**……………58
      Ⅰ―領土との関係……………58
         1 出入国管理……………58
            (1) 出入国の制限　(2) 出入国の手続
         2 在留資格……………60
            (1) 在留資格の種類　(2) 在留資格の変動
            (3) 退去命令と退去強制　(4) 特別在留許可と難民認定
            (5) 在留資格と外国人登録
      Ⅱ―活動との関係……………63
         1 法的人格……………63
            (1) 権利能力から法的人格へ　(2) 個人の尊重と平等
            (3) 人格権としての氏名
         2 参政権……………64
            (1) 法律と実情　(2) 比較と歴史

第2章 **外国人の生活から見た日本法**……………67

   第1節 **外国人の家族生活**……………68
      第1 婚姻……………68
         Ⅰ―序……………68
         1 家族関係の位置づけ……………68
         2 家族関係と準拠法……………68
         Ⅱ―婚姻の効果……………70
         1 一般の問題……………70

xi

2　外国人に固有の問題……………71
　　　　(1) 外国人配偶者の市民資格　(2) 外国人配偶者の法的な保護
　　　　(3) 外国人配偶者の事実上の保護

　Ⅲ—婚姻の成立……………74
　　1　一般の場合……………74
　　2　外国人に固有の問題……………75
　　　　(1) 婚姻障害　(2) 仮装婚

第2　親子……………76

　Ⅰ—序　「外国人法」における「親子」……………76

　Ⅱ—実親子の効果……………78
　　1　一般の問題……………78
　　2　外国人に固有の問題……………79
　　　　(1) 子どもの国籍　(2) 子どもの氏・戸籍　(3) 子どもの養育

　Ⅲ—実親子の要件……………81
　　1　一般の場合……………81
　　2　外国人に固有の問題——国籍取得との関係……………82
　　　　(1) 婚外子の場合　(2) 棄児の場合　(3) 医療補助生殖子の場合

第3　その他の家族関係……………85

　Ⅰ—序　婚姻・実親子と「家族」……………85

　Ⅱ—現行法……………86
　　1　養子縁組の場合……………86
　　　　(1) 一般の問題　(2) 外国人に固有の問題
　　2　自由結合の場合……………87
　　　　(1) 一般の問題　(2) 外国人に固有の問題

　Ⅲ—理念……………89
　　1　「家族」の処遇……………89
　　　　(1) 家族形成権・家族共同生活権　(2) 家族結集権および再集権
　　2　「家族」の意義……………91
　　　　(1) 概念の相対性と普遍性　(2) 経済活動と非経済活動

第2節　外国人の労働・学生生活 ……………………………………94

第1　労働……………94

Ⅰ—序……………94

1 前提問題………………94
   （1）受け入れ政策　（2）労働の実態
2 問題の限定……………96

Ⅱ—一般性のある問題………………96

1 合法就労者の場合………………96
   （1）前提　（2）日本人労働者との関係
2 不法就労者の場合………………98
   （1）前提　（2）日本人労働者との関係

Ⅲ—特殊な問題………………100

1 「研修」にかかわる問題………………100
   （1）制度と実状　（2）対応策
2 「興行」にかかわる問題………………102
   （1）制度と実状　（2）対応策

第2　勉学……………103

Ⅰ—序……………103

1 留学生に関する政策・統計………………103
2 留学生と就学生……………103

Ⅱ—就学生の状況……………104

1 経緯………………104
2 現状………………106

Ⅲ—就学生をめぐる問題………………107

1 日本語学校……………107
   （1）問題点　（2）対比
2 アルバイト……………109
   （1）問題点　（2）対比
3 保証人……………111
   （1）問題点　（2）対比

第3節 **外国人の日常生活** ……………………………………………113
　第1 **住まい・買い物**………………113
　　Ⅰ—序………………113
　　　1　日常生活の構成要素………………113
　　　2　問題の性質………………114
　　Ⅱ—問題の所在………………115
　　　1　住まいをめぐって………………115
　　　　(1) 借家の場合　(2) 持家の場合
　　　2　買い物をめぐって………………116
　　　　(1) 高額商品の場合　(2) 共同利用の場合
　　Ⅲ—基本的な考え方………………119
　　　1　対照事例………………119
　　　　(1) 選別・排除の事例　(2) 選別・排除の理由と方策
　　　2　審査基準………………121
　　　　(1) 契約における自由と平等　(2) 平等の強化へ
　　　　(3) 自由の領分は？

　第2 **事故**………………123
　　Ⅰ—問題の所在………………123
　　　1　制度の枠組み………………123
　　　　(1) 民事責任と保険　(2) 損害額の算定
　　　2　外国人不法就労者の場合………………125
　　　　(1) 逸失利益　(2) 慰謝料
　　Ⅱ—基本的な考え方………………127
　　　1　対照事例………………127
　　　　(1) 想定しうる事例　(2) 参照すべき事例
　　　2　隠れた前提………………129
　　　　(1) 正当な利益＝賠償されるべき損害　(2) 計算の基礎となる場所
　　　3　定額化論の再検討へ………………130
　　　　(1) 雇用の流動性の増大　(2) 賠償額の社会的な含意

　第3 **医療・年金など**………………132
　　Ⅰ—制度の概要………………132

1 序……………132
　（1）社会保障の体系　（2）医療・年金の位置づけ
　（3）生活保護への注目
2 医療に関する問題……………133
　（1）制度の変遷　（2）緊急医療
3 年金に関する問題……………135
　（1）制度の変遷　（2）無年金者の救済

Ⅱ—理念の検討……………136
1 現在の考え方……………136
　（1）憲法・国際条約の規定　（2）判例の動向
2 いくつかの方向……………138
　（1）普遍主義の射程　（2）政策理念への配慮
　（3）永住者・定住者の取扱い

第4 教育・言語……………140

Ⅰ—序……………140
1 外国人の子どもたち……………140
2 制度的な対応……………143

Ⅱ—公立学校の現状……………144
1 実状……………144
　（1）序：研究の紹介　（2）自治体・学校の対応
　（3）家族・子どもの適応　（4）不就学問題
2 考察……………150

Ⅲ—外国人学校……………153
1 事例……………153
2 考察……………154

Ⅳ—言語をめぐる問題……………154
1 公用語問題……………154
2 刑事手続における言語問題……………155

第5 宗教・文化……………155

Ⅰ—序……………155

Ⅱ—宗教——イスラム教の場合……………156

　　　　1　日本のムスリム……………156
　　　　2　宗教生活の実状……………157
　　　　　　（1）モスクをめぐる問題　（2）日常生活をめぐる問題

　　　Ⅲ──文化──エスニック・ネットワークを中心に……………160
　　　　1　ネットワークの実状……………160
　　　　　　（1）商店など　（2）非営利団体　（3）メディア
　　　　2　考察……………162
　　　　　　（1）ネットワークの利用状況　（2）統合か孤立か

第3章　在日外国人の生活支援……………165

第1節　具体例……………166

第1　大都市──池袋・新宿……………166

　　　Ⅰ──序……………166

　　　Ⅱ──前提……………167
　　　　1　参照研究……………167
　　　　　　（1）紹介　（2）特徴
　　　　2　集住の経緯……………168
　　　　　　（1）地域　（2）住民

　　　Ⅲ──生活状況……………170
　　　　1　池袋の場合……………170
　　　　　　（1）地域的な特性　（2）生活支援の特色
　　　　2　新宿の場合……………172
　　　　　　（1）地域的な特性　（2）生活支援の特色

　　　Ⅳ──補論──治安に関する問題……………174

第2　工業都市A──浜松・大泉……………175

　　　Ⅰ──前提……………175
　　　　1　参照研究……………175
　　　　　　（1）紹介　（2）特徴
　　　　2　集住の経緯……………176
　　　　　　（1）浜松とブラジル人　（2）大泉とブラジル人

　　　Ⅱ──生活状況……………179

1　浜松の場合……………179
　　　　（1）地域的な特性　（2）生活支援の特色
　　2　大泉の場合……………182
　　　　（1）地域的な特性　（2）生活支援の特色
　Ⅲ—補論——「住み分け」をめぐる問題……………184
　　1　公営住宅への入居……………184
　　2　問題の所在……………185

第3　工業都市B——川崎市臨海部……………186
　Ⅰ—前提……………186
　　1　参照研究……………186
　　　　（1）紹介　（2）特徴
　　2　集住の経緯……………187
　　　　（1）戦前の川崎と外国人　（2）戦後の川崎と外国人
　Ⅱ—生活状況……………188
　　1　桜本地区の場合……………188
　　　　（1）地域的な特性　（2）生活支援の特色
　　2　外国人の政治参加……………191
　　　　（1）仕組み　（2）評価

第4　郊外団地——横浜市内陸部……………193
　Ⅰ—前提……………193
　　1　参照研究……………193
　　　　（1）紹介　（2）特徴
　　2　集住の経緯……………194
　　　　（1）地域　（2）住民
　Ⅱ—生活状況……………196
　　1　上飯田地域の場合……………196
　　　　（1）地域的な特性　（2）生活支援の特色
　　2　日本語学習のサポート……………198
　　　　（1）仕組み　（2）評価

第5　農村部——山形県最上地域……………199
　Ⅰ—前提……………199

         1　参照研究……………199
            （1）紹介　（2）特徴
         2　集住の経緯……………200
            （1）地域　（2）住民
      Ⅱ─生活状況……………203
         1　朝日町・大蔵村の場合……………203
            （1）地域的な特性　（2）生活支援の特色
         2　結婚仲介をめぐる問題……………205

   第2節　考察……………………………………………………207
      Ⅰ─様々なアクター……………207
         1　能動的・制度的なアクター……………207
            （1）自治体　（2）学校・町内会　（3）当事者団体・支援団体
         2　受動的・非制度的なアクター……………209
            （1）旧来の住民　（2）先行居住者としての外国人住民
      Ⅱ─いくつかの傾向……………210
         1　態様による差異……………210
            （1）消費者として　（2）家族として　（3）集団として
         2　段階による差異……………211
            （1）定着＝受容の段階　（2）包摂＝統合の段階
            （3）承認＝創発の段階

補　章　「外国人」の多様性・「日本人」の多様性……………………213

   第1節　戦後日本の「外国人」……………………………………214
      Ⅰ─序……………214
      Ⅱ─在日韓国・朝鮮人の場合……………215
         1　経緯……………215
         2　法的処遇……………215
            （1）国籍　（2）在留資格　（3）地方参政権　（4）民族学校
      Ⅲ─米軍軍人・軍属などの場合……………218
         1　経緯……………218
         2　法的処遇──日米地位協定……………218

第2節　明治日本の「日本人」·· 220

　　Ⅰ─北海道の場合················220

　　　1　経緯·········220

　　　2　法的処遇·············221

　　　　　(1) 土地所有権　(2) アイヌ文化

　　Ⅱ─沖縄の場合················223

　　　1　経緯·········223

　　　2　法的処遇·············224

　　　　　(1) 旧慣の存在　(2) 基地との関係

結　章　**外国人と市民＝社会と法の将来** ·································· 227

第1節　「民法」と「外国人法」──「人の法」の観点から················ 228

　　Ⅰ─「外国人法」の「民法」に対する影響············228

　　　1　例外としての外国人·············228

　　　　　(1) 明らかな例外　(2) 隠れた例外

　　　2　一例としての「外国人」·············230

　　　　　(1) 年少者・障害者　(2) 消費者・高齢者・女性　(3) 少数者

　　Ⅱ─「人の法」としての「民法」の再編············233

　　　1　権利能力から「人の法」へ·············233

　　　　　(1) 生命と人格の保護　(2) 生活と人生の支援

　　　2　「人」の理解の更新·············235

　　　　　(1) 抽象的な理解から具体的な理解へ

　　　　　(2) 固定的な理解から流動的な理解へ

第2節　「外国人」から「市民」へ──「共和国」の観点から············· 237

　　Ⅰ─「市民」の概念···········237

　　　1　住民の流動化···········237

　　　　　(1) 「外国人」の多種化　(2) 「市民」の重層化

　　　2　国境の相対化···········238

　　　　　(1) 東アジアへ　(2) 大小の地域圏へ

　　Ⅱ─「共和国」の概念···········239

　　　1　ネーションかステートか···········239

2　「憲法と民法」による「穏健な共和国」……………241

第3節　「市民社会」の進化と「法」の役割
　　　　　　──制度・慣習・法典の観点から………………………243

　Ⅰ──「市民社会の法」としての民法……………243
　　1　「共和国」と「市民社会」の関係……………243
　　2　比喩としての集合住宅……………244

　Ⅱ──「市民社会」と「法」の構造……………245
　　1　進化する「市民社会」……………245
　　2　媒介する「法」……………245
　　　（1）基幹的制度と派生的制度　（2）ハードローとソフトロー
　　3　表象する「法典」……………246

索　引……………249

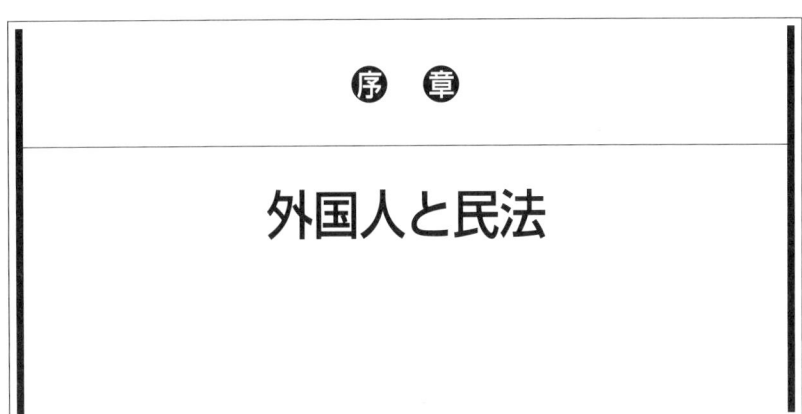

序章

外国人と民法

第1節

導入

Leçon 01

　2005年の年頭から春先にかけて，最高裁判所は「外国人」に関する二つの判決を言い渡した．一つは1月26日の東京都昇進訴訟判決，もう一つは4月8日の小樽温泉訴訟判決である[1]．

　この二つの判決は，少なくともみかけの上では対照的であった．1月判決は，マスコミの関心を集め大々的に報道され[2]，法律雑誌も直ちに特集を組んだが[3]，4月判決は全国紙で報じられることはなかった．1月判決と4月判決にこのような差が生じたのは，前者は憲法問題にかかわるものとして大法廷が開かれた上で，原審（東京高裁）の判断が覆されたのに対し，後者は上告不受理によって原審（札幌高裁）の判断が維持されただけだった，ということによると考えられる．

　しかし，このことは，4月判決の対象となった小樽温泉訴訟がとるに足らぬ事件であったことを意味するわけではない．民法学の観点から日本の「外国人」法を論ずる本書にとっては，4月判決によって確定した1審判決が重要である[4]．というのは，上記の1月判決と対比しつつ，この判決を読むことによって，「外国人」をめぐる法状況について考えるための一つの視点を取り出すことができるように思われるからである．

　その視点がどのようなものであるのかを示す (II) に先立ち，まずは，二つの訴訟についてもう少し詳しく紹介しておこう (I)．なお，本節で「外国人」

---

1) 前者は最大判 2005（平 17）・1・26 民集 59 巻 1 号 128 頁，後者は未公刊．
2) 新聞各紙で報道された．たとえば，「都管理職試験　外国籍拒否は合憲」朝日新聞 2005 年 1 月 27 日付朝刊，「国籍の制限　現状追認」日本経済新聞 2005 年 1 月 27 日付朝刊など．
3) 「特集・東京都管理職試験最高裁大法廷判決」ジュリスト 1288 号（2005）．
4) 札幌地判 2002（平 14）・11・11 判時 1806 号 84 頁．

という括弧書きの表記をしている場合がある理由についても，訴訟の紹介の中でふれることにする．

I—二つの訴訟

1　東京都昇進訴訟

(1) 事件の経緯　この事件の原告Xはいわゆる在日韓国人である．在日韓国・朝鮮人の法的地位に関しては後に述べるが（第1章・補章），ここではXは大韓民国の国籍を有するが，特別永住者として日本に在住していることを確認しておく．国籍の観点からすれば，Xは日本人ではなく外国人であるが，特別な地位を有する外国人なのである．これも後述するように（序章第2節），日本に在住する外国人の3割は，同様の在留資格を持つ在日韓国・朝鮮人であり，単なる外国人ではない．これが，「外国人」と括弧書きをしている理由の一つである．

X（1950年生まれ）は，1988年，東京都（本件訴訟の被告Y）に保健婦として採用され，数年の勤務の後に1994年度・95年度の管理職試験を受験しようとしたが，日本国籍を有しないことを理由に，受験が認められなかった．そこで，XからYに対して，管理職試験の受験資格を有することの確認を求めるとともに，受験が認められなかったことに伴う慰謝料の支払を請求する訴訟が提起された．これが本件訴訟である．1審の東京地裁，2審の東京高裁はともに，受験資格の確認については訴えを却下したが，慰謝料請求については，1審がこれを棄却（X敗訴）したのに対して，2審はこれを一部認容（X勝訴）しており，結論が分かれた[5]．Yからなされた上告に最高裁が答えたのが，上記の1月判決である．上告理由の中心は，憲法上外国人には公務就任権が認められていないので，憲法22条1項（職業選択の自由），同14条1項（平等原則）による保護は及ばないという点にあった．

最高裁大法廷は，この上告を容れて，13対2で原判決を破棄し，Xの控訴を棄却する判決を下した．法廷意見（多数意見）は，①「地方公務員法は……，普通地方公共団体が，法による制限の下で……職員に在留外国人を任

---

5)　東京地判1996（平8）・5・16判時1566号23頁，東京高判1997（平9）・11・26高民集50巻3号459頁．

命することを禁止するものではない．普通地方公共団体は，職員に採用した在留外国人について，国籍を理由として，給与，勤務時間その他の勤務条件につき差別的取扱いをしてはならないとされており（労働基準法13条，112条，地方公務員法58条3項），地方公務員法24条6項に基づく給与に関する条例で定められる昇格（給料表の上位の職務の級への変更）等も上記の勤務条件に含まれるものというべきである」ことを認めつつ，②「上記の定めは，普通地方公共団体が職員に採用した在留外国人の処遇につき合理的な理由に基づいて日本国民と異なる取扱いをすることまで許されないとするものではない．また，そのような取扱いは，合理的な理由に基づくものである限り，憲法14条1項に違反するものでもない」とし，結論としては，③「普通地方公共団体が上記のような管理職の任用制度を構築した上で，日本国民である職員に限って管理職に昇任することができることとする措置を執ることは，合理的な理由に基づいて日本国民である職員と在留外国人である職員とを区別するものであり，上記の措置は，労働基準法3条にも，憲法14条1項にも違反するものではない」としたのである．

(2) 問題の所在 以上の紹介のみでは，東京高裁（原判決）と最高裁の判断の分かれ目がどこにあるのかは明らかにならない．この点に関しては，上記紹介の②と③の間で述べられているところを参照する必要がある．そこでは，次のように議論が組み立てられている．

法廷意見はまず，「地方公務員のうち，住民の権利義務を直接形成し，その範囲を確定するなどの公権力の行使に当たる行為を行い，若しくは普通地方公共団体の重要な施策に関する決定を行い，又はこれらに参画することを職務とするもの」を取り出して，これを「公権力行使等地方公務員」と呼び，「公権力行使等地方公務員の職務の遂行は……住民の生活に直接間接に重大なかかわりを有するものである」とする．そこから，「それゆえ，国民主権の原理に基づき，国及び普通地方公共団体による統治の在り方については日本国の統治者としての国民が最終的な責任を負うべきものであること（憲法1条，15条1項参照）に照らし，原則として日本の国籍を有する者が公権力行使等地方公務員に就任することが想定されているとみるべきであり……外国人が公権力行使等地方公務員に就任することは，本来我が国の法体系の想定するところではない」との判断が導かれる．そしてこれに，「普通地方公共

団体が，公務員制度を構築するに当たって，公権力行使等地方公務員の職とこれに昇任するのに必要な職務経験を積むために経るべき職とを包含する一体的な管理職の任用制度を構築して人事の適正な運用を図ることも，その判断により行うことができる」という判断が付け加えられる．

つまり，公権力行使等地方公務員に関しては外国人の就任は想定されていない．そして，公権力行使等地方公務員とその他の管理職にある地方公務員を区別せずに任用することは許される，というところから，管理職全般につき外国人を任用しないことは合理的な差別にあたるというのである．これに対して，原審は国民主権の原理に抵触しない職（最高裁の言う公権力行使等地方公務員以外の管理職）については，外国人の公務就任を拒むのは違法であると評価したわけである．

この訴訟をめぐっては様々な問題が議論されている．外国人にも公務就任権は認められるか，「公権力行使等地方公務員」の概念は何を意味するのか，東京都のような人事制度は妥当か，これに対する合理性判断は適切か，特別永住者について特別の考慮は不要か[6]……．これらはいずれも重要な問題であるが，ここではさしあたり，「公務」「公権力行使」につき，少なくとも一定の場合には，「外国人」（特別永住者も含む）が排除されても違法とは言えないという判断が最高裁によって下されたことを確認しておけばよい．

2 小樽温泉訴訟

(1) 事件の経緯[7]　この事件の原告は $X_{1~3}$ の3名であり，$X_1 \cdot X_2$ はそれぞれドイツ・アメリカの国籍を有するが，X_3 は帰化により日本国籍を取得しており，法的な意味では外国人ではない．この X_3 も含めて，原告らが被告 Y_1 が小樽市において経営する公衆浴場に入場しようとしたところ，「外国人」であることを理由に入浴を拒絶された．そこで，$X_{1~3}$ は，入浴拒否が違法

---

[6]　この点は藤田裁判官の補足意見，泉裁判官の反対意見で言及されている．藤田意見は，結論として特別の考慮は困難であるとしているが，泉意見は，特別永住者に関しては特別な考慮が必要であるとしている．

[7]　本件につき，原告の一人（X_3）によって書かれた記録として，有道出人・ジャパニーズ・オンリー――小樽温泉入浴拒否問題と人種差別（明石書店，2003）．なお，本書には英語版（明石書店）もある．菊地洋「人権条約の国内適用における私人の責任と公的機関の責任――小樽温泉入浴拒否訴訟を素材として」成城法学74号（2005）も参照．

な人種差別にあたるとして，Y_1 に対して不法行為に基づく損害賠償・謝罪広告を求め，また，小樽市（Y_2）に対しても監督権限の不行使を理由に損害賠償を求めて，訴訟を提起した．

なお，2 点を付言しておく．本件訴訟の背景には，当時，小樽市ではロシア人船員の入浴マナーの悪さが問題になっており，数件の公衆浴場が外国人の入浴を拒否していたという事情がある．そのためもあってであろうか，すでに述べたように，X_3 は日本国籍を有するが，外見上は外国人であることに変わりないとの理由で入浴を拒絶されている．ここでの「外国人」は，日本国籍を有しない者ではなく人種の異なる者を指しているのである．これもまた本節で「外国人」という括弧書きの表記を用いる理由である．

札幌地裁は，Y_2 に対する請求は認めなかったが，Y_1 に関しては，$X_{1\sim3}$ は「本件入浴拒絶によって，公衆浴場……に入浴できないという不利益を受けたにとどまらず，外国人に見えることを理由に人種差別されることによって人格権を侵害され，精神的苦痛を受けたものといえる」として，各人につき100 万円（請求は 200 万円）の慰謝料の支払を命じた．なお，謝罪広告に関しては「社会的名誉」が毀損されたとは言えないとして，請求は退けられている．

この判決の特徴は，①本件行為に憲法や国際条約を直接には適用しない，また，公衆浴場法は本件の問題とは無関係であるとしつつ，②「人種差別撤廃条約の趣旨に照らし，私人間においても撤廃されるべき人種差別にあたる」とし，かつ，③「知事の許可を受けて経営される公衆浴場であり……公共性を有するものといえる」から「公衆浴場である限り，希望する者は，国籍，人種をとわず，その利用が認められるべきである」とした点にある．

なお，判決は，入浴マナーをめぐる問題に関しては，「マナー違反者を退場させる」などの方法がとられるべきであったとする．「その実行が容易でない場合がある」ことを認めつつも，だからといって「安易にすべての外国人の利用を一律に拒否するのは明らかに合理性を欠く」としている．また，④ $X_{1\sim3}$ が「入浴拒否の事実を社会に認知してもらいたいという目的をもっていたとしても」損害が発生していないということはできないとしている．

この判決に対して，原告側では X_3 のみが，自治体の責任を認めなかった点を不服として控訴している（被告 Y_1 も控訴）．しかし，札幌高裁は 1 審の判

写真1：東京の japanese only

断を支持，さらにX_3による上告も上記の4月判決によって退けられている．こうして，Y_1に対する慰謝料請求のみを認容する1審判決が確定した．

(2) **問題の所在** この判決を理解するためにも，上記の①と②③をつなぐ論理がどのようなものであるのかについて，補足的な説明をしておく必要があるだろう．$X_{1\sim3}$が，Y_1の入浴拒否が憲法14条1項，国際人権条約B規約26条，人種差別撤廃条約5条・6条などに違反すると主張したのに対して，判決は①のように応答した．それにもかかわらず，②③を考慮して慰謝料の請求を認めたわけだが，そこでは，裁判所の次のような考え方が前提とされている．

「憲法14条1項は，公権力と個人との間の関係を規律するものであって……私人相互の間の関係を直接規律するものではないというべきであり，実質的に考えて，同条項を私人間に直接適用すれば，私的自治の原則から本来自由な決定が許容される私的な生活領域を不当に狭めてしまう結果となる．また，国際人権B規約及び人種差別撤廃条約は，国内法としての効力を有するとしても，その規定内容からして，憲法と同様に，公権力と個人との間の関係を規律し，又は，国家の国際責任を規律するものであって，私人相互の間の関係を直接規律するものではない」．しかし，「私人の行為によって他の私人の基本的な自由や平等が具体的に侵害され又はそのおそれがあり，かつ，それが社会的に許容しうる限度を超えていると評価されるときは，私的自治に対する一般的制限規定である民法1条，90条や不法行為に関する諸規定等により，私人による個人の基本的な自由や平等に対する侵害を無効ないし違法として私人の利益を保護すべきである」．

憲法の規定が私人間にも適用されるかという問題に関しては，直接適用説・間接適用説が説かれてきたが，判決は前者ではなく後者を採用したわけである．しかし，Y₁の行為を違法と評価するかどうかは，直接適用説か間接適用説かによって左右されるわけではない．むしろ，具体的な事実をどう評価するかにかかっていると言える．実際に，本件のように，不法行為を理由とする損害賠償請求（慰謝料請求）の可否が問われる場合には，原告・被告双方の様々な事情が総合的に勘案される．ただ，その際に，②のようなスタンスを採っている点にこの判決の大きな特色がある．

　札幌地裁は，被害者の外国人側の事情についてはあまり立ち入った判断を行っていないが，④は障害にならないとしているのが注目される．主として考慮に入れられているのは加害者側の事情であり，③はこの点にかかわる．判決は，「希望する者は，国籍，人種を問わず，その利用が認められるべきである」とする根拠として，「知事の許可を受けて経営される公衆浴場であり……公共性を有するものといえる」としているのである．つまり，「私人間」の行為であっても「公共性」を有することがらにかかわる点に着目して，「外国人」に対する差別的な取扱いは違法となるとされているわけである．

II — 二つの権利

　Iの話をまとめておこう．「外国人」は，「公権力」や「公務」からは除外されるが（東京都昇進訴訟・最高裁判決），「公共性」のあることがらに関しては「私人間」であっても差別されてはならない（小樽温泉訴訟・1審判決）．そうだとすると，「外国人」とはいったいいかなる存在なのだろうか．この問いは，（「外国人」を除外する）「公権力」とは区別される（「外国人」を包含する）「公共性」とは何か，と言い直すこともできる．この問いにこそ，日本の「外国人」法にアプローチするための一つの視点を見いだすことができるのではないか．これが本書の出発点かつ終着点ともなる基本認識である．その視点の内実を示すために，IIでは，私権と公権という二つの権利の対比について考えることから始めたい．

1　私権と公権

(1) 私権と公権の区別　「公権」という言葉は，法令上の用語ではなく講学

上の用語である．少なくとも公法の中心・国法の頂点をなす憲法の中に，この言葉を見いだすことはできない．これに対して，「私権」という言葉は，法令上の用語である．私法の一般法とされる民法には，「私権は，公共の福祉に適合しなければならない」（民1条1項），「私権の享有は，出生に始まる」（民3条1項）といった規定が置かれている[8]．

では，「私権」とは何か．実は，「私権」は「公権」との関係で定義されてきた．民法の起草者たちは口をそろえて，「私権トハ公権ニ対シテ言フ語ナリ」「私権トハ公権ニ対スル語ナリ」としている[9]．もっとも，同じなのはここまでであり，起草者の一人（梅）が，「私権」とは「国民カ施政機関ノ運転ニ参与スル権ヲ除キ各自ノ安寧，康福ヲ自衛スルニ要スル一切ノ権利」を言うとするのに対して[10]，もう一人（富井）は，「公権」とは「公法関係ニ基ク権利ニシテ統治権ノ主体ト見タル国家及ヒ公共団体ニ属スル権利又ハ他人カ之ニ対シテ有スル権利」であり，「私権」とは「私法関係ニ基ク権利即チ公権ニ非サル権利ヲ総称スルモノ」としている[11]．

一見するだけでは，両者の異同を理解するのは容易ではないが，次の点に着目する必要がある．すなわち，梅も富井も「私権」を「公権」以外の権利と定義する点では同じであるが，両者の「公権」の定義は同じではなく，梅が「施政機関ノ運転ニ参与スル権」（公務就任権を含む広義の参政権）のみを公権とするのに対して，富井は「統治権ノ主体ト見タル国家及ヒ公共団体」と「他人（個人）」との間の権利を広く公権と呼んでいる．富井の用語法によれば，憲法が定める各種の人権は「公権」であるということになる．

(2) **私権の広狭**　以上のことは，定義上，「私権」概念の広狭をもたらす．

富井によれば，「私権」は「人身権」と「財産権」とに分類され，ここでいう「人身権」（今日では用いられない用語）には「人格権及ヒ親族権」が含まれる．「人格権」とは「一個人タル直接ノ結果トシテ存立スル権利」で，た

---

8) 現行の民法1条は，日本国憲法の制定に伴う1947年の民法改正によって，現行2条（当時は1条ノ2）とともに付加された規定であり，それ以前には，現行3条が1条であった．しかし，「私権」の語が，1898年の民法制定当時から用いられていることに変わりはない．
9) 梅謙次郎・民法要義巻之一（明法堂，訂正増補版，1899）6頁，富井政章・民法原論第1巻総論（有斐閣，合冊版，1922）120頁．
10) 梅・前掲書6頁．
11) 富井・前掲書121頁．

とえば「生命，身体若シクハ名誉ヲ保全シ又ハ氏姓ヲ称スル権利」を，「親族権」（今日では身分権と呼ばれることが多い）とは「親族関係ヨリ生スル或親族其人ノ上ニ存スル権利」を，それぞれ指すという[12]．

これに対して，梅の「私権」概念はより広い内容を持つ．梅によれば，「公権」（参政権という意味で「政権」あるいは私権を保証するという意味で「担保権」とも呼ばれている）以外の「私権」には，「自主権」と「私法権」（狭義の「私権」）とが含まれるという．ここでいう「自主権」（やはり今日では用いられない）とは，「普通謂フ所ノ自由」たとえば「身体ノ自由，信教ノ自由，出版ノ自由，集会ノ自由，結社ノ自由，教授ノ自由，学業ノ自由，或ハ住居ヲ侵サレサル権利」などを指す[13]．

梅が採用した「私権」「公権」概念は，現代の民法学においてはあまり顧みられなくなったが，当時においては一般の理解に通ずるものであったと思われる．たとえば，自由民権運動の時代の「よしやシヴィルは不自由でも，ポリティカルこそ自由なら」という標語は，これに対応すると言えるだろう[14]．すなわち，「シヴィル」＝「私権」，「ポリティカル」＝「公権（政権）」なのであり，「シヴィル」＝「私権」には，各種の市民的自由が含まれていたのである[15]．

以上の文脈に即して言うと，Ⅰに掲げた二つの判決は，外国人につき「ポリティカルは不自由でも，シヴィルさえ自由なら」という方向を打ち出したものとして理解することができる．「ポリティカル」が不自由でいいかどうかはひとまず措くとして，本書で考えてみたいのは，「シヴィル」の自由の可能性である．とはいえ，繰り返しになるが「シヴィル」の概念には広狭がある．「シヴィル」の概念を広くとる考え方は，今日，必ずしも支配的とは言えない．そこで，次に，「シヴィル」とは何か，その領分について簡単な検討をすることを通じて，「シヴィル」の可能性を見定めたい．

---

12) 富井・前掲書 124 頁．
13) 梅謙次郎・民法総則（法政大学・明治 37 年度講義録，復刻版，信山社，1990）229–234 頁．
14) この標語につき，たとえば，色川大吉・自由民権（岩波新書，1981）127–130 頁参照．
15) 以上の用語法は，今日に至るまで維持されているフランス民法の用語法でもある．フランス民法 7 条は次のように定めている．「私権（droits civils）の行使は，憲法及び選挙法に従い取得され保持される政権（droits politiques）の行使とは独立している．」

2 「シヴィル」の領分

(1)「シヴィル」の多義性　「シヴィル」という語は，フランス語や英語の civil を指すが，civil は複雑な意味の広がりを持つ語である．ここでは二つの方向から，その意味の広がりをとらえることを試みてみよう．

第一は，類語との対照である．civil の類語としては，privé/private, civilisé/civilized, civic/civique などをあげることができる．このうち，最初の privé/private は，「プライヴェイトな」「個人の・私用の」という意味である．もともと privé の原型である priver は「禁止する」「剥奪する」という意味なので，privé は「他の人のアクセスなどが禁止された」という意味を持つ．反対語は public であり「公衆に解放された」という意味である．民法・商法などを「私法」と呼んで，憲法・行政法などの「公法」と区別することがあるが，この場合の「私」は privé/private に対応する．「私生活」は vie privée/privacy であるが，そこには，国家や社会から切り離された個人の領分という含意がある．この領分では，外国人とつきあわないとしても，それは個人の選択の問題であるということになる．civil が privé という意味で用いられることはそう多くはないが，二つの語に重なり合う部分があることは確かである．これを「私秘としてのシヴィル」と呼んでおく．次の civilisé/civilized は，「洗練された・文明化された」という意味である．この場合の civil の反対語は「素朴な・粗野な」を意味する naturel/natural である．社会の仕組みができあがっており，それに従って行動しているというニュアンスがある．「礼儀」を意味する civilité/civility は，この意味での civil の派生語である．これを「文明としてのシヴィル」と呼んでおこう．最後の civique は，「公民の」と訳されることが多いが，cité/city という語を念頭に置くならば，「都市（国家）の」というニュアンスが出てくることになる．これは「公事としてのシヴィル」である．

日本語の「私」は，その語義からして「私秘」に偏りがちであるが，むしろ civil は「文明」「公事」のニュアンスを強く帯びていることに留意する必要がある．「市民社会」と訳される société civile/civil society も，ごく最近まで，国家の介入なき取引社会であると考えられてきたが，むしろ洗練された人づきあいや公事への関心を内包するものとして理解すべきだろう．

第二に，反対語との対照も有益である．「宗教 religieux/religeous」に対す

る「世俗」,「軍事 minitaire/minitary」に対する「民間・民需」,「取引 commercial」に対する「民事」,あるいは,「国外 foreign」に対する「国内」,いずれをとっても,「シヴィル」は,特殊な領域に対して市民一般にかかわる領域を指し示している．あるいは, commun/common という語に託して, これを「共通としてのシヴィル」と呼んでもよい．

(2)「シヴィル」の可能性　以上に見てきたように，シヴィルの領分は広汎にわたりうる．それは，「私秘」に対する放任を求めるとともに，「公事」への参画を求める．また，それは，多くの人々がかかわる「共通」のできごとに関して，「文明」の名にふさわしくふるまうことを要請している．

はたして，「公事」への参加は，狭義の「政治」（＝「公権力行使」）を通じてでなければ，なしえないのだろうか．「共通」のできごともまた，狭義の「政治」（＝「公務」）の対象でしかないのだろうか．公共空間とはいかなるものか．そこでは個人にどのような態度が要請されているのか．外国人の法的処遇を検討することは，「私権」＝「シヴィル」の可能性を再検討することを通じて，こうした問題を再考することを意味するのである．

すでに述べたように，「私権」を扱う法は「民法」であり，それは「シヴィル」の法，すなわちフランス語では Droit civil と呼ばれる法である．そうだとすると，日本の「外国人」法を論ずるにあたっては，「シヴィル」の法の観点からの，すなわち，民法・民法学からのアプローチがありうるのではないか．本書はこうした問題意識から出発する．

民法・民法学における「外国人」の意義については，他にもふれておくべきことがらがあるが，それらについてはひとまず措いて（第3節），次の節では，現代日本における「外国人」の状況を概観しておくことにしよう（なお，以下においては，特に必要な場合を除き，いちいち「外国人」と括弧書きを用いることはしないが，日本国籍を有する人々も含まれている場合もある）．

第2節

現状
現代日本の外国人

Leçon 02

　現在，日本には200万人以上の外国人が生活している．これらの人々は，どこから来て，何のために，日本で生活しているのか (I)．外国人の到来を左右する諸条件はいかなるものか (II)．また，最近の日本において，外国人をめぐる問題として関心が持たれているのは，どのようなことか (III)．

　日本の外国人法を論ずるにあたっては，日本における外国人の現状を概観しておく必要がある．このような予備作業を通じて，外国人をめぐる法状況として特に注目すべきことがらも明らかになるだろう．

I——統計から見た外国人

1　共時的な統計

　2004年末の統計によると[16]，外国人登録者数は，197万人を超え，過去最高となっている．これは日本の総人口の1.55%にあたる．

　これらの人々の出身地（国籍）を見ると，世界のほとんどの国（188ヶ国）にわたることがわかる．最も多いのは韓国・朝鮮の約61万人（全体の約31%），次いで，中国の約49万人（約25%），ブラジルの約25万人（約15%），フィリピンの20万人（約10%），ペルー，アメリカの約5万人（約3%）という順になっており，地域別ではアジア（約74%）・南米（約18%）が多い．

　また，居住地（登録地）を見ると，最も多いのは東京都の約35万人（全体の

---

[16]　法務省入国管理局「平成16年末現在における外国人登録者統計について」（平成17年6月）による．なお，その後の統計によると，外国人登録者数は，2005年末には201万人，2006年末には208万人に達している（本文中では，最近2年分よりやや詳しい内容の2004年の統計を用いているが，本文で後述する2点を除き，大きな傾向に変化はない）．

約18％)，以下，大阪府，愛知県，神奈川県，埼玉県，兵庫県，千葉県，静岡県，京都府，茨城県の順となっており，上位10都府県で約138万人（全体の約70％）に達している．東京・大阪・名古屋の三大都市圏に集中している様子が窺われる．出身地・居住地の相関を見ると，韓国人・朝鮮人が多いのは大阪府（同府の登録数の約69％）・京都府（約66％）・兵庫県（約59％）であり，ブラジル人が多いのは静岡県（約50％）・愛知県（約35％）である．中国人は東京都（約35％）・千葉県（約31％）・埼玉県（約30％）などに比較的多い．なお，アメリカ人は沖縄県（約24％）で際だって多いことも付け加えておく．

　在留資格別に見ると，「永住者」が約78万人（一般永住者＝約31万人，特別永住者[19頁参照]＝約47万人．合計で全体の約39％）で最も多い．続いて，「日本人の配偶者等」が約26万人（約13％），「定住者」（日系二世・三世や難民など）が約25万人（約13％），「留学」が約13万人（約7％），「家族滞在」が約8万人（約4％）となっている．就労を目的とする者の在留資格は単一ではないが，合計すると約19万人（約10％）に達する[17]．なお，「研修」「就学」がそれぞれ約5万人（約3％），約4万人（約2％）である．また，「留学」「研修」「就学」で来日する者の大半は中国人（7割前後）であるが，これらのカテゴリーでは，タイ・ベトナム・インドネシア・マレーシア・スリランカ・バングラディシュなど東南アジアや南アジアの諸国も上位に現れることを付言しておく．

　年齢別・性別のデータもあげておこう．年齢別で見ると，日本人の年齢別人口構成比に比べて，20代前半から40代前半までが突出している．働き盛りの人が日本にやってきているということだろう．ただし，特別永住者の多い韓国・朝鮮の場合には，日本人の年齢別人口構成比と大差ない．なお，現時点では高齢者は少ないが，未成年者の数は約28万人に達しており，特に，ブラジル・ペルー・フィリピンに関しては，10歳以下の子どもが相対的に多く，日本の年齢別人口構成比を上回っているのが注目される．男女別で見ると，全体として女性がやや多いが，とりわけ20代・30代のフィリピン女性の割合が高い（同世代のフィリピン男性よりも5割程度多い）．

---

[17] 永住者・定住者などは活動の制限を受けていないので，就労が可能である．したがって，この数は「外国人労働者」の数とは一致しない．

最後に，不法滞在者についても一言しておこう[18]．その数は約21万人で，「短期滞在」（約14万人，約67％）のほか，「興行」（約1.1万人，約6％），「就学」「留学」（いずれも約0.8万人，約4％）の資格で滞在していた者が多い．

2　通時的な統計

次に，時間の推移を考慮に入れてみよう．

外国人登録者の総数に関しては，過去4半世紀にわたって右肩上がりで増え続けている．総数が100万人に達したのは1990年であったが，2005年末には200万人を突破するに至っている．増加傾向が著しくなったのは1980年代後半からであるが，1990年（前年比9.2％増）・91年（13.4％増）と2000年（8.4％増）に急増が見られる．

出身国別の登録者数に関しては，韓国・朝鮮の占める割合が年々低下している（実数も減少傾向にある）．これは特別永住者の数が減少していることによる．これに対して，中国は1970年代後半からずっと増加を続けており，1995年の約22万人が2004年には約49万人となっており，10年足らずの間で2倍以上になっている（2006年末には，約56万人となっており，2007年末には，韓国・朝鮮人を上回るかもしれない）．ブラジル・ペルーは，1989年から1991年にかけて大幅に増加し，その後もほぼ毎年，実数は増加を続けている（全体に占める割合は変わらない）．フィリピンは，この10年来，実数・割合ともに増加している．なお，居住地別で見ると，愛知県・静岡県の増加割合が大きいが，これはブラジル人・ペルー人の増加と連動していると言えるだろう．

在留資格別に見ると，「一般永住者」（前年比17.2％増）と「留学」（前年比3.4％増）が増加の傾向にあるのが特徴的だと言えよう．2000年と比べると，前者は倍増し，後者も7割ほど増加している（他方，2005年末・2006年末の統計を見ると，「興行」が2年続けて激減しているのが注目される）．

なお，不法滞在者に関しては，前年に比べて約1万2000人（約5.5％）減少しており，1993年の約30万人をピークとしてその後は減少傾向にある（2007年1月1日現在では，約17万人）．

---

[18]　法務省入国管理局「本邦における不法残留者数について（平成17年1月1日現在）」（平成17年3月）による．

【第1図】外国人登録者総数・我が国の総人口の推移

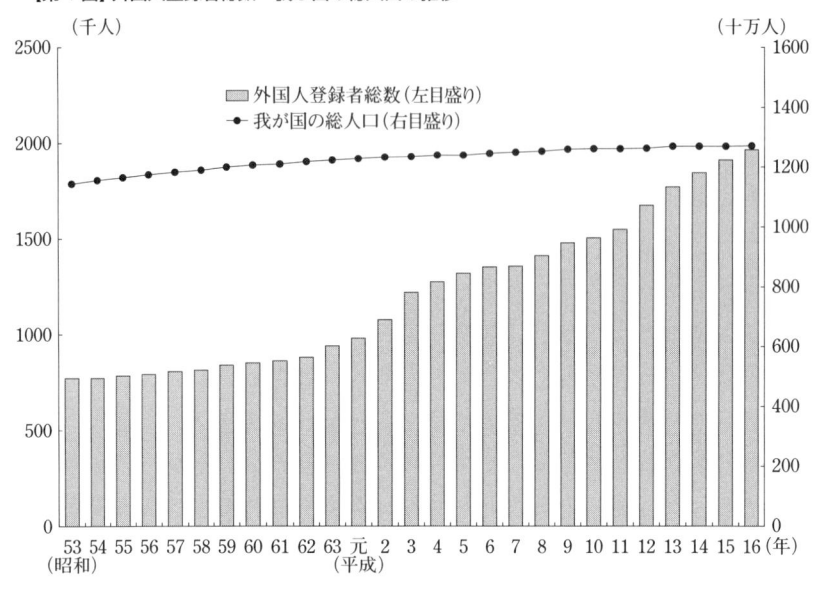

国籍（出身地）別構成比の推移

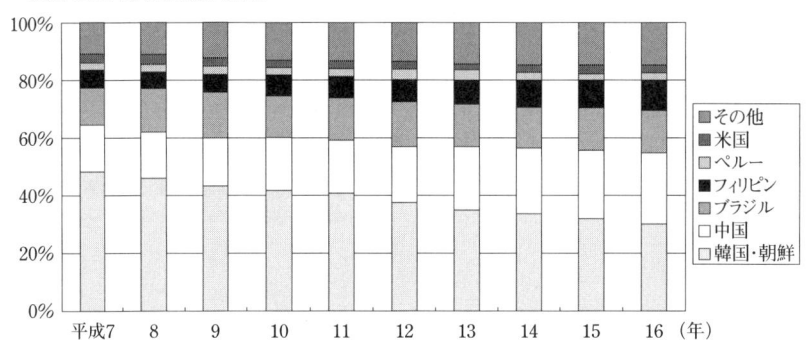

II―背景事情から見た外国人

1 これまでの状況

(1) **経済的な条件**　国内に住む外国人の増加は，日本のみで見られる現象ではない．ヨーロッパから新大陸へと向かった大きな人口の流れは別にしても，経済的な成功を求めて外国に移り住むという試みは，世界のあちこちで繰り

返されてきた．最近では，いわゆるグローバリゼーションがこの動きに拍車をかけている[19]．

後発国家であった明治日本においても，カリフォルニア・ハワイ（1868年）を皮切りに，ペルー（1899年）・ブラジル（1908年）など南北アメリカに向けて移民が旅立ち，戦前の移民総数は80万人を超えたとも言われる．戦後も，国策として移民奨励がはかられたため，その数は，高度経済成長が始まる頃までは年間1万5000人近くに達していた．その後は減少に転じ，1970年代のはじめにアメリカの制度変更に伴う一時増があったものの，1992年には年間50人程度となり，93年には奨励制度も廃止された[20]．

すでに述べたように，日本ではこの頃から外国人の流入が目立つようになったが，ヨーロッパ諸国ではもう少し早くから同様の傾向が現れていた[21]．高度経済成長期に，ドイツやフランスは数百万人の移民を受け入れたという．ドイツにはトルコなどから，フランスには北アフリカのマグレブ諸国から，多くの労働者がやってきた．これらの人々の多くはイスラム教徒であるが，現在，ドイツには300万人以上，フランスには400〜500万人のイスラム教徒が住むという（ドイツの総人口は約8000万人，フランスの総人口は約6000万人）．

高度経済成長期の日本でも，独仏と同様に労働力不足が生じた．さしあたりは農村部の余剰人口が都市部に移住することによって，この問題は顕在化しなかったが，1980年代のバブル経済期には労働力不足が深刻化した．他方，周辺諸国にとっては日本経済の隆盛はバラ色の夢を与えてくれるかのごとくであった．実際のところ，1988年の時点での一人あたりの国民所得を比較してみると，日本はフィリピンの20倍，中国の40倍，バングラデシュの121倍であったという[22]．アジア諸国の人々が日本で働きたいと考えるのは自然なことであった．

---

[19] 伊豫谷登士翁・グローバリゼーションと移民（有信堂，2001），特に2章・3章・8章・9章を参照．
[20] 富岡宣之・ひとの国際的移動――国際社会と日本（嵯峨野書院，1999）96頁．
[21] 最近の状況を示すものとして，内藤正典・ヨーロッパとイスラーム――共生は可能か（岩波新書，2004），宮島喬・ヨーロッパ市民の誕生――開かれたシティズンシップへ（岩波新書，2004）を参照．
[22] 富岡・前掲書79頁．

(2) 制度的な条件 もっとも,需要があり供給があればそれだけで直ちに外国人労働者の流入が生ずるというわけではない. 国境を越えた人口移動は,実際には,送出し側・受入れ側双方の政策によって大きく左右される. 現代日本における状況の推移も政策に依存するところが大きい. ここではまず,近年の政策について触れておこう.

ここで注目すべきは出入国管理に関する法制度の改正についてである. 1951年に制定された出入国管理令は,1981年に難民認定手続などを加えて「出入国管理及び難民認定法」に改められたが,新しい出入国管理法は1989年に大改正を受けた. 改正の内容は比較的よく知られているが[23],おおむね次のようなものであった. 第一に,在留資格を拡充し(新たに10種が加えられ,修正されたものも含めて計28種になった),より広く外国人を受け入れることとした. とりわけ,新設された「定住者」に日系人を含めることとしたために,ブラジル人・ペルー人が急増することとなった. 第二に,雇用主につき「不法就労助長罪」が新設された.

この改正にあたっては,不熟練労働者の受入れは行わない方針が採られたが,実際には,研修制度や技能実習制度などが「抜け道」として利用される結果となった. また,「定住者」はその活動に制限がないため,日系人にも不熟練労働に従事する者が多かった.

出入国管理法は,その後も何度か改正を受けている. たとえば,1999年の改正では,不法在留罪が新設され,退去強制された者の上陸拒否期間が大幅に延長されるとともに,適法に在留する外国人の手続上の負担軽減をはかる措置も講じられた[24]. また,2004年にも在留資格取消制度や出国命令制度の新設がなされている. さらに,2005年にはいわゆる人身取引に対する対応もはかられている.

次に,在日韓国・朝鮮人の法的地位の変遷についても一言しておく[25]. 日

---

23) よく知られている啓蒙書でもかなりの紙幅が割かれている. たとえば,田中宏・在日外国人——法の壁,心の溝(岩波新書,1991)199–210頁,井口泰・外国人労働者新時代(ちくま新書,2001)30–36頁など.
24) 佐藤方生「外国人登録法,出入国管理及び難民認定法の改正について」ジュリスト1165号(1999).
25) 駒井洋・日本の外国人移民(明石書店,1999)25–26頁. なお,この問題に関する大著として,大沼保昭・在日韓国・朝鮮人の国籍と人権(東信堂,2004,初出,1979–80)がある.

韓併合から第2次大戦期にかけて朝鮮半島から多くの人々が到来した．彼らの多くは，土木労働者・炭坑夫・砂利採掘人夫，あるいは零細中小工場の労働者として働いたという．また，戦時中は徴兵に伴う労働力不足を補うために強制徴用が行われた．その結果，1945年の時点ではその数は230万人に達したという．終戦により150万人以上が朝鮮半島に帰還したが，生活の本拠が日本にあった約50万人は日本にとどまった．これらの人々は少なくとも終戦までは日本国籍を有していたが[26]，1952年の法務省民事局長通達により，（台湾人とともに）日本国籍の喪失を宣告された．代わりに数次の暫定措置がなされ，ようやく1991年の「日本国との平和条約に基づき日本の国籍を離脱した者等の出入国管理に関する特例法」（平和条約国籍離脱者等出入国管理特例法）により「特別永住者」という法的地位が付与されたのである．

2　最近の状況

外国人をめぐる最近の状況を見ると，異なるいくつかの傾向を見出すことができる．それらは三つに分けられる．

第一は，様々な外国人犯罪が報道される中で，外国人に対する不安感の高まりが見られることである[27]．これに，テロに対する警戒が加わって，一部には「外国人嫌い」の雰囲気が生じている．

第二に，日本社会の少子高齢化・人口減少に対応するために，外国人の受入れを増大させようという意見が目立つようになってきている．あるいは，これとも関連するが，アジア諸国との自由貿易協定（FTA）の締結をめぐって，サービス部門（介護労働など）の市場開放が求められている．これらの側面に着目するならば，1990年前後に続く二度目の「外国人熱」が生じつつあるとも言える．

第三に，中国・韓国との外交関係が軋む中で，東アジアにおける各国の相互理解をいかに進めるかが大きな課題となってきている．「人の移動」の促

---

[26] もっとも，事実上の差別は別にして法的に見ても，内地の人間とは異なる処遇がなされていた．この問題にかかわる最近の文献として，浅野豊美「植民地での条約改正と日本帝国の法的形成――属人的に限定された『単位法律関係』と『共通法』の機能を中心に」浅野豊美＝松田利彦編・植民地帝国日本の法的構造（信山社，2004）が興味深い．

[27] 中国人の犯罪に対する関心が高まっている．森田靖郎・中国人犯罪グループ――下見・実行・換金（中公新書ラクレ，2004），岩男壽美子・外国人犯罪者（中公新書，2007）など．

進も必要となるが，そのことを通じて「日本人」「外国人」という区別そのものが再検討を迫られることになる．すなわち，「外国人再考」がこれからの課題となるだろう．

III──出来事から見た外国人

　ここまで統計を掲げ，制度を提示してきたが，今日の日本社会において，外国人は実際どのように生活し，どのような法律問題に直面しているのだろうか．比較的最近の新聞記事から主な話題を拾ってみよう[28]．記事はひとまず以下の16のグループに分類できる[29]．

　①**外国人犯罪**に関連するもの：「外国人グループ暴力団と連携」日経030926夕，「在日外国人の人権『守るべき』最低の54％に」日経030413，「外国人の観光ビザ簡素化，53％が否定的」日経031102，「在日外国人の犯罪，最多」朝日040311夕，その他多数．

　②**人身売買**に関連するもの：「児童ポルノ業者逮捕」朝日001107，「人身売買コロンビアルート」日経031107，「人身売買処罰へ法整備」朝日040617，「人身売買罪を創設」日経040909，「興行ビザ，厳格化へ」朝日040926，その他多数．

　③**不法滞在**に関連するもの：「500人不法滞在？ 50人摘発」朝日021101夕，「不法滞在外国人の摘発強化」日経040105，「不法滞在外国人情報受け付け『差別助長』と一部修正」日経040405，「言葉・法律……DV救済に壁」朝日040507，「退去恐れる不法滞在者の子」日経040503，「不法滞在，国保の対象外明記」日経040608，「キユーピー子会社捜索　不法就労の5人逮捕」日経040608夕．

　④**留学生・日本人学校**に関連するもの：「日本語学校の指導強化　外国人犯罪防止狙う」朝日031103夕，「留学生の不法就労防げ」日経030530，「来日外国人の刑法犯　4割が留学生・就学生」日経031118夕，「在留資格の認定，激減　日本語学校，廃校も」朝日040307，「日本語学校　5校『認定』取り消し」朝日040402，「外国人留学　専門学校10校を調査」朝日040421，「留・就学生，5割門前払い」朝日040422，「学生の9割中国人　入管が立ち入り」朝日040515，「酒田短大　留

[28) 2000年8月から2004年12月までに筆者自身が収集した記事から抽出（対象は朝日新聞及び日本経済新聞）．通信社配信の特集記事をまとめたものとして，共同通信社編集委員室編著・多国籍ジパングの主役たち──新聞国考（明石書店，2003）も有益な資料である．なお，1990年前後の状況については，たとえば，朝日新聞学芸部・あなたの隣に──ルポ・鎖国にっぽんの「外国人」（朝日新聞社，1991）を参照．
29) カギ括弧内は記事の見出し，「朝日xxyyzz」は朝日新聞20xx年yy月zz日付の記事を示す（「夕」は夕刊）．

学生頼みで破綻」朝日 040714,「『学生探し,出国促せ』東京入管」朝日 041113 夕.

⑤**受け入れ緩和**に関連するもの:「外国人 IT 技術者受け入れ　入国審査基準緩和の見通し」朝日 000823,「FTA,外国人雇用が焦点」朝日 040329,「フィリピンの看護師受け入れ『日本資格が要件』で合意へ」日経 040711,「外国人労働者　看護と介護　部分開放」日経 040701,「看護師・介護士　在留制限を撤廃」日経 041027.

⑥**難民認定**に関連するもの:「ミャンマー人の難民認定手続き」朝日 030410,「ミャンマー人逆転敗訴」日経 040115,「退去命令のミャンマー人　法相,特別在留許可へ」朝日 040305 夕,「難民申請中,強制退去なし」朝日 040527 夕,その他.

⑦**国籍・在留資格・外国人登録**に関連するもの:「国際結婚再び急増」朝日 020227 夕,「国籍取得,条件緩和　21 世紀臨調 憲法など改革案」朝日 020321,「夫原因で別居なのに入管収容」朝日 021218 夕,「出生後認知　日本国籍を認定」朝日 030613,「外国人登録 不法滞在者,手続き急増」朝日 030711 夕,「外国人の母持つ無国籍の子　日本国籍家裁で認定」朝日 031018 夕,「父は朝鮮籍,終戦前日に出生」朝日 040708.

⑧**海外での代理出産**に関連するもの:「代理出産　日本国籍取れず　米で生まれた双子,出生届留保」日経 031023,「代理出産の双子男児　出生届を不受理」日経 031107 夕,「代理出産児 胎児認知で日本国籍 法務省案に両親困惑」朝日 031112.

⑨**偽装婚姻・縁組**に関連するもの:「在留外国人　生活調査,強化へ」朝日 020110,「福建省出身者　100 人中 50 人偽装結婚」朝日 020522,「在留狙い偽装結婚図る」朝日 030925,「在留資格求め偽の縁組 60 組」朝日 040406.

⑩**家族の在留資格**に関連するもの:「中国残留婦人義理の息子　法務省が特別在留許可」朝日 001108,「残留邦人の妻の連れ子『不法滞在』で摘発も」朝日 011212,「16 歳長女だけ『滞在可』」朝日 041106.

⑪**学校・教育**に関連するもの:「保育園は多文化社会」朝日 011023,「ブラジル人 在日子弟を非行から守れ」朝日 020321,「国公立大学　民族学校卒に資格認めず」朝日 030221,「どうなる大学入学資格　外国人学校もっと知って」朝日 030413,「育つ 2 世　ゲストから住民へ」朝日 030712,「外国人の子　就学調査」朝日 040925 夕,「日系人らニューカマー　雇用・教育『対応を』」朝日 041006.

⑫**日常生活**に関連するもの:「外国人ハウス続々　不便でも格安・大歓迎」朝日 001031 夕,「友人,外国人……気の合う仲間と暮らしたい『ルームシェア』若者に人気」朝日 020921,「永住権ない米国人の住宅ローン　拒否には『合理性』」朝日 011113,「『外国人お断り』は人種差別 温泉施設に賠償命令」朝日 021112.

⑬**地域定着**に関連するもの:「浜松ブラジーール」朝日 020613,「大久保　多文化共生のパワーと孤独」朝日 030823 夕,「南米出身者増える群馬東部『移民社会』

取り込め」日経 030926 夕,「新大久保　食の交差点」朝日 040107,「留学生から自治会長　ここが『我が家』壁なくし暮らしよく」朝日 040925.

⑭**選挙権・公務就任権**に関連するもの:「永住外国人選挙権　法案成立に努力表明」朝日 000918 夕,「『特別永住者』軸に調整」朝日 000923,「自治体判断で付与　自民党内に新修正案」朝日 000927,「対象者限定か自治体一任か」朝日 000928,「永住外国人選挙権法案　通常国会に先送り」朝日 001128,「永住外国人も住民投票」朝日 020320,「永住外国人地方選挙権法案　自公きしみ目立つ」朝日 041012,「外国籍職員の昇任試験,　都が拒否　違憲判決見直しへ」朝日 040624.

⑮**戦後補償,米軍基地**に関連するもの:「関釜裁判」朝日 010330,「戦後『放置』,国に責任」朝日 010713,「中国人強制連行　企業に責任」日経 020427,「西松訴訟」朝日 020709,「中国人らの賠償請求棄却」朝日 030115 夕,「戦後補償　厚い『法の壁』」日経 030530 夕,「賠償請求を棄却」日経 040323 夕,「強制連行訴訟　国に賠償命令」朝日 040327,「『時の経過』厳格適用」日経 040524 夕,「中国残留孤児帰国者 7 割国を提訴」朝日 041004,「米兵取り調べ,米側同席　地位協定で日米が合意」日経 040403.

⑯**理念・政策・調査**に関するもの:「多数派は他者との関係意識を『辺境から眺める』のテッサ・モーリス=鈴木さん」朝日 000901 夕,「民族の誇り・開会式の賛否……」朝日 000923,「外国人受け入れ　前向きくっきり」朝日 001109,「単一民族発言　狭い国家観から脱却を」朝日 010918,「国歌ヤジる若者の心は」朝日 011102,「日本流　楽しみたいから他国だって応援」朝日 020627,「開放派 vs. 制限派　外国人就労,対策後手に」朝日 031106,「外国人と生きる覚悟を」朝日 040303,「外国人犯罪への対応は　共生社会の構築課題」朝日 040505,「外国人労働者受け入れ　段階的な定住策へ政策転換を」日経 040907.

　最後の理念・政策・調査に関するものを除き,大きく四つにまとめてみよう.

　第一に,①〜④は犯罪や違法行為に関するものである.⑨もこれに関連する.これらの記事を見ても,ここ数年,外国人に関する負の側面に関心が集まっていることは否定しがたい.③④に見られるように,不法滞在を減らす試みがなされているが,他方で,⑤〜⑦のように,できるだけ在留を認めようという方向も見られる.いずれにしても,在留資格に関する問題が重要なことが,改めて確認される.

　第二に,⑦〜⑩は家族関係に関するもの,②や④は労働関係と接点を持つものであると言える.また,⑪は子どもの教育に,⑫は日常生活一般に関す

るものである．なお，③にも家族や子どもの生活にかかわるものが含まれている．これらはいずれも，外国人が生活を営んでいく上では重要な問題であると言えるが，家族関係・労働関係に関してはある程度まで検討されてきたものの，教育や住居・サービスなどに関しては，法的な観点からのまとまった検討はあまりなされてこなかった．

　第三に，⑬は，日本社会に定住する外国人の増加に伴って顕在化してきたものである．どのようにして，このような動きを促進するかが問題であろう．⑭も定住化と密接に関連する．

　第四に，⑭と⑮は，在日韓国・朝鮮人（さらには在日中国人），あるいは沖縄の地位にもかかわる問題であるとも言える．それぞれの問題に関しては，かなりまとまった議論が展開されている．

　以上のような問題の整理は，本書の各論的検討（第1章～第3章，補章）の前提となる[30]．そこには，現在，日本の外国人法において取り組まれるべき事項が示されていると言えるからである．では，各論的検討は，何を対象に，どのような視点からなされるのか．この点に関しては，次節の末尾で説明するが，その前に，もう一度「シヴィル」に戻ってみることにしよう．すなわち，次節では，「シヴィル」の名を冠した民法典や民法学において「外国人」が占める位置を確認した上で，改めて本書の目的・方法・対象・構成などを提示することにしたい．

---

30) 理念や政策については結章で触れる．

第3節

視点
民法典・民法学から見た外国人

第1 民法典における外国人　　　Leçon 03

　外国人に関する特別法はいくつか存在する．これまでにも出てきた出入国管理法がその代表例であるが，他にも外国人登録法が存在する．このほか，国籍の得喪変更につき定める国籍法，あるいは，家族関係や財産関係に適用される法を定める「法の適用に関する通則法」という法律も重要である．他方，日本人にも適用されるより一般的な法律において，外国人はどのように扱われているだろうか．試みに六法全書の索引で「外国人」を引いてみるとよい．上記の特別法の諸規定のほかに出てくるのは民法3条2項である．ちなみに，関連条文がありそうに見える憲法には「外国人」の語は現れず，その存在は，「日本国民」「国民」ではない者として示唆されるだけである[31]．

　では，民法3条2項とはいかなる規定か．民法には，この規定のほかに外国人に関係する規定は存在しないのか (I)．これらの点を確認した上で，民法制定時 (直後) において，3条2項をめぐって戦わされた論争を紹介・検討することにしよう (II)．これによって，民法典と外国人との密接な関係を知ることができるはずである．

---

31) 「日本国民」は，憲法前文・1条・10条のほか9条 (戦争放棄)・97条 (最高法規性) にも現れる．「国民」は，「国民の権利及び義務」の章の諸規定 (憲11～15条, 25～27条, 30条) のほか，憲法43条 (選挙権)，79条 (最高裁裁判官の国民審査)，82条 (裁判の公開)，96条 (憲法改正) にも現れる．なお，憲法の観点から，外国人につき論ずるものとして，長谷部恭男「『外国人の人権』に関する覚書」同・憲法の理性 (東京大学出版会, 2006) などを参照．

I—外国人に関する規定

1 権利能力

(1) 権利能力平等の原則　民法3条2項について説明する前に，その前提となっている同条1項にふれておく必要がある．すでに紹介したように，同条1項は次のように定めている．「私権の享有は，出生に始まる」．

いたって簡素であるが，この規定は近代法の大原則である「権利能力平等の原則」を定める規定であるとされている．私権を享有することができる資格（能力）を「権利能力」と呼んでいるが，この規定は権利能力の始期を定めているにすぎないように読める．しかし，この規定には，「すべての人は私権を享有する」という命題が含意されている．このことを前提にして，「（その）私権の享有は，出生に始まる」と定められているというわけである[32]．

さて，「権利能力平等の原則」とは何を意味するのか．「すべての人は私権を享有する」という命題は，今日ではあたり前のことのように思われる．実際，民法典の起草者たちもそのように考えていた[33]．しかし，民法典が制定された19世紀末から少し時を遡るならば，このことは決してあたり前のことではなかった．このことを理解するには，日本で四民平等が宣言されたのは明治維新の後であったこと，また，アメリカの奴隷解放も南北戦争の後であったことを想起すればよい．起草者の一人も，この経緯に鑑み次のように述べていた．「権利能力ハ……何人ト雖モ之ヲ有スルヲ原則トシ身分，宗旨，姓，年齢等ニ依リテ差別アルコトナシ」．「即チ私法上ニ於テ各権利ノ主体タルコトヲ得ルモノトス．而シテ権利ノ目的物タルコトヲ得ス．是公ノ秩序ニ関スル原則ニシテ何人ト雖モ其人格ヲ放棄スルヲ許ササルナリ．彼ノ奴隷及ヒ准死ノ制度ノ如キハ既ニ歴史上ノ事跡ニ属シ近世ノ立法例ハ特ニ此原則ヲ明示スルコトヲ必要トセサルニ至レリ」．

(2) 内外人平等の原則　人は誰でも同じように私権を享有することができる．この原則は外国人にもあてはまるのだろうか．この点に関して，民法3条2

---

[32] 改めてこのことの意義を確認する最近の研究として，広中俊雄「成年後見制度の改革と民法の体系——旧民法人事編＝『人の法』の解体から1世紀余を経て（上下）」ジュリスト1184号，1185号（2000）がある．

[33] 民法起草者の一人・梅謙次郎は「凡ソ人ハ権利ノ主体ト為ルコトヲ得ルヲ原則トス」とし，「本節ニハ稍疑ハシキ問題ノミヲ掲ケ」るとしている（梅・民法要義巻之一〔明法堂，1899〕6頁）．

項は次のように定めている．「外国人は，法令又は条約の規定により禁止される場合を除き，私権を享有する」．

「内外人平等の原則」と呼ばれることもあるこの考え方は，やはり今日では当然のこととされるに至っており，民法の教科書などで言及されることも少なくなっている[34]．法令・条約による禁止の当否については問題となりうるが，今日まで残る例外は，少なくとも外国人の日常生活に大きな影響を及ぼすようなものではない[35]．たとえば，民法典制定当時は居留地制度がなお行われていたため，外国人は居留地から十里以外に旅行することができなかったが，民法典制定の翌年の1899年には内外人雑居が実現している．また，土地所有権の取得についても，民法典制定当時の法令（「地所質入書入規則」）が定めていた土地所有権・質権・抵当権取得の禁止は，1926年の外国人土地法によって改められて相互主義が採られるに至った．すなわち，日本人の土地所有を禁止・制限する国に属する外国人・外国法人については法令によって同様の禁止・制限を行うことができるという留保の下に（同法1条），土地所有も解禁されたのである．

しかし，民法典においてこの内外人平等の原則が採用されるまでには紆余曲折があった．この点について述べる前に，3条2項以外の規定についても一瞥しておこう．

2 その他

(1) **外国法人** 民法典にはもう一つ（正確には2ヶ条），広義の外国人に関する規定が存在する．外国の法人に関する35条（およびその登記に関する37条）である．民法35条1項は「外国法人は，国，国の行政区画及び外国会社を除き，その成立を認許しない．ただし，法律又は条約の規定により認許された外国法人は，この限りでない」と定めている．この規定により，公益法人を含む外国の非営利法人は，原則として日本においては成立しない（法人格

---

34) 大村敦志・基本民法 I（有斐閣，第3版，2007）180頁も，「（権利能力平等の原則の）例外として，外国人に関する3条2項が残存しているが，その妥当性には疑問がある」と述べるのみである．近年の他の教科書（内田・山本敬三・加藤雅信・佐久間・潮見）もほぼ同様．
35) もっとも，外為法における直接投資の制限や特許法・著作権法など知的財産法の領域における制限などの当否については，慎重な検討が必要だろう．

を有しない)こととなる[36]．

　条約改正を控えていた明治日本にとって，外国法人の処遇をどうするかという問題は，今日では考えられないほど切実な問題であった．この点をめぐって，民法典の起草過程においては長大な議論が繰り広げられていた．後に見る3条2項（当時は2条）をめぐる論争もそうだが，外国に対する当時の感覚は非常に鋭敏なものであったことは注記しておくに足るだろう．

　(2) 戸主・婚姻・夫婦財産契約　以上のほかには，現行民法典には外国人に関する特別な規定は置かれていない．もっとも，制定当時の民法典には，いくつかの規定が存在していた．また，今日でも，その痕跡は民法典やその他の法律に残っているとも言える．

　特別な規定は二つあった．一つは1989年まで存在した民法757条であり，夫婦財産契約の登記手続に関する特則であった．今日では「法の適用に関する通則法」（かつての「法例」．以下，通則法と略称）によってカバーされており，実質的に意味を持たないということで削除されている．もう一つは民法旧964条1号であり，戸主権の喪失事由として国籍喪失を掲げていた．つまり，戸主であるためには日本国籍が必要とされていたのである．この規定は，1947年の民法改正によって家制度が廃止されたのに伴い廃止されている．しかし，その考え方は，暗黙のうちに現行法にも影響を及ぼしているように見える．

　その影響は民法741条に窺われる．同条は直接には，在外日本人間の婚姻の方式につき特則を定めるものであるが，ここには，婚姻については，日本人間の場合とそうでない場合（一方が外国人の場合）とでルールが異なってもよいとの考え方が見てとれる．741条によれば，在外日本人間の婚姻に関しては「その国に駐在する日本の大使，公使又は領事にその届出をすることができる」が，この規定がないとすると，「届出」は婚姻の方式なので「婚姻の方式は婚姻挙行地の法による」（通則24条2項）のが原則だが，「当事者の一方の本国法に適合する方式は有効」（通則24条3項本文）とされている結果，日本法によってもよいことになる．741条は，この場合に適用される日本法

---

[36]　もっとも，日本法に基づき，外国人がNPO法人などの非営利法人を設立することは妨げられない．また，日本法に基づき設立されたNPO法人などが外国法人の支部となることも妨げられない（世界的なNGOには日本支部を持つものも少なくない）．

に特則を設けているわけである．ところで，日本において行われる婚姻につき当事者の一方が日本人である場合には，通則法24条3項のルールは適用されない（同但書）．つまり，他方当事者の本国法の方式によることは許されず，日本法に従って「届出」をすることが必要とされているのである．

民法741条・通則法24条3項但書に見られるのは，日本人の婚姻は届出によって戸籍に記載されるべきであるという発想である．そこには，戸籍と密接に結びついた戸主の地位に外国籍の者が就くことはあり得ないという発想と通底するものがあるように思われる．なお，通則法24条3項但書に関しては，中間試案では，これに対する批判があることをふまえて維持案・削除案が両論併記されていたが，最終的には維持案が採用された[37]．以上の点は，戸籍・外国人登録の問題とも関連する問題であるので，後に改めてふれることにしよう（第1章第1節）．

II―内外人平等の原則をめぐる論争

1　論争の紹介

(1) 論争の経緯　民法典の編纂資料を繙く者は，民法2条（現3条2項）に関する議論の乏しさに拍子抜けするに違いない．主査委員会に配布された当初の原案（甲3号議案．1893年9月）以来，同条には関しては，細かな字句修正が施されたほか，ほとんど議論がなされていないからである．しかし，この規定をめぐる大論争は，民法典の制定直後に火ぶたを切ることになった[38]．まずは論争の経緯をたどっておこう[39]．

[37) 「国際私法の現代化に関する要綱中間試案」第9のA案（13条3項但書維持）・B案（同削除）を参照．なお，A案を支持する論者は，「本来，日本人の身分関係を登録する戸籍簿の記載はできるだけ正確なものであることが望ましい」ことをあげている（北澤安紀「能力，親族，総則」ジュリスト1292号（2005）57頁）．なお，2006年に成立した通則法の改正点につき，神前禎・解説 法の適用に関する通則法――新しい国際私法（弘文堂，2006），「特集・法の適用に関する通則法の成立――法例の全面改正」ジュリスト1325号（2006）などを参照．

38) この論争は，現代日本の民法学者には忘れられつつあるが，少し前の代表的な民法教科書の一つには，次のように明記されていた．「この規定［旧2条――筆者注］のもととなった原案に対しては，平等主義に反対する一派（いわば反動派）が強い反対をし，平等主義賛成派（いわば進歩派）と激しい論戦がなされたが，結局平等主義が勝つに至ったものである」（星野英一・民法概論I〔良書普及会，1971〕100頁）．

39) 以下は，この論争を詳細に検討した大河純夫「外国人の私権と梅謙次郎（1-2）」立命館法学253号，255号（1997）による．

民法2条を含む民法第1編第2編第3編は民法中修正案として第9議会に提出され，会期終了間際の1896年3月23日に可決成立，4月27日に法律第89号として公布された．しかし，続く第10議会において，元田肇・大竹貫一は未だ施行に至っていない民法2条の修正案を衆議院に提出した（1897年1月）．「外国人ハ法律又ハ条約ニ認許シタル場合ニ限リ私権ヲ享有ス」というのが修正案の内容であったらしい．これに続き，柏田隆文・鳩山和夫は2条削除案を同じく衆議院に提出している（同年3月）．これら両案は審議されることなく廃案となった後，元田・大竹らは第12議会にほぼ同様の修正案を再度提出しているが（1898年5月），これについても審議はされていない．

以上のように，2条修正案・削除案は提案はされたものの審議の対象にはなっていない．この限りでは，ほとんど影響力を持たなかったようにも見える．しかし，議会の外では活発な論争が展開されていた[40]．とりわけ第10議会の会期中の攻防は激しい．山田三良が「民法第二条修正案ヲ評ス」（1897年2月）を皮切りに再三にわたり2条維持を主張したほか，穂積陳重・富井政章（2条擁護），穂積八束・江木衷（2条反対）など著名な法律家が，『法学協会雑誌』『法学新報』といった法律雑誌だけでなく，むしろ『毎日新聞』『日刊世界之日本』などの一般紙において論陣を張っている．また，少し後になると，2条を起草した梅謙次郎が登場して，その擁護を説いている．

(2) **論争の内容**　さて，論争の内容であるが，その全体を紹介することはできないし，その必要もない．ここでは，2条（現3条2項）を支える法思想を知るという意味で，この規定を擁護した陣営の中心をなした山田と梅の議論の概略を示すにとどめる．

山田は，後に日本の国際私法学の大立者となるが，論争の当時はまだ若年であり，その言辞はいささか過激でさえある．しかし，その議論には一貫したものがある．前掲の「民法第二条修正案ヲ評ス」は，「緒言」のほか「第一　民法第二条ノ必要ナル所以」と「第二　民法第二条修正案ノ不当ナル所以」からなるが，ここでは相手方攻撃の目立つ後者は除外して，前者のみを

40）大河・前掲論文（1）3頁には，「民法修正案に関する論戦（雑録）」法学協会雑誌15巻3号（1897）などによって作成された年表が掲載されている．

紹介しておく[41]．

　山田は，旧民法人事編 4 条・現行民法旧 2 条を掲げて，「以上ノ規定ハ各国ノ法制沿革上最モ重大ナル規定ノ一ツニシテ，外国人ノ人格ヲ認メ民法上ニ於テハ外国人モ内国人ト等シク私権ヲ享有スル原則ヲ掲ケタルモノナリ，斯ル立法上ノ主義ヲ称シテ内外人平等主義ト云フ」とした上で，その沿革をたどる．

　その中で山田はベルギー民法草案に言及し，「凡ソ人ハ私権ヲ享有ス」という規定を紹介し，これを「外国人ハ内国人ト同シク私権ヲ享有ストノ規定ノ理論上無用ナルコトヲ看破シタル嚆矢」であるとし，20 世紀以後の民法はこのようになると断言している[42]．そして次のように言うのである．「只従来此原則ヲ一般的ニ明言シタル法文存セサルカ故ニ，若シ新民法ヲ編纂スルニ当リ……之ヲ明言セサルトキハ……維新以来ノ旧套ヲ固守シテ条約又ハ法律ニ特別ノ認許ヲ明言セサル以上ハ外国人ハ何等ノ私権ヲモ享有スルコトヲ得スト妄断スルカ如キ法律適用ニ関スル解釈上誤解ノ危険アルカ故ニ，民法第一条ニ於テ汎ク人類ノ私権享有ノ能力ハ出生ニ始マルト云ヒ敢テ内外人ノ区別ヲ設ケサルニモ拘ハラス尚ホ第二条ニ於テ……ト規定シ以テ暗々裏ニ発達シタル私法上内外人平等主義ヲ法文上ニ明言セシモノト謂フヘシ」[43]．以上のように，山田は，私権の享有につき内外人の間には差はないことを強調するのである．

　梅もまた，次のように述べている[44]．「古ハ何レノ国ニ於テモ外国人ヲ視ルコト禽獣ノ如ク又仇讐ノ如ク法律ヲ以テ其権利ヲ認メ之ヲ保護スルコトアラサリシカ世ノ開明ニ赴クニ従ヒ外国人モ亦人ナルコト及ヒ之ト交通スルハ利アリテ害ナキコトヲ悟リ漸次外国人ノ権利ヲ認ムルニ至レリ」．もっとも「公権ハ之ヲ外国人ニ認メサルヲ原則トス．蓋シ其国ノ事情ニ通シ其国ヲ愛シ其国ト利害ヲ共ニスル者ニ非サレハ其国ノ政治ニ参与セシムルコトヲ得サレハナリ」．これに対して，私権については「其［諸外国の立法の──筆者注］傾向

---

41)　「民法第二条修正案ヲ評ス」は，法学協会雑誌 15 巻 2 号（1897 年）に発表されるとともに，毎日新聞 1897 年 2 月 6 日・7 日・9 日・12 日付にも転載されたようだが，今日では，日本近代立法資料叢書 16（商事法務研究会，1989）に収録されている．本書はこれによる．
42)　山田・前掲論文 3 頁．
43)　山田・前掲論文 6 頁．
44)　梅・前掲書 8 頁．

ハ内外人ヲシテ同等ノ権利ヲ有セシムルニ在ルカ如シ．我邦ニ於テモ原則トシテハ此主義ヲ採用シ以テ文明国ノ実ヲ挙ケントセリ」．

「公権」を認めない理由が興味深いが，これはさておき，梅が認める「私権」はここでも自主権＋私法権である．このことは次のように述べられている[45]．まず自主権については「其原則ハ外国人モ之ヲ享有スルト云フノデアル」としている．次に私法権についても「原則ハ矢張リ内外人同等デアル」としつつ，民法2条に言及して論争の経緯を略述した上で，「幸ニ近来ハ漸ク世人モ此辺ノ事ヲ覚リマシテ余リ民法第二条ニ反対ヲセヌヤウデス」と述べている．もっとも梅は「是ニハ例外ガ許多アル」として，詳しくその内容をも掲げている．

他方，「自主権」，すなわち「シヴィル」の自由につき，全く制限が設けられていないことは特筆に値するだろう．

2　論争の意義

(1) 当時における意義　以上の論争については，不平等条約を改正して一等国となるという当時の外交上の課題との関連で考える必要があるだろう．しかし，本書ではこの点には立ち入らない．ここでは，山田や梅に見られる思考様式について一言しておく．それは，世界的な趨勢に対する関心である．彼らは，法を進化の相においてとらえており，できれば日本法をその最先端に置きたいと考えている．たとえば，山田は次のように述べている．「今ヤ我国運益進歩シ国際法ノ公則ニ基キ列国ト並馳セントスルニ当リ民法ノ開巻第一ニ支那朝鮮ノ主義［＝賤外主義・排外主義の意――筆者注］ヲ特筆スルヲ要スルヤ否ヤハ我国民ノ宜シク沈思熟考スヘキ大問題ナリ」[46]．また，梅も「文明国ノ実ヲ挙ケン」と述べていたことは前述の通りである．列強に伍してという意識が強いにせよ，その国際性には目を瞠るものがある．あるいは，「外人排斥」は「憂国愛民ノ美挙」ではなく「国家遠大ノ利益ニ反対スル」との健全なナショナリズムが見られると言ってもよい[47]．

---

45) 梅謙次郎・民法総則（法政大学・明治37年度講義録，復刻版，信山社，1990）440頁，442-444頁．
46) 山田・前掲論文8頁．
47) 山田・前掲論文7頁．

もっとも，このナショナリズムのあり方はそれほど単純ではない．あるいは，内外人平等の「内人」は一枚岩ではない．すでにふれたように，韓国併合後に内鮮一体が説かれたものの，法的に見る限り，内地と外地（植民地）とでは適用される法に差があった．それだけではない．一般には内地に含まれる北海道や沖縄に関する特例にも注意する必要がある（補章）．すなわち，第12議会に再び民法2条修正案が提出された同じ年（1899年）には，北海道旧土人保護法と沖縄県土地整理法とが制定されており，無償給付された土地につき譲渡及び質権・抵当権などの設定には許可が必要とされている．北海道・沖縄では土地所有権に制限が設けられたというわけである[48]．

　(2) 今日における意義　さて，今日の文脈から見た場合，山田や梅の議論からどのような示唆を引き出すことができるだろうか．次の3点を指摘しておこう．

　第一に，山田が述べるように，「内外人平等」こそが原則であり，理論上は特に規定を置く必要もないとすれば，内外人の区別は形式的には完全に消滅する．このことは，今日において「外国人」が差別を受けているとすると，それは「外国人法」の問題ではなく一般法たる「民法」の問題であることを意味する．

　第二に，梅は私法権につき，「人類権」と「国民権」とを区別していた[49]．すでに述べたように，梅によれば，外国人には自主権が認められるとしても，私法権については様々な制限がありうる．二種の私法権のうち，制限の対象となるのは「国民権」であるというのである．すでに指摘されているように[50]，この区別は人類権に制限が及ばないとする点で大きな意味を持つが，その反面で，国民権を広く認めるならば内外人平等を有名無実にする危険をはらんでいる．今日，「国民権」の内実については，「公権」とは何かとあわせて論じられなければならないだろう．

　第三に，梅が私法権を「取得権」とも呼んでいたことも付け加えておこう[51]．「自主権」が人が人であることによって当然に有する権利であるのに

---

[48] 大河・前掲論文(2) 15頁注(22)が，この点を指摘する．
[49] 梅・前掲書（明治37年度）235頁．
[50] 大河・前掲論文(2) 6頁，16–17頁参照．
[51] 梅・前掲書（明治37年度）232–233頁．

対して，私法権は何らかの原因によって取得された権利であるというのである．だからこそ，権利能力の制限が可能になるというわけである．ここには，自主権は消極的な自由であるのに対して，私法権はより積極的な権利である，しかも，国民権は国民についてのみ取得が認められる権利であるという図式が見てとれる．しかし，市民的自由を実現するためには，様々な積極的な手段を講ずる必要がある場合もある．とりわけ私人間においてはそうである．今日では，梅の「自主権」構想を活かしつつ，これにより積極的な役割を付与することが望まれるだろう．

第2 民法学における外国人 Leçon 04

ひとたび民法典において外国人の権利能力が認められると，その後は，民法における外国人の法的処遇について論じられることは少なくなる．今日では，民法の概説書において外国人が現れる場面はごく限られている[52]．これに伴い，民法学の外国人への関心も希薄になっていると言わざるを得ない．

しかし，民法学の観点から外国人についての検討（再検討）を行う必要があるのではないか．というのは，民法において外国人の法的処遇を改めて問題とすべき局面が新たに現れているからであるが（Ⅰ1），同時に，外国人に関する検討を通じて民法学のあり方を見直すことができると思われるからでもある（Ⅰ2）．すなわち，実践・理論の両面において，「外国人」は解決すべき問題を提起しているのである．本書は，このような観点に立って，民法学の観点から日本の外国人法を検討しようというものであるが，序章のむすびとして，本書の検討の目的・対象（Ⅱ1）あるいは方法・構成（Ⅱ2）についても述べておく．

---

52) 戦後補償と期間制限，外国人労働者の逸失利益・慰謝料，国際家族関係などが主要な論点である（順に，大村敦志・もうひとつの基本民法Ⅰ〔有斐閣，2005〕27頁以下，同・もうひとつの基本民法Ⅱ〔有斐閣，2007〕15頁以下，同・家族法〔有斐閣，第2版補訂版，2004〕314頁以下を参照）．

I―民法学と外国人

1 「外国人」の再発見

(1) 形式的平等から実質的平等へ　民法 3 条 2 項によって内外人平等の原則が認められている以上，公権はともかく私権の享有については，日本人と外国人との間には区別がないはずである．形式的に見る限り，このことに異論はない．しかし，権利能力において平等であることは，社会生活において平等であることを意味するわけではない．このような実質的な不平等にどう対処するかは，20 世紀を通じて民法学の大きな課題の一つとなった．民法と民法学の歴史を振り返れば，このことは容易に理解される[53]．

20 世紀前半の日本社会において最も重要な不平等は，経済的な不平等であった．具体的には，地主と小作人，工場主と労働者との間の実質的な不平等をどうするかが問題となった．小作争議・労働争議は主要な社会問題であったと言える．こうした問題に対する民法学の関心を代表するものとしては，末弘厳太郎の 2 冊の著書，『農村法律問題』(1924) と『労働法研究』(1926) をあげればよいだろう．

20 世紀の後半に入ると，1950 年代の前半までは戦災・引き揚げによる住宅難，1960～70 年代には高度経済成長のひずみが大きな社会問題となった．すなわち，この時期の民法学の関心は，借地借家，交通事故・公害につき，借地人・借家人や事故被害者の保護へと向けられた．そのことを象徴的に示す著書としては，加藤一郎『不法行為』(1958/74) と星野英一『借地・借家法』(1969) をあげることができるだろう．さらに，1980 年代の「豊かな社会」においては，消費者問題がクローズアップされる．民法学者の著作としてこの時代を代表するのは，北川善太郎『消費者法のシステム』(1980) であろう．

では，1990 年代はどうだろうか．率直に言って，90 年代以降の民法学においては，かつてのような社会問題に対する関心は相対的に希薄化しつつあるように思われる．しかし，社会問題そのものがなくなったわけではない．フェミニズムやジェンダー論の隆盛からもわかるように，「女性」は大きな問題

---

53) 大村敦志・民法総論 (岩波書店, 2001) 27 頁以下．また，同・生活民法入門 (東京大学出版会, 2003) も参照.

となっている[54]．また，少子高齢化のもたらす危機が叫ばれているが，「子ども」や「高齢者」の重要性も増しつつある．最近ではこれに，「障害者」「性的少数者」[55]，そして「外国人」に関する諸問題が加わる[56]．

このうち最後の「障害者」「性的少数者」に関しては，形式的なレベルでの「権利制限」も問題となっていた．たとえば，1999 年の成年後見立法や 2003 年の性同一性障害者特例法は，これらの問題に対応するものであった[57]．しかし，「障害者」「性的少数者」も含めて，多くの場合に問題になったのは形式的な平等ではなく実質的な平等であった．すなわち，一方で実質的な差別を除去するとともに，他方，有効な社会的支援をなすべきことが求められてきた．これは「外国人」についても同様である．形式的な平等は達成されている私権に関して，いま求められているのは，家族生活・労働生活やその他の日常生活における実質的な平等の確保である．さらに，「外国人」に対する様々な生活支援も必要とされている．このことは，第 2 節で示した最近の出来事にも示唆されている．

(2) 弱者保護からマイノリティの承認へ[58]　小作人・労働者・借家人・被害者・消費者・女性・子ども・高齢者・障害者・性的少数者，そして外国人．上に述べたように，20 世紀初頭から今日に至るまで，これらの人々につき実質的平等の獲得が求められてきたわけだが，その際の理念に関しては大きな転換が見られることに注意する必要がある．それは，「弱者保護」から「マイノリティの承認」への転換である．

戦後の民法学は，1980 年代に至るまで「弱者保護」を暗黙の理念として掲げてきたと言ってよい．労働者や借家人のように階層的なものであるか，

---

54) たとえば，DV 問題に関しては多くの研究がなされているが，まとまったものとして，戒能民江・ドメスティック・バイオレンス（不磨書房＝信山社，2002）などがある．
55) 前者は身体障害者・知的障害者・精神障害者など，後者は性同一性障害者・同性愛者など．
56) さらに，エイズ患者やハンセン病患者などの「難病患者」，キリスト教諸派・イスラームのほか旧オウム信者などの「宗教的少数者」，ニート・フリーター・パートやホームレスなどの「無業者・非正規雇用者」をあげることもできる．
57) 前者については，新井誠・高齢社会の成年後見法（有斐閣，1994/99）などがある．後者に関しては，大島俊之・性同一性障害と法（日本評論社，2002）が代表的な研究である．
58) この点につき，大村敦志「マイノリティと民法」早稲田大学比較法研究所編・比較と歴史のなかの日本法学（成文堂，2007）を参照．なお，ここでのマイノリティは広い射程を持つものとしてとらえられているが，これとは異なりより広くとらえるものもある（岩間暁子＝ユ・ヒョヂョン編著・マイノリティとは何か〔ミネルヴァ書房，2007〕は，その一例）．

事故被害者や消費者のように偶発的・互換的なものであるかを問わず，資本主義社会の構造そのものが生み出す経済的な劣位者を「弱者」と呼び，契約関係や事故に関する法律問題において，その経済的な地位（福祉）の向上と交渉上の劣位（情報・交渉力格差）の補完をはかることが目指されてきた．

いうまでもなく，その背後には福祉国家の思想が存在していた．しかし，80年代末から90年代にかけての新自由主義の台頭，社会主義の崩壊，グローバリゼーションの到来という時代の潮目の転換によって，「弱者保護」はそれまでのような正統性を保持し得なくなった．社会全体のレベルでの規制緩和とともに個人のレベルでは自己責任が強調されるようになったのである．また，高度経済成長と福祉国家の実現によって，一見して明らかな経済的弱者はほぼ姿を消した．国民のほとんどが「中流」と自己認識するに至ったのである．こうして1980年代の末には，民法学においても社会問題に対する関心の後退が生ずることになる．標語的な言い方をあえてすれば，「昭和の終わりとともに社会問題は姿を消した」と言うこともできないわけではない．

だが，消え去ったのは従来型＝弱者保護型の社会問題である．すでに述べたように，90年代には新たな社会問題が続々とクローズアップされるからである．ただ，新たに現れた問題群には個別の対応が図られており，「弱者保護」に匹敵する理念は見いだせない．そのためもあって，民法学においてもかつてのような共通の関心は生まれていない．もちろん，見方によっては，女性・子ども・高齢者，あるいは，障害者・性的少数者・「外国人」を社会的な「弱者」としてとらえることも可能かもしれない．しかし，仮に，社会的弱者という性格付けをしてみても，その内容は不分明である．そこには様々な人々が含まれるために，経済的弱者のような明確な像は生まれない．また，当事者たちも「弱者」というラベリングをされて「保護」の対象とされることを望んでいない．

そこで代わって現れたのが「マイノリティ」という言葉である．性的「少数者」はもちろん，約600万人（総人口の5％弱）の障害者も約200万人（約1.5％）の「外国人」も，確かに数の上では少数者＝マイノリティである．これらの人々は少数であるが故に，多数とは異なるもの（「異人」）として扱われがちである．それゆえ，「マイノリティの権利」「マイノリティの承認」が主張されるのはもっともなことである．

しかし，総人口の過半を占める女性は数の上では少数ではないし，総人口の20％に達しようという高齢者ももはや少数者とは言えないだろう．そもそも壮年の男女は誰もが子どもであったし，誰もがいずれは高齢者となる．それでも，女性・子ども・高齢者を「マイノリティ」と呼ぶことは可能である．さらには，従来の経済的弱者をも「マイノリティ」に含めることも不可能ではない．そのためには「マイノリティ」の語義に戻ってみる必要がある．

「マイノリティ」は minority/minorité であり，「マイナー」を意味する minor/mineur に由来する語である．「マイナー」の原義は「より小さい」であるが，そこから「少数派の／重要でない（二流の）／未成年の／短音階の（陰気な）」などの意味が派生する．この語義に従うならば，文字通りの少数派（性的少数者・障害者・外国人）のほかに，未成年者も含めて社会的に「重要でない」という評価を受けてきた人々（大人に対する子ども，男性に対する女性，壮年に対する高齢者）も含まれることになろう．つまり，「壮年男子」を「メジャー」とする社会においては，幼年・老年や女子は「マイナー」（小人）なのである．翻って考えれば，制限選挙の時代に選挙権を持たなかった「無産者」（小作人・労働者など）や徴兵制の時代に兵役の対象外であった「宿痾・不虞者」（難病者・障害者など）もまた一級国民とは見られていなかったと言える．会社主義が跋扈した戦後日本における「消費者」もそうかもしれない．

以上のような意味での「マイノリティ」は経済的・社会的な「弱者」と重なり合うが，その意味するところは同じではない．「弱者」は実体を指す概念であり，その能力・資質ゆえに社会的に劣位に陥ったという含意を伴う．これに対して，「マイノリティ」はむしろ視点を顕在化させる関係的な概念である．社会がある視点から，一定の者を括りだしてメジャーとするがゆえに，残された者がマイナーとなる．ここまで見てきたように，その視点は様々でありうるが，社会にはメジャーを措定しマイナーを排除する力が働いている．こうして生まれる不平等と社会的排除を問題化するのが「マイノリティ」という概念だと言える．

外国人は，単に少数者であるだけでなく，このような意味での「マイノリティ」である．本書で主としてとりあげるのは外国人であるが，そこでの分析は，以上のような意味での「マイノリティ」を念頭に置いており，外国人

は「マイノリティ」の典型例として位置づけられている.

2 「外国人」による再発見

(1) 試金石としての外国人 日本人であっても外国人であっても形式的には等しく扱われるはずなのに，実際にはそうではない——そうした事態が存在するとしたら，それは何を意味するのだろうか．日本法は，このような状況にどう対応しているのか，また，対応できないでいるのだろうか．このような視点は，従来とは異なる角度から日本法に光をあてることを可能にする．

たとえば，第1節で検討した小樽温泉訴訟を振り返ってみよう．一般に，契約に関しては，契約締結の自由，相手方選択の自由があると説かれる．契約をするか・しないか，誰と契約をするのか，これらは当事者の自由に委ねられている．もちろん，公共的なサービス，たとえば，電気・ガスなどの供給に関しては，法律によって，正当な理由がない限り契約を拒絶することはできない[59]．電車・バスなどの乗車についても同様である[60]．では，法律の定めがない場合には，契約の締結を拒絶することは可能か．この点は，実際にはあまり問題にならないことであり，これまでまとまった議論もなされてこなかった．ところが，小樽温泉訴訟ではまさにこの点が問題となったのである．

これは一例にすぎない．この他にも，特に問題はないと考えられていた法制度・法理論が，外国人に直面することによって再検討を迫られるという例は少なくないだろう．この意味において，外国人は日本法の試金石となる．本書の各章では，外国人に対して適用される法を検討していく．これを「外国人法」と呼んでいるが，この外国人法には，①外国人のみに適用されることが予定されている法（本来的な外国人法）と②日本人のみならず外国人にも適用されることが予定されている法（機能的な外国人法）とが含まれる．このうちの②は日本人にも適用される法（機能的な日本人法）でもあるが，外国人への適用の態様を明らかにすることは，この共通の法そのものを明らかにすることに通ずる．他方，①に関しては，①' 同じ問題につき日本人に適用され，外国人には適用されない法を想定することができる．ここでも，

---

[59] 電気事業法18条1項，ガス事業法16条1項．
[60] 鉄道営業法6条2項，道路運送法13条．

外国人への法適用のあり方は，外国人には適用されない法（相補的な外国人法＝本来的な日本人法）のあり方を照射するだろう．このように見ると，「外国人法」とは「日本人法」そのものにほかならない．

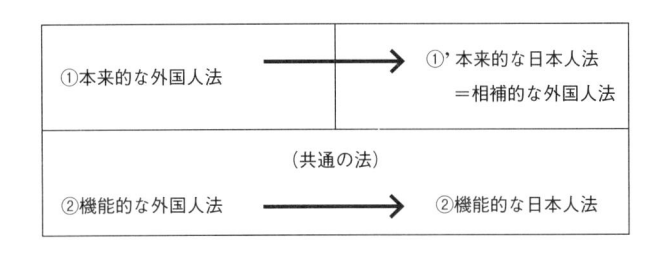

①本来的な外国人法	→	①' 本来的な日本人法 ＝相補的な外国人法
②機能的な外国人法	（共通の法）→	②機能的な日本人法

(2) 「抵抗」の民法学から「改造」の民法学へ[61]　ところで，外国人を平等に扱うというのは，「不平等」を除去するということに尽きるのだろうか．そうではなかろう．むしろより積極的な「社会統合」「包摂」を視野に入れることが必要であろう．「マイノリティ」としての外国人の社会統合・包摂を通じて，私たちの住む社会のあり方を考えなおそうというのが本書の立場である．不平等に対する異議申立てに呼応するだけではなく，「マイノリティ」を生み出す社会意識の解消をはかり，新たな社会意識を創出することが目標となる．別の言い方をするならば，「公共性」の名において自らの立場を主張する「マジョリティ」に対して「抵抗」を企てるだけではなく，「公共性」そのもののありようを「改造」しようというわけである．

　そのためには，不平等をめぐる「紛争」を解決するというのでは十分でない．さらに進んで，積極的に社会統合・包摂をはかるための「制度」構想が必要になる．といっても，ここでいう「制度」は，全国一律に強制力をもって実現されるもの（トップダウン型の制度）には限られない．むしろ，より広い視野を持ち，各地において様々な形で試みられる小さな制度づくりの試み（ボトムアップ型の制度）にも注意を払い，すぐれた試みを育てていくことも考える必要がある[62]．

---

61) この点につき，大村敦志「『大きな公共性』から『小さな公共性』へ」法律時報2004年2月号を参照．
62) このような試みの一つとして，大村敦志・生活のための制度を創る——シビル・ロー・エンジニアリングにむけて（有斐閣，2005）を参照．

(3) 「シヴィル」の法学としての民法学　既存のルールを再検討し，新たな制度を構想する．それを支えるのが「シヴィル」の観念である．「シヴィル」の法学としての民法学は，「シヴィル」という空間のあり方・人間の生き方を再検討に付し，再編成を要請することを任務とするはずである．本書における具体的な検討は，たえずこの問題との間を往還し，最終的にはこの問題に帰着することになろう．

II──民法学から外国人法へ

1　これまでの「外国人法」研究

　本書が取り組む「外国人法」の領域には，これまでにもいくつもの先行研究がある．ここでは，その主なものを掲げて，研究の現況を示しておこう．

　第一に，いくつかのモノグラフィーをあげられる．外国人であるか否かの分かれ目になる国籍に関しては，重要な研究が多い．たとえば，日本における外国人の最大部分を占めてきた在日韓国・朝鮮人の国籍をめぐる問題について，大沼保昭『在日韓国・朝鮮人の国籍と人権』（2004，初出は1979-80）がある．また，外国人と日本人の間に生まれた子どもの国籍をめぐる問題についても，二宮正人『国籍法における男女平等』（1983）があり，最近では，奥田安弘の諸論文が『国籍法と国際親子法』（2004）にまとめられている．

　さらに，家族をめぐる諸問題に関しては，国際私法学者の研究がある．横山潤『国際家族法の研究』（1997）のほか，松岡博の諸論文も『国際家族法の理論』（2002）にまとめられた．

　専門分野から出発しつつ，より広く「外国人法」を構想するものとしては，外国人労働者問題の第一人者・手塚和彰の諸論文をまずあげるべきだが，その主要なものは『外国人労働者研究』（2004）にまとめられた．より早い時期に，野川忍『外国人労働者法──ドイツの成果と日本の展望』（1993）も現われている．また，憲法の観点から，「外国人法」を通じて「市民」概念の再構築をはかるものとして，佐藤潤一『日本国憲法における「国民」概念の限界と「市民」概念の可能性──「外国人法制」の憲法的統制に向けて』（2004）がある．

　第二に，「外国人法」の概説書も現われている．上記の手塚による『外国人と法』であり，1995年の初版，99年の第2版を経て，2005年には第3版

が刊行されている．現代日本の「外国人法」研究の水準を示す代表的な概説書である．同書は，「国籍と外国人」「外国人の出入国管理」「外国人の登録」「戸籍制度と外国人」「外国人の結婚」「外国人の子供」「外国人と財産権，所有権，営業権」「住民としての外国人」「外国人の雇用・就労と労働法」「外国人と医療，社会保障，社会福祉」「教育に関する権利」「外国人と犯罪・捜査・人権保障」の12の章から成っており，広く「外国人法」をカバーしている．

手塚の『外国人と法』は，「わが国での外国人に関する問題のほとんどは，最終的には法的にどうなるかということに帰する」という認識に立ち，「外国人の人権が，出入国，生活，家族，健康と安全などを含み，法的にどのように保障されているかということの現時点での具体的な検討が必要」であるとする．とりわけ，その特色の第一は「立法政策や現行法批判も必要ではあるが，むしろ，現行法制上，どうなっているかを明らかにすることがまず，重要な課題である」とする点にある．第二に，第2版以降「外国人の居住が増加したことからも，また世界的な人，物，金，情報の国際化からも，その法的な判断が，裁判所において争われることが多くなった」として，多数の裁判例を取り込んでいる点も注目される[63]．同書は，以上の二点において十分な成功を収めており，概説書としてはほぼ完全なものであると言える．本書における制度説明も，同書に負うところが大きい．

第三に，実定法学から離れてみるとどうだろうか．「外国人」問題を扱う文献の量はここ10数年のうちにおびただしい量に達しており，まさに汗牛充棟の観がある．それらのうち，社会学者の手になるものは法学の観点からも有益である．というのは，それらには法適用の前提となる社会状況が示されているのにとどまらず，しばしば法的な問題への言及・検討がなされているからである．手塚の言うように，それは「外国人」に関する問題のほとんどが法的側面を含むことによるからであるが，社会学者の側にも意識的にルールの当否を問う姿勢が見られることも一因である．そこでは，認識にとどまらず，実践的なスタンスがとられているのである．

多数の社会学者の中から，ここではアクティブに活動する代表的な論者と

---

63) 引用は同書「はしがき」から．

して，宮島喬・梶田孝道と駒井洋の名をあげておく．いずれも多数の著書・編著を持つが，ここでは宮島・梶田を中心に編集・刊行された『国際社会』（全7巻，2002）と駒井の監修の下に編集・刊行された『グローバル化する日本と移民問題』（第I期全6巻，2002）の存在を特筆しておく．

社会学の観点からまとめられた概説書があるのかどうか，寡聞にして知らないが，ここでは最近のものであり，概説書に近い体裁を持つものとして，宮島喬『共に生きられる日本へ――外国人施策とその課題』（有斐閣選書，2003）をあげておきたい．全体を通じて興味深い考察が展開されており，本書もその影響を強く受けているが，ここでは，次の2点のみを記しておくにとどめる．

一つは，「狭い法治主義に対して，あえて『人道主義的』と筆者は呼びたいが，そうしたもう一つのロジックがここで大切になる．といって，人道主義的とは，単に無原則に感情や同情心に従うのではなく，ヨーロッパ人ならば『自然法』的と呼ぶような，実定法を超える（または補う）ものとして確立されている普遍的な規範に従うことである」という見方である．もう一つは，「外国人施策とは決して国の行うものそれだけをいうのではなく，自治体，その委託を受けたり，補助金を得ている，国際交流協会，各種の法人，NGOが行っているような働きかけも含む」という見方である．いずれも「法」や「制度」を広くとらえるものであるが，本書もこのような考え方に与する．

2　本書の「外国人法」研究

(1) 目的と対象　最後に，本書の目的・対象，方法・構成について，改めてまとめておこう．本書の目的は三つある[64]．それはⅠ2で述べたところと重なり合う．

第一に，外国人が直面する法律問題を通じて，日本法を見直すことである．「外国人」という「人」の属性に着目しつつ，日本法を見直すということは，日本法が持っている「人」のカテゴリーを実質的な観点から再検討に付すと

---

64) 本書と重なりあう問題意識を有する先行研究としては，広渡清吾のものがある（同「外国人労働者・移住者・難民――外国人法制の新展開」同・統一ドイツの法変動〔有信堂，1996〕，同『「市民・市民社会」と『国民・国民国家』』清水誠古稀・市民法学の課題と展望〔日本評論社，2000〕など）．

いうことを意味する．法律の条文に即して言えば，本書は，広い意味での民法3条研究と言えるだろう．別の言い方をすれば，民法3条を通して，外国人法＝日本人法を見直す作業を行うと言ってもよい．

そして第二に，「シヴィル」の領分とその理念を再検討することである．「公権」と区別される「私権」の広がりを探求し，「私権」を取り巻く「公共」と「個人」の関係を考察する．ここでも条文を掲げるならば，民法1条1項の「私権は，公共の福祉に適合しなければならない」と同2条の「この法律は，個人の尊厳と両性の本質的平等を旨として，解釈しなければならない」とをあげることになろう．

第三に，「外国人法」を消極・積極の両面において提示することである．「外国人」に対する不平等な処遇を是正すると同時に，「外国人」の生活を支援しその社会統合・包摂をはかる試みにも光を当てるということである．紛争解決の局面だけでなく制度構築の局面をも重視すると言ってもよい．ここでは，規範や制度が生成の相においてとらえられる．みたび条文を掲げるならば，「法令中の公の秩序に関しない規定と異なる慣習」がある場合に，この「慣習」に一定の効力を認める民法92条がふさわしい．

本書は「外国人法」を対象としつつ，その全体に及ぶものではなく，「私権」の問題としてとらえることができる部分を対象とする．「民法から見た」という副題の限定はこのことを示すものでもある．具体的には，本書は，外国人参政権の問題と外国人犯罪にかかわる問題には，直接には立ち入らない．また，社会保障に関する問題には必要な範囲で言及するが，租税については触れない．また，一般の外国人の生活からはやや遠い知的財産権や企業活動に関する問題も対象外とする．

(2) 方法と構成　本書は，概説書のような体裁をとっているが，関連するすべての制度を解説し，ありうる法律上の問題を網羅するものではない．そのような作業は，前記の手塚『外国人と法』によって達成されていると考えるからである．本書においては，筆者が重要だと思う話題を選んで議論を展開する．その際には，実定法を提示するにとどまらず，場合によっては背景となる実態にも言及する．法状況は規範と事実とが一体となって構成されており，事実を知ることが重要であると考えるからである．

このことと密接に関連するが，明確な法規範がない問題に関しても，問題

が認められる以上は言及を避けないこととする．したがって，事実の提示が優越する部分もある．もっとも，それらの部分においても自ら実態調査などを行うわけではない．本書で行われるのは，既存の調査報告を法学の観点から位置づけるという作業である．このような作業もまた，実定法学の領分に属することがらであるとの考え方に基づくものである[65]．

　本書の構成は次の通りであるが，これは第2節Ⅲにおける最近の出来事の整理と重なり合う．すなわち，第1章「外国人とは何か」では，国籍・在留資格・外国人登録に関する問題を扱う．権利能力や選挙権についても必要に応じて改めて触れる．第2章「外国人の生活から見た日本法」では，家族生活（第1節），労働・学生生活（第2節），そして，その他の日常生活（第3節）において現れる諸問題を検討する．第1節・第2節では，従来とは少し異なる視点からの検討を試みる．第3節では，従来，あまり検討されてこなかった問題も取り上げる．第3章「在日外国人の生活支援」では，問題ごとにではなく，特徴的な地域をいくつかとりあげて総合的な検討を試みる．この部分は，従来の調査結果に大きく依存するが，その成果を法的な枠組みの中にとりこむことを試みる点に主眼がある．補章「『外国人』の多様性・『日本人』の多様性」では，括弧書きの対象となる「外国人」概念にかかわる問題に言及する．日本の「外国人法」においては，この問題を避けて通るわけにはいかないからである．以上をふまえて結章「外国人と市民＝社会と法の将来」では，先に掲げた三つの目的に即した形で，本書の検討結果をとりまとめる．

---

65) こうした考え方に立つ筆者の習作として，前掲の『生活のための制度を創る』のほか，『フランスの社交と法—〈つきあい〉と〈いきがい〉』（有斐閣，2002）も参照．

第1章

外国人とは何か

第1節 外国人の識別・同定

Leçon 05

　「外国人」の法状況について考えるにあたっては，その前提として，日本において，ある人が「外国人」であるかどうかが，どのような基準によって識別され，どのような手段によって同定されるのかを明らかにしておく必要がある．

　ところで，およそ一般的・常識的に言って，私たちはどのように他人を識別・同定しているだろうか．一般に識別・同定の指標として用いられるのは，住所・氏名・年齢・性別であろう．さらに，場合によっては「中肉中背」といった身体的な特徴による識別・同定がはかられることもある．身長体重は変化するが，髪の色・眼の色は変化しない．そこで，これらを指標とする国もあるが，日本ではその有効性が低いため，用いられることが少ない．国籍が用いられないのも，外国人が少ない状況ではやはり有効性が低いからであろう．逆に，「日本人」の身体的特性の同質性の高さゆえに，外貌上の異質性が感知されると，国籍とは無関係に「外国人」という判断が下される．他方，日本社会には「出自」に対する敏感さが存在しており，国籍上・外貌上は「日本人」と区別のつかない在日の韓国人・朝鮮人や中国人が「外国人」と認知されることが少なくない．　これらは序章第1節でも述べたところである．

　以上のような一般的・常識的な指標のうち，法的な根拠を持つのはどれか，また，それらはどのような意味を持つのだろうか．まずはじめに，「人」に関する一般法であるはずの民法における取扱いを一瞥して，基本的な視座を得 (I)，その上で，国籍 (II) と市民登録 (III) に分けて，より具体的な検討を行うことにしたい．

I―序　民法における人の識別・同定

1　実定法の不足

　民法総則中の「人」の章は，「人」の能力について定めるとともに，その識別・同定に関する規定を置いている．「住所」に関する規定がそれである．民法22条は「各人の生活の本拠をその者の住所とする」と定めている．この規定は，「人」の生活空間を住所を中心に同定しようというものであり，住所における「人」の「不在」に関する諸規定が，同法25条以下にあわせて用意されている．

　この規定の存在意義については立ち入らず[1]，ここでは次の3点のみを指摘しておきたい．第一は，この規定には「住所」とは何かは定められているものの，住所の効果に関しては，前述の「不在」に関する規定を除きまとまった形では規定されておらず，民法典の内外に散在する規定に委ねられているということである．第二は，住所を公証する規定も，民法典そのものには置かれていないということである．この点は，今日では，住民基本台帳法による住民登録制度に委ねられている．第三は，住所以外の指標については，やはり民法そのものは沈黙しているということである．もっとも，民法典の各所には，氏名・年齢・性別に関する様々な規定が置かれており[2]，これらの識別・同定指標が必要であることは意識されている．しかし，これらは家族関係とあわせて戸籍に登録されることが予定されており，そのための法律として戸籍法が指示されている[3]．

2　原理の抽出

　1で見たように，民法典そのものが「人」の識別・同定のために用意している規定は，必ずしも十分なものではない．しかし，民法の予定する特別法

---

1)　大村敦志・消費者・家族と法（東京大学出版会，1999）340頁以下を参照．
2)　氏名につき，民750条・767条・769条（夫婦），790条・791条（実子），810条・816条・817条（養子）など，年齢につき，民4条（成年），731条（婚姻適齢），792条・793条・797条・811条・815条・817条の4・817条の5（養子関連），961条（遺言能力），性別につき，民731条（婚姻適齢），733条（再婚禁止期間）など．
3)　民法739条は「婚姻は，戸籍法の定めるところにより……」としており，戸籍法の存在を想定している．

としての戸籍法・住民基本台帳法をあわせて考えるならば，日本法における「人」の識別・同定は基本的には民法によって行われていると考えることができるだろう．

　このような理解に立って，ここでは「人」の識別・同定に関する基本的な考え方を示しておきたい．もっとも，このことは民法典には書き込まれていないし，また，起草者たちも特段の説明をしていない．しかし，旧民法典やフランス民法典には一つの重要な概念が用いられていた．このことを起草者たちは熟知していたはずであるが，ドイツ式の編別に従って法典が編纂され，戸籍法が別建てにされたために，あえてこの概念を用いなかったものと思われる．

　日本民法典には明示的には用いられていないその概念とは，「民事身分」という概念である．原語は état civil であり，「民事上の（シヴィルの・市民としての）状態」を指す．フランス法においては，人の出生・婚姻・死亡は，それぞれ証書によって登録されるが，それが「身分証書（actes de l'état civil）」と呼ばれ，これを中核に構成されるのが民事身分であるとされている．身分証書には，年齢（生年月日）・性別・出生地・氏名・家族関係などが記載されるが，そのほか，国籍もまた民事身分の一要素をなすと考えられている．このような民事身分が「人」の識別・同定の指標として用いられ，これによって，各人は自己の同一性を保証されるというわけである．

　前述のように，「民事身分」の概念は，日本民法典にも潜在するものと考えられるが，この概念を顕在化させることによって，外国人・日本人双方の識別・同定につき，一貫した見方をすることが可能になるだろう．II・IIIでは，これを前提に話を進める．ただし，本書では，筆者自身も用いてきた「民事身分」という従来の訳語に代えて「市民資格」と呼ぶことにしたい．「民事」では「シヴィル」の広がりを十分には表すことができないおそれがあり，また，「身分」は，今日における人の識別・同定の目的からして適当とは思われないからである．あるいは，その意味からして「市民権」と呼んでもよいが，この語は citizenship/citoyenneté の訳語として用いられるので，混同を避けるため état civil は「市民資格」としておく．

　なお，「市民資格」と「市民登録」との関係について一言しておく．IIIの表題に掲げている「市民登録」は「市民資格」の登録（その申請行為・証書・

「市民資格」(＝民事身分)

		日本人	外国人	
狭義	氏名・年齢・性別家族関係	戸籍法	外国人登録法	「市民登録」
	住所	住民基本台帳法		
広義	国籍	国籍法		

登録簿）を指すものとして用いている．この語は，比較法的な文脈の中で戸籍を論ずる際に用いられることがあるが[4]，本書では，戸籍に限らず，住民登録・外国人登録も含めて，「市民資格」の登録を広く意味するものとして用いることにしたい．以上に述べた用語の整理をし，II・III で検討する法律と予め対応させると，上の表のようになる．なお，国籍に関する固有の登録簿は存在しないが，このことについては後述する (III 2 (2))．

II—国籍

1 国籍の制度

(1) 国籍取得の要件　外国人と日本人とを法的に識別するのは，むろん国籍である．このことは，国籍法において「日本国民でない者（以下「外国人」という）」という形で示されている．では，「日本国民である」すなわち日本国籍を有するための要件はいかなるものか．現行の国籍法によれば，日本国籍の取得には三つのルートがある．順に見ていこう．

第一は，出生による取得である．国籍法2条は次のように定めている．

国籍法2条（出生による国籍の取得）
子は，次の場合には，日本国民とする．
1　出生の時に父又は母が日本国民であるとき．
2　出生前に死亡した父が死亡の時に日本国民であつたとき．
3　日本で生まれた場合において，父母がともに知れないとき，又は国籍を有しないとき．

4）　清水誠「市民社会における市民登録制度における覚書」湯沢雍彦＝宇都木伸編・人の法と医の倫理（信山社，2004）が提唱する用語法である．

2条1号は,「父母両系血統主義」を採用したものである.「血統主義」とは,日本人の子は日本人であるという考え方であり,「父母両系」とは,父または母のいずれかが日本人であれば日本国籍を取得するという考え方である.現行法の規定は,1984年改正によって,それ以前の「父系」の血統主義(父親が日本人であることが必要)を改めたものである.

2条1号は,子の出生時に父又は母が生存することを前提としているが,「父」は子の出生前に死亡していることがありうる.2条2項はその場合に対応する規定である.なお,「母」もまた子の出生前に死亡することがないわけではない.仮に代理母が認められ,卵子提供者を母とする立法がなされたとしたら,父の場合と同様に,出生前に母が死亡するという場合が出てくることになる.もっとも,現行法の下でも出産時に母が死亡することはありうる.この場合につき,理論上は2条2号を類推する余地もあるが,実際には,出生時に「母」は生存していたという擬制(死亡時の操作)によって処理しているようである[5].

2条3号は,血統主義の例外を定めるものである.血統主義に従う場合には,日本国籍を取得しない子は,通常は父母の国籍を取得しうるはずである.しかし,「父母がともに知れないとき」や(父母の少なくとも一方は知れているが,それでも)「国籍を有しないとき」,すなわち子が無国籍になる場合には,「日本で生まれた場合」には日本国籍を取得することができるとしている.「補充的生地主義」と呼ばれるものであり,無国籍児の出現を避ける趣旨であるとされている.

以上の規定に関しては,いくつかの解釈論上の問題があり,著名な判決も現れているが,これらについては,後に「親子」の節(第2章第2節)で改めて検討する.ここでは,出生による国籍取得の原則は生地主義ではなく血統主義であることを確認し,このことは移民受け入れの基本姿勢とも関連することを付言しておくにとどめる.

第二は,準正(認知+婚姻によって非嫡出子が嫡出子となること)による取得であり,国籍法3条1項は,①準正により嫡出子の身分を取得した未成年の子は,②認知をした父又は母が「子の出生時に日本国民」であり,か

---

[5] 手塚和彰・外国人と法(第3版,有斐閣,2005年)10頁.

つ,「現に日本国民」であるか「死亡の時に日本国民」であった場合には,③「法務大臣に届け出る」ことによって日本国籍を取得できるとしている.この規定は,出生時には子が非嫡出子であり,日本人である父に認知されていなかったために2条1号では日本国籍を取得できなかったという場合を想定している.この場合には出生後であっても準正がなされれば,届出の時点で日本国籍を取得する(3条2項)としたものである.子どもの保護の観点から,未成年者に関しては,例外的にこのような場合にも国籍取得を認める趣旨である.なお,成年に達した場合には,次の帰化の手続(8条1号)によらなければならない.

　第三は,帰化による国籍取得である.国籍法4条は「日本国民でない者は,帰化によつて,日本の国籍を取得することができる」と定め,同5条〜9条は,具体的に帰化の要件を定めている.帰化の一般的な要件は次の通りである.

国籍法5条
①法務大臣は,次の条件を備える外国人でなければ,その帰化を許可することができない.
1　引き続き5年以上日本に住所を有すること.
2　20歳以上で本国法によつて行為能力を有すること.
3　素行が善良であること.
4　自己又は生計を一にする配偶者その他の親族の資産又は技能によつて生計を営むことができること.
5　国籍を有せず,又は日本の国籍の取得によつてその国籍を失うべきこと.
6　日本国憲法施行の日以後において,日本国憲法又はその下に成立した政府を暴力で破壊することを企て,若しくは主張し,又はこれを企て,若しくは主張する政党その他の団体を結成し,若しくはこれに加入したことがないこと.

　二重国籍条件(5号)のほかに,素行条件(3号)・破壊活動条件(6号)が課されている点が興味深い.日本人であれば,素行が悪くとも破壊活動を行っていても,国籍を失うことはないことを付言しておく.
　日本人と一定の家族関係にある者(国籍6条1号・7条・8条1号2号)や日本と密接な関係を持つ者(国籍6条2号3号・8条3号4号)に関しては,1号(居住条件)・2号(能力条件)・4号(生計条件)の要件は事情に応じて緩和され

ている．前者に関しては，婚姻及び養子縁組による帰化が重要であるが，これらについては，「婚姻」「その他の家族関係」（第2章第1節第1および同第3）で検討する．

以上の規定からも明らかなように，多くの日本国民は出生により自動的に日本国籍を付与されている．国籍法には，国籍の喪失や選択に関する規定も置かれており，特に，憲法22条2項の認める日本国籍からの離脱の自由が確認されている（国籍11条1項）．その意味では国籍は選択可能ではある．しかし，出生により日本国籍を取得した者が，このような形で選択の機会を与えられていることを意識することはほとんどないだろう．

(2) 国籍取得の効果　日本国籍取得の効果については，外国国籍との関連につき若干の規定があるほか，国籍法にはほとんど規定が置かれていない．住所の場合と同様であり，様々な効果が様々な法律によって付与されているわけである．本書においては，そのうちの主なものが紹介・検討される[6]．

2　国籍法の位置づけ

(1) 歴史の中の国籍法　現行の国籍法は1950年に制定されたものであるが，このような国籍法が制定されるに至るまでには歴史的な経緯があった．戦前の旧国籍法が制定されたのは，民法典が施行された翌年の1899年であった．ここで触れておきたいのは，この旧国籍法以前のことである．

近代日本の最初の「国籍法」は，明治6年太政官布告第103号（1873年）であるが，この布告の関心は主として国際結婚に向けられていた[7]．すなわち，同布告はその冒頭で「日本人外国人ト婚嫁セントスル者ハ日本政府ノ允許ヲ受クヘシ」と定め，続いて「外国人ニ嫁シタル日本ノ女ハ日本人タルノ分限ヲ失フヘシ」「日本人ニ嫁シタル外国ノ女ハ日本ノ国法ニ従ヒ日本人タル分限ヲ得ヘシ」と定めていたが，「日本人」「外国人」とは何かは定義されていなかった．

---

[6]　本書でとりあげる国籍取得の効果は，主として国内法上のものであるが，国際法においては，国籍は個人を国家に帰属させる意味を持つ．国際法上の国籍の機能につき，大沼保昭・国際法（東信堂，2005）304頁以下を参照．

[7]　当時の国際結婚の状況につき，小山騰・国際結婚第一号——明治人たちの雑婚事始（講談社選書メチエ，1995）を参照．

注目すべきは，その後，旧民法典（1890年公布）に「国民分限」に関する規定（人事編7条〜18条）が置かれたことである．これが，まとまった形での最初の「国籍法」であった．そこには「子ノ出生ノ時其父カ日本人ナルトキハ之ヲ日本人トス」という規定が置かれ，この時点で父系の血統主義が採用されたのである．規定の内容もさることながら，本書にとって興味深いのは，国籍に関する規定が(旧)民法典に書き込まれたということである．そこには，国籍は戸籍とともに「民事身分」（市民資格）を定めるものであるというフランス式の考え方が見てとれる．

　繰り返すが，現行民法典は，形式的には国籍法を除外した形で制定されている．この点につき，梅謙次郎は「如何ナル者ヲ外国人ト為スカハ国籍法ノ規定ニ依リテ定マル所ナリ．旧民法ニハ人事編ニ之ヲ掲ケタリト雖モ之ハ主トシテ公法ニ属スル事項ナルヲ以テ特別法ト為スヘキモノトシテ新民法ニハ之ヲ掲ケス」としている．

　では，国籍法はもはや民法典とは無縁のものとされたのかと言えば，そうではなかろう．というのは，民法典制定から数年後に，梅が行った民法総則講義の中では，国籍に関する説明に大きな紙幅が割かれているからである[8]．少なくとも梅にとっては，民法2条に関する説明の前提として，国籍に関する説明は不可欠だったのである．

　(2) 比較の中の国籍法　旧民法典を通じて現行民法典にも大きな影響を与えたフランス民法典の「国籍法」は，現在どうなっているだろうか．フランスの「国籍法」もまた，民法典制定（1804年）以来，紆余曲折を経て今日に至っているが，ここで指摘しておきたいのは次の事実である[9]．

　当初，民法典に含まれていた「国籍法」は，日本と同じようにいったんは独立の国籍法（国籍法典）とされた．ところが，1993年になって「国籍法」は民法典の中に再編入された．すなわち，「第1編　人」の「第1章　私権」と「第2章　民事身分証書」の間に「第1章の2　フランス国籍」が挿入され

---

[8]　梅謙次郎・民法総則（法政大学・明治37年度講義）391–423頁．なお，条文以前の総論的説明を除くと，人から物まで（当時の1条から89条まで）を扱う同書の頁数は523頁に達するが，そのうちの70頁が国籍を含む外国人の問題にあてられている．梅のこの問題に対する関心の高さが現れていると言えるだろう．

[9]　この点につき，簡単には，大村敦志「人」北村一郎編・フランス民法典の200年（有斐閣，2006）所収でふれた．

たのである．条数で言えば 17 条から 33-2 条までであるが，枝番が多いために総数としては 100 ヶ条を超える条文（現在は 112 ヶ条）がそこに収められている．

フランス民法典は総計 2000 条以上の条文を擁する大法典ではあるが，100 ヶ条を超える条文の挿入は法典のバランスを大きく損なう．しかし，それでも立法者たちは，あえて「国籍法」を民法典の内部に再統合したのである．そこには，国籍は「市民資格」の一部をなすものであり，それに関する規定は「シヴィル」の法典に見いだされるべきだという強い信念が窺われる．

III ―市民登録

1 日本人の場合

(1) **戸籍** 日本人の場合，「市民資格」を示すのはまず戸籍であり，次にそこから派生した住民登録である．なお，ここでの「市民資格」は，直接には狭義の市民資格であるが，間接的には国籍を含む広義の市民資格であると言うことができる．この点については，外国人の場合を説明した後で，改めて説明する．

現行民法典がもともと想定していた戸籍法は旧戸籍法（1898 年制定，その後，1914 年に改正戸籍法が制定されている）であるが，1947 年の民法改正に伴い戸籍法も全面改正されている．現行戸籍法は，47 年の改正民法と同日に新法として制定されている．

戸籍は，日本における「市民資格」の登録システムであるが，「一の夫婦及びこれと氏を同じくする子ごと」に編製され（戸 6 条），「つづって簿冊」とされている（戸 7 条）．この簿冊が戸籍簿である．個人単位ではなく夫婦単位で編製されている点に特徴がある．なお，子どもは婚姻により，父母の戸籍から離れる（新戸籍が編製される）ので（戸 16 条），同一の戸籍に記載されるのは，原則として，父母と未婚の子であることになる．この点において，戸籍はいわば核家族（小家族）を表象し，これを可視化したものであると言うことができる[10]．

戸籍には，本籍（戸籍の置かれている場所）・氏名・出生の年月日・戸籍

---

10) この点も含めて戸籍につき，簡単には，大村敦志・家族法（有斐閣，第 2 版補訂版，2004）304 頁以下を参照．

に入った原因及び年月日・実父母の氏名及び実父母との続柄（「長男」「二男」などと書かれる）・（養子につき）養親の氏名及び養親との続柄（「養子」と書かれる）・（夫婦につき）夫又は妻である旨が記載されるほか（戸13条1号～6号），他の戸籍から入った者については，その戸籍の表示がなされる（同条7号）[11]．以上により，氏名・年齢・性別・家族関係（親子関係・婚姻関係）が分かることになる．なお，住所は，次の住民登録によって示される．

　(2) 住民登録　戸籍は，当初は住所を示すものとしての機能も期待されていた．しかし，人々の移動が激しくなるに伴い，戸籍の所在は実際の住所と一致しなくなった．そこで，戸籍とは切り離した形で，住民登録がなされるようになったというわけである[12]．そのために制定された法律が住民基本台帳法である．今日，住民基本台帳法には，住所だけでなく，各種の社会保障給付に関する事項が記載されており，国籍と同様に住民登録も公法的な色彩を強く帯びているが，以上の経緯からすると，それが戸籍と密接に結びついたものであることが理解されるだろう．

　住民基本台帳は「個人を単位とする住民票」を「世帯ごとに編成」して，作成されるのが原則であるが（住基6条1項），「市町村長は，適当であると認めるときは……住民票の全部又は一部につき世帯を単位とすることができる」（住基6条2項）．ここでは，理念としては個人単位が採られていると同時に，実際には世帯単位の編成が行われていることが重要である．「世帯」の概念は法律中には明示されていないが，一般には住居と生計と同じくする家族あるいはそれに準ずる者と解されている．これは，拡大家族を表象するものとなりうると同時に，新しい様々な「家族」の形態を表象するものともなりうる点に注意を促しておこう．

　住民票には，氏名・出生の年月日・男女の別・世帯主についてはその旨・世帯主でない者については世帯主の氏名及び世帯主との続柄・戸籍の表示・住民となった年月日（住基7条1～6号），そして，住所・従前の住所など（同条7号・8号）が記載されるほか，選挙人名簿登載の有無（同条9号），社会保障関係の諸事項（同条10～12号），住民票コード（同条13号）が記載される[13]．

---

11)　さらに「その他法務省令で定められる事項」（戸13条8号）も記載される．
12)　この経緯も含めて住民登録につき，簡単には，大村・前掲書310頁以下を参照．
13)　さらに「前各号に掲げる事項のほか，政令で定める事項」（住基7条14号）も記載される．

2 外国人の場合

(1) **外国人登録** 日本人の場合とは異なり，「外国人」の場合には，戸籍・住民登録に対応するものとして，外国人登録が存在する．外国人登録法（1952年）の定める「外国人」は，外国人＝日本国籍を有しない者すべてではなく，出入国管理法による一時的な上陸（領土内に入ること）の許可を得た者以外の者を指す．このような者や国際慣習法上登録が免除されている者（外交官など）を除く「外国人」（外登法上の外国人）は，「本邦に入つたとき」「本邦において外国人となつたとき」または「出生その他の事由により……上陸の手続を経ることなく本邦に在留することとなつたとき」には，それぞれ一定の期間内に外国人登録をしなければならないとされている（外登3条1項）．ただし，「本邦に入つたとき」の申請期間は90日以内であるので，90日以内の滞在の場合には登録申請をしなくともよいことになる．したがって一般の旅行者などは登録の必要がない．

登録事項は次の通りである．登録番号・登録の年月日・氏名・出生の年月日・男女の別・国籍・国籍の属する国における住所又は居所・出生地・職業・旅券番号・旅券発行の年月日・上陸許可の年月日・在留の資格・在留期間・居住地・世帯主の氏名・世帯主との続柄・（世帯主につき）世帯を構成する者の氏名・出生の年月日・国籍及び世帯主との続柄・本邦にある父母・配偶者の氏名・出生の年月日及び国籍・勤務所又は事務所の名称及び所在地（外登4条1項1～20号）[14]．

なお，登録申請にあたっては，かつては指紋押捺が必要とされていたが，1992年改正により永住者につき，1999年改正以後はその他の在留資格の者についても，この制度は廃止されている．

(2) **戸籍・住民登録との関係** 外国人には関しては，戸籍への登録や住民票の作成はなされない．このことは戸籍法・住民基本台帳法に次のように定められている．まず，戸籍法は戸籍の編製につき「日本人でない者（以下「外国人」という）と婚姻した者について新たに戸籍を編製するときは，その者とこれと氏を同じくする子ごとに，これを編製する」（戸6条）としている．この規定は，外国人と日本人の婚姻がなされても夫婦をともに記載した戸籍

---

[14] ただし，特別永住者や1年未満滞在者については，一部事項の記載が不要とされている（外登4条1項但書）．

写真2: 外国人登録窓口

が編製されないことを意味している．そこには，戸籍の対象は日本人に限られるという前提が存在する．次に，住民基本台帳法であるが，こちらはより直截に「この法律は，日本の国籍を有しない者その他政令で定める者については，適用しない」(住基39条)としている．

以上のことから，外国人については外国人登録のみがなされ，これが日本人の戸籍・住民登録に対応すること，戸籍・住民票があることは日本人であること（国籍）を示していることが分かる．

第2節

外国人の基本的処遇

Leçon 06

　日本人である者が日本国内に在留したり，日本国内で活動するためには特別な許可はいらない．憲法22条も「居住，移転及び職業選択の自由」を保障している．ところで，憲法22条は「何人も……の自由を有する」と定めているが，外国人もまた，自由に日本国内に居住することができるか (I)，また，日本国内で様々な活動をすることができるか (II)，と言えば，そうではない．在留（領土との関係），職業（活動との関係）のそれぞれにつき，外国人がどのように処遇されているのかを順に見ていこう．

I―領土との関係

1　出入国管理

　(1) 出入国の制限　いわゆるマクリーン判決（最大判1964［昭39］・10・4民集32巻7号1223頁）は，「基本的人権の保障は，権利の性質上日本国民のみを対象としていると解されるものを除き，わが国に在留する外国人にも等しく及ぶ」としつつ，「外国人は，憲法上，……在留の権利ないし引き続き在留することを要求しうる権利を保障されているものでもない」という理解を示し，外国人には出入国の自由が認められていないことを前提に，外国人の出入国については日本人とは異なる制限がなされることも許されるとしている．もっとも，どのような制度を設けても憲法に違反しないというわけではないだろう．

　なお，法律上は「入国」とは日本の領海・領空に入ることを指し，領土内に足を踏み入れることは「上陸」と呼んでいるが，以下においては，特に区別の必要がある場合を除き，領土内に入ること・領土内から出ることを指し

(2) 出入国の手続 入国には，入国申請をし，許可を得ることが必要である．入国申請のためには，原則として，有効な旅券で査証を受けたものを所持しなければならない (入管 6 条 1 項)．申請は出入国港において入国審査官に対して行う必要がある (同条 2 項)．

入国審査官は，次の条件を満たしているかどうかを審査し (入管 7 条 1 項)，条件に適合していると認定したときには，旅券に上陸許可の証印を押す (入管 9 条 1 項)．ここでいう条件とは，①査証が有効であること (入管 7 条 1 項 1 号)，②申請されている国内での活動の内容が虚偽でなく，入管法の別表記載のどれかのカテゴリーに該当し，かつ，一定の活動に関しては法務省令で定める上陸審査基準に適合していること (同 2 号)，③申請されている在留期間が，法務省令で定めるところに適合していること (同 3 号)，④上陸拒否事由に該当しないことである (同 4 号)．

以上につき 3 点補足しておく．第一に，例外的に査証が不要な場合としては，「国際約束」あるいは「日本国政府が外国政府に対して行った通告」による場合，再入国許可を受けている場合，難民旅行証明書が交付されている場合があげられているが (入管 6 条 1 項但書)，上記の「通告」は一時滞在者に関する査証免除協定 (欧米諸国を中心に 50 ヶ国余との間で結ばれている) などによるものである．第二に，上陸審査基準は，(広義の) 事業活動と留学・就学・研修および家族滞在のための在留を対象に，法文上は「我が国の産業及び国民生活に与える影響その他の事情を勘案」して法務省で定めるとされているが，その内容は，在留資格ごとにかなり詳しく定められている．第三に，上陸拒否事由は，入管法 5 条 1 項各号 (1 号〜14 号．枝番があるので計 16 項目) に列挙されているが，おおまかに言えば，公衆衛生や治安の維持の観点から入国が望ましくない者があげられている．そのほかに，精神障害者 (2 号) や貧困者・放浪者等で生活上国・自治体の負担になるおそれがある者 (3 号) が含まれていることを付言する[15]．

---

15) なお，在留許可なしの一時的な特例もある (入管 14 〜 19 条)．

第1章　外国人とは何か

2　在留資格

(1) 在留資格の種類　日本に在留する外国人は，原則として，在留資格を有して在留するものとされている（入管2条の2第1項）．この在留資格は，活動内容ごとに定められている（同上2項および別表第1・第2）．そして，法務省令によって在留資格ごとに在留期間が定められているが，外交・公用・永住者以外については3年未満とされている（同条3項）．以下に，在留資格（別表上欄記載．下欄に活動内容が記されている）のみを掲げておく[16]．

別表第1
- 一　外交，公用，教授，芸術，宗教，報道
- 二　投資・経営，法律・会計業務，医療，研究，教育，技術，人文知識・国際業務，企業内転勤，興行，技能
- 三　文化活動，短期滞在
- 四　留学，就学，研修，家族滞在
- 五　特定活動

別表第2
永住者，日本人の配偶者等，永住者の配偶者等，定住者

合計27のカテゴリーに分かれているが，これに加えて，「日本国との平和条約に基づき日本の国籍を離脱した者等の出入国管理に関する特例法」3条〜5条の定める「特別永住者」というカテゴリーが存在するので，総計は28種となる．

このうち，「就労」や「事業の運営」ができる者は三つに大別できる．第一は，「永住者」から「定住者」までであり，活動内容に制限がない．「特別永住者」についても同様である[17]．第二は，「外交」から「技能」までの在留資格を有する者であり，一定の活動につき「就労」「事業の運営」が認められている（入管19条1項1号）．第三は，「文化活動」から「家族滞在」までの在留資格を有する者であり，許可（資格外活動許可）を得て一定の活動

[16) 詳しくは，手塚38-61頁を参照．
[17) 「永住者」とは「法務大臣が永住を認める者」を，「定住者」とは「法務大臣が特別な理由を考慮し一定の在留期間を指定して居住を認める者」という（入管別表第2），また，「特別永住者」とは，「平和条約国籍離脱者又は平和条約国籍離脱者の子孫」で一定の要件を満す者をいう（特例法3〜5条），なお，「永住者」「特別永住者」については補章で改めて述べる．

が可能である（同条1項2号・2項）．なお，「特定活動」という在留資格を有する者は，法務大臣の告示によって定める活動をなしうるが，その場合にも許可が必要である（同条1項1号・別表第1の5）．

(2) 在留資格の変動　前述のように，在留資格の審査は入国時に行われる．その際に，要件を満たすと認められれば，旅券に証印が押されて手続は終了するが，疑義がある場合には，口頭審査を行うために特別審査官への引渡しがなされる（入管9条4項・10条～12条）．入国後，在留資格に従って在留し，在留期間内に出国すれば問題は生じないが，在留資格の変更や更新の必要が生じることがある．

在留資格の変更は可能であるが，そのためには法務大臣への変更の申請が必要である（入管20条1項2項）．法務大臣は「適当と認めるに足りる相当の理由」があると認めるときには，これを許可することができる（同条3項本文）．ただし，「短期滞在」については原則として変更は認められず，「やむを得ない特別の事情」がある場合にのみ例外的に認められる（同但書）．また，「永住者」への変更を求める場合には，特別の手続に従う必要がある（同条4項・22条）．

在留資格の（変更を伴わない）更新も可能であるが，やはり法務大臣への更新の申請が必要である（入管21条1項2項）．法務大臣は「適当と認めるに足りる相当の理由」があると認めるときには，これを許可することができる（同条3項本文）．

変更や更新の申請は，最寄りの地方入管局（支局・出張所を含む）に出向いて行うのが原則である．

(3) 退去命令と退去強制　入国に際して条件に適合しないと判断されたときには「退去命令」が発せられる（入管10条9項）．また，いったん入国した外国人については，一定の事由に該当する場合には「退去強制」がなされる（入管24条）．治安を害する者のほかに，不法入国者・偽造変造虚偽書類関与者（同1号～3号），資格外活動者（同4号イ），不法残留者（同4号ロ）などがこれに含まれる．

退去強制の手続については省略するが[18]，違反調査（入管27条～38条），

---

18)　手塚92-101頁．

写真3: 東京都品川の入国管理局
写真4: 茨城県牛久の入国管理センター（収容施設がある）

収容（同39条～44条），審査等（同45条～50条），執行（同51条～53条）・仮放免（同54条・55条）などに関する規定が置かれている．

(4) 特別在留許可と難民認定　以上のほかに，特別在留許可と難民認定につき，一言しておく必要がある．

退去強制事由に該当する場合であっても，法務大臣は特別在留許可を与えることができる（入管50条1項）．その対象となるのは，「永住許可を受けているとき」「かつて日本国民として本邦に本籍を有したことがあるとき」のほか，「その他法務大臣が特別に在留を許可すべき事情があると認めるとき」である．不法入国・不法残留者を対象とする特別在留許可は1995年から急増しているが[19]，これに関しては，後に家族との関係で改めて触れる（第2章第1節）．

難民認定の申請があった場合には，法務大臣は難民認定を行うことができる（入管61条の2第1項）．申請をできるのは「本邦にある外国人」に限られ，申請は原則として入国後60日以内になされなければならない（同2項）．難民認定がされた者には「難民認定証明書」（同3項）が交付され，「定住者」

---

[19] 体験者のレポートとして，サーム・シャヘド=関口千恵・在留特別許可——アジア系外国人とのオーバーステイ国際結婚（明石書店，新版，2002）．

としての定住が認められる．なお，永住許可に関する特例も定められている（入管 61 条の 2 の 5）．現在のところ，その対象となっているのはインドシナ難民のみであり，日本の難民受入れの少なさは内外の批判の対象ともなっている[20]．

(5) **在留資格と外国人登録**　在留資格を持たない不法入国者，あるいは，在留期間の切れた不法残留者も，外国人登録をすべきこととされており，登録がなすべきこととされている．しかし，実際には登録者は少ない．もっとも，外国人登録の結果として発行される「外国人登録証明書」が身分証明の機能をはたし，かつ，登録は自治体の住民としての各種の資格とも結びつくために，最近ではこれらの人も登録申請をする例が増えている．別の言い方をすると，外国人登録がなされていないと，その外国人は日本社会において全く市民登録がなされていない状態に置かれることになり，「人」に対する各種の保護の対象から抜け落ちることになる．在留資格の有無とは別に，外国人登録を促進するような制度をつくることが必要だろう．

II —活動との関係

1　法的人格

(1) **権利能力から法的人格へ**　日本国内に滞在する外国人は，日本人と同じように私権を享受することができるのが原則である．この場合の「私権」は，財産的な権利に限らず，人格的な権利を含む．また，各種の市民的自由も含むことは，序章第 1 節で述べた通りである．「権利能力」という言葉は，こうした厚みのある「人」としての資格を表しえないわけではない．しかし，現在においては，財産上の権利義務の帰属主体となりうるという意味で理解されてしまうことが多い．そこでここでは，狭義の権利能力の概念を中核にすえつつ，より広く「私権の享有」主体であることを「法的人格」と表現しておくことにする[21]．

---

[20]　批判の一例として，難民受入れのあり方を考えるネットワーク準備会編・難民鎖国日本を変えよう！——日本の難民政策 FAQ（現代人文社，2002）．

[21]　星野英一・民法概論 I（良書普及会，1971）90 頁は，「法的人格＝権利能力＋人格権」という用語法を示しているが，本書では「法的人格＝（狭義の）権利能力＋人格権＋市民的自由」という用語法を採用したい．

いったん在留資格を認められた外国人は，日本人と同様の法的保護を受けると考えるべきであるが，在留資格が欠けている外国人についても，「私権の享有」主体である以上は，その「法的人格」への保護は最大限になされなければならないはずである．

　(2) 個人の尊重と平等　外国人の「法的人格」の尊重は，民法の基本原則によっても支持されていると言える．民法2条は「個人の尊厳」と「両性の本質的平等」を民法の解釈原理として掲げているが，そこから「個人としての外国人の尊重」や「外国人の平等処遇」を引き出すこともできるだろう．

　(3) 人格権としての氏名　民法には明文の規定はないが，人格権が法的保護の対象となることに異論はない．もっとも，ここでいう人格権の外延は一義的に明らかなわけではない．この点につき，外国人の人格権に関しては，氏名を正確に呼称される利益が人格権の一内容として保護されるかが問題となる．最高裁は，NHKニュースにおける韓国人牧師の氏名の読み方が問題になった事件につき，氏名を正確に呼称される利益が，不法行為法による保護を受けうる人格的な利益であることを認めつつ，不正確に呼称したすべての行為が違法性のあるものとして不法行為となるわけではないとした（最判1988［昭63］・2・16民集42巻2号27頁）．結果として損害賠償請求は認められなかったものの，この事件を契機に，以後は母国語読みが行われるようになっていることは広く知られている．

2　参政権

　(1) 法律と実情　「私権」とは別に「公権」になると，問題は複雑な様相を帯びることになる．序章第1節では公務就任権について触れたが，ここでは参政権について触れておこう[22]．

　この問題については，国政への参政権と地方自治への参政権とを区別して考える必要がある．というのは，前者に関しては，憲法15条・43条に「国民」という言葉が用いられていることもあって，外国人に参政権を認めるの

---

[22] この問題につき，宮島喬編・外国人市民と政治参加（有信堂，2000）を参照．なお，稲田恭明「シティズンシップ概念の再編と公共性——外国人参政権問題を手掛りに」井上達夫編・公共性の法哲学（ナカニシヤ出版，2006），斎藤誠「国際化と地方自治の法システム——外国人住民の地方参政権問題に定位して」塩川伸明＝中谷和弘編・法の再構築 II　国際化と法（東京大学出版会，2007）も参照．

はさしあたり困難であるとしても，後者に関しては，憲法93条は「住民」という言葉を用いており，国民でなくとも選挙権を付与することは可能であるように読めるからである．

　地方自治法は「住民」を「市町村の区域内に住所を有する者」と定義している（地自10条）．これによる限り，外国人もまた住民に含まれることになるはずである．しかし，地方自治法11条は，選挙権を有するのは「日本国民たる普通地方公共団体の住民」であるとしており，外国人に選挙権を認めていないように読める．

　これに対しては，外国人に地方参政権を付与する余地があるとする解釈論も説かれてきたが，端的に立法論的な解決が望まれる．最近，法案の準備がなされたこともあるが，国会提出には至っていない．今後の重要な問題であると言える．

　なお，地方議会の議員選挙への参加が政治参加のための唯一の手段かと言えば，必ずしもそうではない．現行法の枠内で，できるだけ外国人の政治参加，とりわけ地方自治への参加を促進する工夫は不可能ではない．これについては，具体例をあげつつ紹介・検討する（第3章）．

　(2) 比較と歴史　ところで，ヨーロッパ（EU）では，外国人に地方選挙に関する参政権が認められていることは，よく知られているところである．ただし，EU市民権を持つ者が対象であり，すべての外国人に参政権が認められているわけではない．また，EUの地方参政権は思ったほどには機能していないとも言われている[23]．ブリュッセルのEU本部から一方的に付与された参政権ではなく，（非EU市民をも含む）外国人住民たちのイニシアティヴによる政治参加が必要なようである．

　この問題を考えるにあたっては，婦人参政権獲得の歴史と対比してみるとよい．日本において，あるいは，諸外国において，参政権を獲得するために女性たちは多大な努力をしてきた．また，参政権獲得以前にも様々な形で政治参加を行ってきた．外国人参政権が定着するまでには，同様の努力が必要とされるだろう．

---

[23] EUの経験につき，鈴木規子「外国人から市民へ――投票するEU市民」田中俊郎＝庄司克宏編・EUと市民（慶應義塾大学出版会，2005）を参照．

第2章

外国人の生活から見た日本法

第1節 外国人の家族生活

第1 婚姻
Leçon 07

I―序

1 家族関係の位置づけ

　外国人であれ日本人であれ，夫婦・親子といった基本的な家族関係が，その人の生活において重要な意味を持つことは言うまでもない．とりわけ，外国人法の観点からすると，夫婦・親子の関係は，国籍や在留資格と密接に関連を有する点が重要である．そこで，様々な生活関係のうちから，まず家族関係をとりあげることとする．

　夫婦や親子に関しては，それぞれの国にはそれぞれのルールが存在し，日本には日本法のルールが存在するが，日本に居住する外国人の場合，とりわけ日本人との間で夫婦・親子の関係を有する外国人の場合には，どのルールが適用されるのか（I 2）．家族関係全般にかかわるこの問題に予め触れておく必要がある．

　その上で，婚姻の場合には，ルール適用の結果は一般的にはどうなるのか（II 1・III 1），また，それに伴う外国人に固有の問題は何か（II 2・III 2）を順に見ていこう．

2 家族関係と準拠法

　日本人の間において日本国内において生じた法律関係には，日本法が適用される．このことは当然のことのようでもあるが，その国民と領土に法の効

力が及ぶというのは，国家主権の帰結である．しかし，①日本人間の法律関係であっても外国（A 国）において生じたものはどうか．②日本国内で生じた法律関係であっても外国人（B 国人）を当事者とするものはどうか．このような場合には，直ちに日本法が適用されるわけではない．というのは，日本法のほかに，①には A 国法の適用の余地があるし，②には B 国法の適用の余地もあるからである．

こうした場合には，どこの国の法が適用されるかを決めることがまず必要になる．適用されるべき法のことを「準拠法」と呼ぶが，準拠法を選択することが必要になるのである．そのため，各国は準拠法選択のルールを持っている．このようなルールを「国際私法」と呼んでいるが，国際的な私法関係に適用されるルールという意味であろう．日本において国際私法のルールを定めているのは，「法の適用に関する通則法」という名の法律である（正確には，通則 4 条以下）．おおまかに言うと，この法律には，①人・家族に関するルール（同 4 条～6 条，24 条～37 条），②財産に関するルール（同 7 条～23 条）のほかに，③ルールの適用に関するルール（同 38 条～42 条）が含まれている．①と②を比べると，そこには顕著な差が認められる．

②に関しては，一般には「土地（場所）」が決め手となる．たとえば，契約の場合には，当事者の意思によって準拠法を決めることができるが（通則 7 条），意思が不分明な場合には「最も密接な関係がある地の法（最密接関係地法）」（同 8 条 1 項）が適用される（同 8 条 2 項・3 項に「最密接関係地法」を推定する規定が置かれている）．また，事故などの不法行為の場合には，「加害行為の結果が発生した地の法（結果発生地法）」（同 17 条）が適用される．以上の結果，日本で結ばれた契約，日本で起きた事故に関しては，国際取引などにおいて準拠法が特に定められている場合を除いて，通常は日本法が適用されることになる．したがって，どこの国の法が適用されるかが問題になることは少ない．

これに対して，①に関しては，「人（国籍）」が主要な要素となる．たとえば，婚姻の場合には，「婚姻の方式」に関しては原則として「婚姻挙行地法」によるが（通則 24 条 2 項），「婚姻の成立」は各当事者につき「その本国法」によるとされている（同条 1 項）．「婚姻の効力」「夫婦財産制」「離婚」に関しても，「夫婦の本国法が同一であるとき」はまず「その法」により，それが

ない場合に「夫婦の常居所地法」「夫婦に最も密接な関係がある地の法（最密接関係地法）」が適用される（同25～27条）．また，親子関係の成立についても，嫡出の親子関係は「夫婦の（どちらか）一方の本国法」によって定まる（同28条1項）．非嫡出の親子関係に関しては，父子関係は子の出生時の「父の本国法」，母子関係は子の出生時の「母の本国法」（同29条1項），養子の親子関係に関しては，縁組当時の「養親となるべき者の本国法」（同31条1項）によって，それぞれ定まるのが原則である．なお，「親子間の法律関係」（親子の効果）にはまず「子の本国法」が適用される（同32条）．

以上のように，家族関係に関しては「本国法」が適用されるため，外国人については日本法が適用されないことがある．このことから生ずる問題に留意する必要がある．

II — 婚姻の効果

1　一般の場合

まず，婚姻の効果，すなわち，婚姻によってどのような法的結果が発生するのかという点から見ていこう．日本における日本人間の婚姻には日本法が適用されるが，日本法によると，有効な婚姻がなされると次のような効果が発生する[1]．

人格面では，夫婦は同一の氏を称し（民750条），相互に同居・協力・扶助の義務を負う（同752条）．他方，財産面では，婚姻費用を分担する義務，日常家事債務に関する連帯責任を負うが（民760条・761条），その所有する財産は別個独立であるのが原則である（同762条）．夫婦財産契約を締結することによって，財産を共有にすることなども可能ではあるが（同755条），実際にはほとんど行われていない．以上のような夫婦の財産関係が「夫婦財産制」と呼ばれている．さらに，婚姻は離婚か一方の死亡によってしか解消されない．解消の際には，離婚ならば財産分与請求権（民768条）が，死別ならば配偶者相続権（民890条）が生ずる．

これに対して，日本に住む外国人に関しては，夫婦の双方が同国籍の外国人であれば日本法は適用されないが，国籍が異なる場合には（一方が日本人

1）大村敦志・家族法（第2版補訂版，有斐閣，2004）40頁以下．

である場合も含めて)「常居所地法」としての日本法が適用される(通則25～27条)[2]．ただし，婚姻中の夫婦の財産関係(夫婦財産制)に関しては，そうならない場合もあるが，これについては省略する(同26条2項)．また，相続に関しては，被相続人の本国法が適用されるので，死亡したのが外国人であると，配偶者相続権に関しては原則として日本法は適用されないことになる点に，注意を要する(同36条)．

ところで，外国人に関しては，本来は日本法が適用されるはずなのに，外国人であることによって日本人とは異なる扱いがなされていたり(2(1))，また，外国法が適用されるために，日本人の場合に比べて著しく不利な結果が生ずることがある(2(2))．さらには，法的には相違はないが，事実としては日本人よりも不利な立場に置かれることもある(2(3))．項を改めて，こうした問題のいくつかを取り上げてみよう[3]．

2 外国人に固有の問題

(1) 外国人配偶者の市民資格　夫婦が異なる国籍の外国人である場合(一方が日本人の場合を含む)には，日本に継続的に居住する限り，日本法が適用される．その結果として，夫婦は同一の氏を称し，夫婦は同一の戸籍に記載されることになるはずである．

しかし，すでに見たように(第1章第1節)，戸籍に登録されるのは日本人に限られており，外国人間の婚姻はもちろん，日本人と外国人との間での婚姻であっても，外国人は戸籍には記載されず，日本人の夫または妻のみの戸籍が編製される(戸6条)．このことは直ちに夫婦が同一の氏を称さないことを意味するわけではない．戸籍法は「外国人と婚姻をした者がその配偶者の

---

[2] 夫婦・親子などの間の扶養に関しては，通則法の適用はなく(通則43条1項)，「扶養義務の準拠法に関する法律」が適用されるが，そこでも「扶養権利者の常居所地法」(同2条)が適用されることとされているので，国籍を問わず日本に居住する者には日本法が適用される．
[3] こうした問題については様々なガイドブックが出版されている．たとえば，山田鐐一ほか・わかりやすい国際結婚と法(有斐閣，新版，1995，初版，1990)，もりきかずみ・わかりやすいイラスト版国際結婚ガイドブック(明石書店，第2版，2000)など．これらにおいては，婚姻だけに限らず，親子・相続などそこから派生する家族関係にも触れられている．ほかに，在日韓国・朝鮮人を対象にしてより立ち入った説明を行うものとして，木棚照一監修「定住外国人と家族法」研究会編著・「在日」の家族法Q&A(日本評論社，第2版，2006)がある．

称している氏に変更しようとするときは，その者は，その婚姻の日から六箇月以内に限り，家庭裁判所の許可を得ないで，その旨を届け出ることができる」（同107条2項）と定めている．

これは，止むを得ない事由による氏の変更が家裁の許可によってなされうるというルール（同条1項）の例外を定めるものである．確かに，この規定によって，期間内に手続をしさえすれば配偶者の氏を称することができる．しかし，同時にこの規定は，手続をしなければ当然には氏は変わらない（別氏のままである）ことを意味する．ここには，原理上は外国人との婚姻により日本人の氏は影響を受けないが，生活上の便宜のために変更を認めるという考え方が見てとれる．しかし，反対に，外国人の氏の変更を認める手続は存在しない．仮に現行戸籍法の考え方に立つならば，外国人登録法においても同様の手続を設けることが考えられる．

もっとも，次の点に留意しておく必要がある．ここまでは，夫婦同氏は婚姻の効力として定められているので，夫婦の氏については通則法25条が適用されるという前提をとってきた．これは一つの自然な考え方であるが，これとは別に，氏は個人の人格権にかかわることがらであり，人格権に関しては本国法が適用されるという考え方もある．戸籍実務はこれをとっている（昭和55・8・27第5218民事局長通達）．しかし，この考え方に立つとしても，外国人登録法において，生活の便宜上，日本人配偶者と同じ氏の登録を認めることは不可能ではないはずである．

なお，氏が人格権にかかわる事項であるという見解は傾聴に値するが，この見解に立つならば，日本人夫婦についても別氏を原則とする方向での民法改正を行うことが，法秩序全体の整合性の観点からも望まれることになろう．

以上は狭義の市民資格についてであるが，国籍に関してはどうだろうか．現行の国籍法の下では，日本人が外国人との婚姻によって直ちに日本国籍を失うことはない．ただし，婚姻により配偶者の国籍を取得することがありうるので（それぞれの国の国籍法による），その場合には二重国籍状態が生じ，国籍選択が必要になる．その結果として日本国籍が失われることがある（国籍14条）．他方，外国人が直ちに日本国籍を取得することもない．もっとも，帰化は可能であり，その要件は一般の要件に比べて軽減されている（同7条）．具体的には，「引き続き5年以上日本に住所を有すること」（同5条1項1号）

が「3年以上」「住所又は居所」に改められている点が重要である[4]．

　なお，在留資格に関しては，日本人の配偶者となった外国人には，「日本人の配偶者等」という資格が与えられることは，すでに述べたところである（第1章第2節）．夫婦はともに生活する権利（国内法においては前述した同居義務から導かれる）[5]を有するのであり，在留資格においてもこの権利を尊重するということであろう．この在留資格の取得をめぐって仮装婚が行われることがあるが，これについては後述する（III）．

　(2) 外国人配偶者の法的な保護　氏の問題を除くと，日本法の適用において外国人が特別な取扱いを受けることはないと言ってよいだろう．法的な次元での保護に関しては，むしろ日本法の適用を受けない外国人，すなわち日本に居住する同国籍の外国人夫婦の場合が問題となる．このような夫婦には同一の本国法が適用される．ところが，その本国法を適用した結果として得られる法的保護が，日本法を適用した場合の法的保護と比べて著しく不十分であると思われる場合があるからである．たとえば，日本法と比べて離婚が著しく制限されているとか，離婚給付が不十分に過ぎるといった場合である．あるいは相続の場合には，夫婦の国籍が同一でなくても，被相続人が外国人ならばその本国法が適用される．ここでも同じようなことが生じうる．たとえば，配偶者相続権が全く認められていないといった場合である．

　日本法の観点から見て，以上のような適用結果が公序良俗に反する場合には，そのような結果をもたらす外国法は適用されない（通則42条）．次順位の外国法適用の結果が公序に反しなければそれによることになるが，そのような外国法がなければ，最終的には日本法が適用されることになろう．

　もっとも，「公序」の名のもとに，外国法の適用を排除するには慎重でなければならない．1989年の法例（「法の適用に関する通則法」の旧称）改正に際して，「公序」に反するか否かの判断対象を外国法の規定そのものからその適用結果に改めたのは，こうした配慮に基づくものである．しかし，同時に，日本に居住する外国人に対して外国法を適用した結果が妥当とは思われない場合には，当該外国法を適用しないという考え方自体は貴重なものを含んで

---

4) 同2号の成年要件・能力要件もはずされているが，適用される場合（届出時において，申請者が未成年者である場合，あるいは無能力の場合）はそれほど多くないだろう．

5) 国際条約上は，国際人権B規約23条2項の「婚姻をすることができる年齢の男女が婚姻をし家族を形成する権利」によって基礎づけられる．

いる．すなわち，原則としては外国法の適用される外国人についても，日本社会において妥当だとは思えない結果が生ずることは避けるべきだという考え方である．そこには，日本に居住する人には同一の水準の法的保護が与えられるべきであり，国籍によって法的保護が欠けるのは，「公序に反する」，すなわち，当該外国人についてのみならず，日本社会にとっても望ましいことではないという見方が見てとれるのである．

　(3) **外国人配偶者の事実上の保護**　法的に見れば日本人と同等の処遇を受けているとしても，外国人は事実上のハンディキャップを負っていることもある．日本人夫婦の間にも力の不均衡が存在することは少なくないが，ここでふれておきたいのは，外国人であることに伴うハンディキャップである．以下，ドメスティック・バイオレンス（DV）を例にして，外国人であるがゆえに適切な救済が得られない場合があることを指摘しておく．

　理由はさしあたり二つに分かれる．一つは，言語上のハンディキャップである．日本人も含めて DV 救済のための様々な仕組みがあることを知らない人は少なくない．しかし，外国人の場合には，仮に，仕組み自体は知っていてもコミュニケーション能力が十分でないために相談を持ち込めないことがありうる．もう一つは，市民資格上のハンディキャップである．端的に言えば，不法滞在の状態にあるために，公的な機関の援助を求めるのに躊躇してしまうことがありうる．

　DV の問題は一つの例であるが，このほかにも，とりわけ外国人妻は日本社会で孤立しがちであり，その受入れの仕組みづくりが重要である．この点に関しては，後に具体例をあげつつ検討しよう（第3章）．

III ― 婚姻の成立

1　一般の場合

　次に，婚姻の要件，すなわち，結婚するためにはどのような条件をみたす必要があるかを見ていこう．日本における日本人間の婚姻には日本法が適用されるが，日本法によると，有効な婚姻をなすためには次のような要件が課されている[6]．

---

6) 大村・前掲書119頁以下.

まず実体面では，婚姻の意思が必要である．しかし，婚姻の意思があれば誰でも結婚できるというわけではない．様々な婚姻障害，たとえば，不適齢（民731条）・重婚（同732条）・再婚禁止期間（同733条）・（広義の）近親婚（同734～736条）などをクリアしていることが必要である．次に，手続面では，婚姻の届出を行うことが必要である．市町村の役所や区役所に届出をすることによって，婚姻は成立するのである（民739条）．

では，当事者の一方または双方が外国人の場合にはどうだろうか．実体要件に関してはそれぞれの本国法に従う．手続要件に関しては，「方式」として挙行地法である日本法によることができるが，一方の本国法によってもよい．ただし，当事者の一方が日本人の場合には，日本法によらなければならない（通則24条3項但書）．

婚姻の届出を受理するにあたっては，婚姻障害がないこと，届書に証人2名以上の署名があることが確認される（民740条）．なお，婚姻届は当事者が外国人である場合には，国籍の記載を要する（戸規56条1号）．また，日本人については，実体要件の充足を確認するために戸籍抄本の添付が求められるが，外国人に関しては，国籍の証明書とあわせて本国の官公庁が発行する婚姻要件具備証明書の添付が求められる．

2　外国人に固有の問題

(1) 婚姻障害　婚姻の実体要件は当事者双方の本国法によるので，当事者の一方または双方が外国人である場合に，その本国法である外国法に日本には存在しない婚姻障害事由が存在することがありうる．それらの障害事由がある場合には，婚姻は有効に成立し得ない．ただし，その適用の結果が，公序に反する場合は別である．たとえば，宗教や人種を理由とする婚姻禁止などがその例として考えられる．

日本における在留資格を有しないことは婚姻障害とはならない．外国人登録をしていないことも同様である．ただ，不法滞在が知られることを恐れて届出を躊躇するカップルもあるが，有効な婚姻関係の存在は，特別在留許可の取得にとって有利な条件ともなる．ここでも，夫婦のともに生活する権利が考慮されるからである．

(2) 仮装婚　日本人との婚姻が，配偶者としての在留許可や特別在留許可

の取得に結びつくため，仮装婚が行われることがある．すでに述べたように，婚姻には両当事者の意思（合意）が必要であるが，この意思の内容に関しては，争いがある．届出をする意思で足りると解すれば，相手方に在留資格を得させるだけの名目的な届出であっても，婚姻は有効に成立したことになる．しかし，一般にはそれだけでは足りないと解されており，「社会通念上婚姻とみられる関係を形成する意思」や「婚姻の法的効果に向けられた意思」が必要であるとされている．

届出時において，このような意思がなかったことが明らかになれば，当該婚姻は無効であると言うべきだろう．その意味で，在留資格取得のみを目的とする仮装婚は無効であり，当該婚姻は在留資格の基礎とはなりえない．しかし，婚姻時に婚姻意思がなかったとは言えない以上は，婚姻は有効に成立している．そのような婚姻につき，その後に婚姻生活の実体が欠けるに至ったことを理由に，入管法上の「日本人の配偶者」に当たらないとすることは適当だろうか．

確かに，婚姻関係の形骸化は一定の法的な意味を持つ．判例においても，形骸化の表象である「別居」に様々な法的効果が結びつけられている．また，社会保障法の領域では，形骸化した婚姻につき「配偶者」の地位を否定した例もある．しかし，そのことは形骸化した婚姻の当事者がもはや配偶者ではないことを意味するわけではない．たとえば，いかに婚姻が形骸化していても，離婚がなされない限りは配偶者相続権を否定することは不可能である．仮に「婚姻が形骸化した場合には『日本人の配偶者』とは言えない」という解釈を採用する場合には，民法上の「配偶者」とは異なる「配偶者」概念を採用しているということを意識しつつ，そのような異なる概念を措定することがなぜ可能なのかを積極的に理由づける必要があろう．

第2 親子 Leçon 08

I—序 「外国人法」における「親子」

日本法においては，民法が親子の要件効果を定めている．要件についても効果についても，当事者となる親と子がいずれも日本人であれば，日本法が

適用されることになる．なお，民法は親子の成立（要件）については実親子と養親子に分けて規律している．前者はさらに嫡出親子・非嫡出親子に分けられる．また，日本民法適用の前提となる「法の適用に関する通則法」においても同様の分類がなされている．

このうち養子に関しては，日本法ではいったん縁組がなされれば養子は養親の嫡出子として扱われる（民 809 条）．ところが，同じ日本法でも，（狭義の）「外国人法」においては，これとは異なる考え方が採用されている．結論を一言で述べるならば，「養親子」は「実親子」と区別されて考えられていると言える．たとえば，出入国管理法を見てみよう．在留資格の中には「日本人の配偶者等」が含まれていたが，ここでいう「等」に含まれるのは「日本人の……民法第 817 条の 2 の規定による特別養子又は日本人の子として生まれた者」とされている（別表第 2）．つまり，普通養子には在留資格が認められていない．より明瞭なのは国籍法である．国籍取得のためには，日本人の子であることでは足らず，日本人の子として出生したことが必要とされているからである．特別養子も含めて養子はこの要件をみたさない．もっとも，養子については帰化の要件は軽減されている．「日本国民の養子で引き続き 1 年以上日本に住所を有し，かつ，縁組の時本国法により未成年であつたもの」には，一般の場合の居住要件・能力要件・生計要件は免除される（国籍 8 条 2 号）．通常の帰化の中では最も簡易化された要件になっており，婚姻の場合（「引き続き 3 年以上」の居住が必要であり生計要件は免除されない．国籍 7 条）よりも容易に国籍を取得しうる．この場合，普通養子・特別養子の区別はなされていないが，普通養子のうちの成年養子は除外されている．

以上のような規定が置かれているのは，程度の差こそあれ養子縁組は国籍・在留資格の取得のために利用されることがあると考えられているからであろう．同様の考え方は，「外国人法」以外にも見られないわけではない．典型例は租税法に見られる．たとえば，相続税法における基礎控除は，相続人の人数が多いほど控除額が多くなる仕組みが設けられているが（相税 15 条 1 項），この場合の相続人の人数に算入される養子の数には制限が設けられている．すなわち，実子がある場合には 1 名，実子がない場合までは 2 名が上限であり，それ以上の養子があっても控除の際には考慮されない（同 2 項）．もっとも特別養子は実子として扱われている（同 3 項 1 号）．節税のために養子縁

組が利用されるのを避ける趣旨であろう．

　このような取扱いの妥当性に関しては検討を要するが，その問題は後にまわすことにして (第3)，ここでは「外国人法」上の親子は主として「実親子」を想定していることを確認し，以下においてはさしあたり，実親子に限って見ていくことにしよう．婚姻の場合と同様に，まずは効果 (II)，次に要件 (III) へと進む．

II──実親子の効果

1　一般の問題

　ある親子関係において関係者が日本人だけで，適用されるのが日本法だけだとすると，親子の効果はほぼ次のようになる[7]．

　まず人格面では，子は親の氏を称する．嫡出子の場合には原則として父母の共通の氏を (民790条1項)，非嫡出子の場合には原則的に母の氏を (同条2項) 称する．父母の氏を称する子は父母の戸籍に (戸18条1項)，母の氏を称する子は母の戸籍に (戸18条2項) 入る．いずれの場合にも，日本国民の子として日本国籍を取得する (国籍2条1項)．また，未成年の子は親の親権に服する (民818条1項)．親権には監護教育権 (同820条) と財産管理権 (同824条) が含まれ，父母の婚姻中は原則として共同で (同818条3項本文)，それ以外の場合にはどちらか一方が行使する (同819条)．

　次に財産面では，親は未成年の子に対して高い程度の扶養義務を負う (根拠については争いがある．民820条または877条1項)．成年に達した子に対しても，反対に，子が親に対しても，直系血族としての扶養義務は負う (民877条1項)．また，親子の一方が死亡した場合には，他方は相続人となる．ただし，相続人としての順位は異なり，子が常に親を相続するのに対して，親は子に子 (あるいはその子など) がない場合に限り相続人となる (民887条・889条1項1号)．

　以上は，法的な親子関係が成立している場合の効果である．生物学上の親子関係や社会生活上の親子関係があっても，法的な親子関係が成立していない場合には，法的な効果は発生しないことに留意する必要がある．

---

7) 大村・前掲書96頁以下を参照．

2 外国人に固有の問題

(1) 子どもの国籍 まず,子どもの国籍から見ていくことにしよう.というのは,親子関係については,子の国籍によって準拠法が異なってくるからである(通則32条参照).

すでに述べたように(第1章第1節),子どもが日本国籍を取得するか否かは,原則として,出生時において「父又は母が日本国民である」か否かによる(国籍2条1号.ただし2号に注意).例外として,「父母がともに知れない」か「無国籍」であるときには日本国籍が付与される(同条3号).国籍取得に関しては,「父又は母が日本国民である」,あるいは,「父母がともに知れないとき」の意義が問題になっている.この問題は,「父」「母」とは何かということと密接にかかわっているので,親子の要件との関係で検討する(Ⅲ2).

(2) 子どもの氏・戸籍 子どもの氏・戸籍に関しては,日本国籍を有する場合と有しない場合に分けて考える必要がある.

日本国籍を有する子どもの場合には,子は親の戸籍に入るのが原則である.子が日本人と同じ氏を称している場合には,この原則に従えばよい(戸6条).では,父母の一方が外国人である場合に,氏はどのように決まるのだろうか.ここで氏の準拠法が再び問題になる.子の氏は親子関係の効果の一部であるとすれば,子の本国法と父又は母の本国法が日本法であれば日本法が適用される.氏は人格権の一部であり,人格権に関しては本人の本国法が適用されるとしても,日本戸籍を有する子については日本法が適用されることになる.

日本法によるとどうなるかと言えば,次のような帰結になりそうである.まず,婚外子で母が日本人の場合には,母の氏を称し,母の戸籍に入ることに問題はない.しかし,①婚外子で父が日本人の場合には,母の氏を称するが,母は外国人なので戸籍を持たず,父とは氏が異なるので父の戸籍にも入れないことになる.また,②婚内子の場合には,そもそも父母の共通の氏を称することができないことになる.

戸籍実務は,①については,無籍者として,本籍・氏が設定されて新戸籍が編製され(戸22条),その上で,氏の変更がなされれば父の戸籍に入ることになる.他方,②については日本人たる親の氏を称する(その結果,その戸籍に入る)としているようである[8].①は論理的な帰結のようだが,新戸

---

8) 前者につき,昭和29・3・18民甲611号民事局長回答など.

籍編製は「戸籍がなければ氏はない」という前提に立つものと思われるので，「設定」される氏が母の氏であることは保障されていない．②は同様の前提に立つことが明らかであり，父母の一方が外国人である場合にはその氏は存在しないと考えるからこそ，他方の氏を称するという帰結を導くことが可能になる．

しかし，民法上も，戸籍のない外国人には氏はないと考えてよいかどうかは問題であるし，仮にそう考えるとしても，父母の氏を称する場合に，一方に氏が欠けていれば他方の氏を称するという扱いをしてよいかどうかも検討を要するところである．論理的には「父母の氏」は存在しないと解する余地もあるからである．

なお，日本国籍を有しない子の場合には，氏についても日本法が適用される余地はなく，その子に適用される外国法に従って定まることになる．また，外国人である以上，戸籍に記載される余地はない．

(3) 子どもの養育　日本国籍を有する子については，日本法が適用されて扶養義務が発生する．日本国籍を有しない子については，この点もまたその本国法によって定まることになる．

形式的には以上に尽きるが，ここには実質的な問題がある．日本人である親（父）との間に親子関係が成立しないために，扶養が受けられないという場合があるからである．どのような場合に親子（父子）関係が成立しないかについては後述するが，予め一言するならば，父からの認知が得られない場合がこれにあたる．特に，フィリピン人女性の産んだ子につき，そのような例が多いと言われている[9]．

すでに述べたように，法的な父子関係が成立していない以上は，生物学的には父であっても扶養義務は発生しないことに争いはない．しかし，この帰結をそのまま維持してよいかどうかは再検討を要するところである．外国法には，父子関係がなくとも，母の懐胎可能時に性関係を持った男（複数の男．単数であれば認知請求が認められうる）に対しては扶養料の請求をなしうる

---

9) 手塚和彰・外国人労働者研究（信山社，2004）141-142頁参照．そこでは，1991-93年に在日フィリピン大使館にフィリピン人から出生届の出された子ども605人中363人が非嫡出子であり，その大部分は日比混血児であることが報告されている．認知されない子の割合が約6割に達するというのは，日本国内の婚外子一般についての認知率（ほとんどが認知される）と比べると，異常な高さであると言える．なお，国際子ども権利センター編・日比国際児の人

とする立法例が見られる．同様の結論を解釈論上導くことはできないだろうか．難問ではあるが，共同不法行為（民719条）の成立可能性を検討する余地は全くないわけではなかろう[10]．

III ―実親子の要件

1 一般の場合

親子関係の成立についても，父母の双方が日本人であり日本法が適用される場合をまず見ておこう[11]．この点につき日本法では，子の懐胎時に父母が婚姻関係にあったかどうかによって，異なる規律がなされている．順に見ていく．

婚姻関係にある女性が子を産んだ場合には，その者が子の母となり（明文の規定はない），その者の夫が原則として子の父となる（民772条）．ただし，夫は，子の出生を知った時から1年内に限り，訴えを起こして，生まれた子が自分の子ではないと主張することができる（同774～778条）．すなわち，父子関係は「嫡出推定＋否認」という仕組みによって定まる．このようにして親子関係が定まる子が本来の「嫡出子」である．

婚姻関係にない女性が子を産んだ場合にはどうかと言えば，この場合には母子関係・父子関係は，別個独立に（通常は順次）定まる．まず，母子関係については，民法上の規定は「認知」が必要とされているが，現在の判例法は，分娩の事実があればよく認知は不要であるという反制定法的な解釈を採用している．このような解釈の当否，また，生殖補助医療の盛んになった今日における妥当性については検討の余地がある．次に，父子関係については，民法の規定に従い，認知（意思表示による任意認知，訴えによる強制認知）があってはじめて成立することになる（民779条・787条）．

なお，以上のルールは，父母の一方が日本人であれば，その者と子との間の関係につき適用される（通則29条前段）．また，出生により日本国籍を取得した子の認知に関しても適用される（同条2項）．

権と日本（明石書店，1998）も参照．
10) 女性を懐胎させ出産に至らしめたのが「不法行為」にあたるとすることには，違和感もあろう．しかし，出産により生活費などの負担が生じたことを「損害」と観念する余地はないわけではない．
11) 大村・前掲書80頁以下，180頁以下．

2 外国人に固有の問題——国籍取得との関係

(1) 婚外子の場合 繰り返しふれているように，国籍法2条1号は，出生時において「父又は母が日本国民である」とき，子に日本国籍を付与している．このうち，「母」については問題が少ない．すでに述べたように，日本法においては，母子関係は分娩によって決まるからである[12]．問題が多いのは，「父」についてである．出生時において「父が日本国民である」とは，出生時において「父が存在し，かつ，日本国籍を有する」ことを意味するが，「父が存在する」とはいかなることかと言えば，「父子関係にある男が生存する」ということである．ここでは「生存する」には立ち入らないとして[13]，「父子関係がある」について考えてみよう．民法に従って考えれば，「父子関係がある」と言えるためには嫡出推定が及んでいるか，認知がなされていることが必要である．

これで特に問題はなさそうにも見えるが，「出生時において」との関連を考えなければならない．一方で，出生時には嫡出推定が及んでいたが，後に否認の訴えが起こされた場合はどうか．他方で，出生時には認知はなされていなかったが，後に任意認知・強制認知がなされたという場合はどうか．前者については，（出生時から）父子関係はなかったことになるので，日本国籍は取得されなかったことになるだろう．後者はどうかと言えば，認知がなされると出生時に遡って効力が生ずるので（民784条），（出生時に）父子関係は存在したことになり，日本国籍も取得していたことになりそうである．

ところが，国籍法はこのような考え方をとらない．というのは，同3条が「父母の婚姻及びその認知により嫡出子たる身分を取得した子で20歳未満のものは，認知をした父又は母が子の出生の時に日本国民であつた場合において，その父又は母が現に日本国民であるとき，又はその死亡の時に日本国民であつたときは，法務大臣に届け出ることによつて，日本の国籍を取得

---

12) ただし，若干の論理的な問題はある．①子の母が日本人ならばその子は日本人となるが，②子の母が日本人であるためには，親子関係が定まっていなければならない．ところで，③親子関係を定めるためには準拠法を決める必要があるが，母子関係は母の本国法によって定まる．こうして②と③との間にループが生ずるが，実際には，③では，母と想定される者と子と想定される者との間に親子関係があるかどうかが問題になった場合には，母とされようとしている者の本国法が適用されるという思考方法が採られているのだろう．これによってループはさしあたり解消する．以上は父子関係についても同じである．
13) 出生時には死亡している場合につき，国籍法2条2号．

することができる」としているからである．この規定は，準正による国籍取得を認めるものであるが，もし，日本国民である父又は母の認知によって国籍が取得されるのならば，このような規定は不要であると解される．また，同様にして，「日本国民の子（養子を除く）で日本に住所を有する者」に簡易な帰化を認める規定（国籍 8 条 1 号）をあげることもできるだろう．

　以上から，国籍取得に関する限り，認知には遡及効は認められず，出生時において現に父が存在する（認知がなされている）ことが求められていると解するほかない．こうなると，胎児認知が可能であって，現になされている場合に限って，非嫡出子は日本国籍を取得できることになる．このような扱いには，日本国籍の取得につき非嫡出子に不利益をもたらすものではないかという疑問が投ぜられている．判例は，母が婚姻中であり嫡出推定が及ぶために，生物学上の父が認知できなかった場合には，国籍取得を認めるべきだとする方向に一歩踏み出し（最判 1997［平 9］・10・17 民集 51 巻 9 号 3925 頁），最近では，この例外扱いをさらに広げる方向に進んでいる（最判 2003［平 15］・6・12 判時 1133 号 37 頁）[14]．

　認知の遡及効が否定されている理由としては，遡及効が認められて，事後に国籍を取得すると法的安定性が損なわれることがあげられるが，法的安定性が損なわれるのは嫡出否認の場合にも同様である．ただ，前者は国籍取得，後者は国籍喪失，前者は一般的に，かつ，かなり時間が経ったのちにも生じうるが，後者は例外的に，かつ，短期間のうちにしか生じ得ないという差がある．とはいえ，例外を認める最高裁判決の存在そのものが示すように，法的安定性は絶対的な価値であるというわけではない．そこで立法論としては，認知に遡及効を認めつつ，一定期間経過後は日本国籍の取得を主張しえないとすることも考えられる．あわせて，親子関係不存在確認訴訟を肯定するならば，この訴訟によって父子関係が否定された場合に関しても，出生から一定期間経過後は日本国籍は喪失しないとした方がよい．つまり，国籍の安定性を考慮にいれた期間制限を設けるというわけである．

　(2) 棄児の場合　国籍法 2 条 3 号は，「父母がともに知れないとき」にも子は日本国籍を取得するとしている．子が無国籍になるのを避ける趣旨である

14）　朝日新聞 2003 年 6 月 13 日付朝刊．

とされているが，この規定に関しては，「アンデレちゃん事件」という事件がよく知られている[15]．事案は，出産した母がその後消息不明となったが，母はフィリピン人らしいというものであった．最高裁は，「『父母がともに知れないとき』とは，父及び母のいずれもが特定されないときをいい，ある者が父又は母である可能性が高くても，これを特定するには至らないときも，右の要件に当たる」とした（最判1995［平7］・1・27民集49巻1号56頁）．規定の趣旨にかなった解釈であると言えるだろう．

なお，「父母がともに知れない」として日本国籍を付与したところ，後に，父母の一方が明らかになった場合はどうなるのだろうか．もはや「父母がともに知れない」の要件を満たさないが，だからと言って日本国籍を剥奪するのは妥当だろうか．国籍の安定性の要請に鑑み，やはり何らかの期間制限を設けることが必要だと思われる．

(3) 医療補助生殖子の場合　最後に，医療補助生殖子についても，一言しておこう．最近，アメリカ人が代理出産した子につき，日本人夫婦が日本で嫡出子としての届出をしたが受理されなかったという事件が新聞等で大きく報道された[16]．母子関係については，代理出産であっても，日本人の依頼女性が卵子は提供している場合には「母」にあたるかどうかが問題になりうるが，このケースでは，依頼女性は卵子の提供もしていないので，日本法によっては母子関係が成立する余地がない[17]．父子関係の方を見ると，懐胎のための精子は依頼男性によって提供されているので，認知がなされれば民法上は父子関係は成立する．ただし，前述のように，国籍取得の可否が問題になるが，法務省は代理出産契約に認知の意思表示を読み込んで，胎児認知にあたるとの解釈を打ち出して救済をはかろうとした．しかし，この解釈には疑問がないわけではない．というのは，日本法においては認知は認知届によって行う

---

15) この事件については，信濃毎日新聞社編集局編・ボクは日本人──アンデレちゃんの1500日（信濃毎日新聞社，1995）．関連して，奥田安弘・数字でみる子どもの国籍と在留資格（明石書店，2002）も参照．

16) 一連の経緯につき，日本経済新聞2003年10月23日付夕刊，11月7日付夕刊，朝日新聞11月11日付朝刊，11月12日付朝刊．その後，最判2007（平19）・3・23民集61巻2号619頁が現れた．

17) このケースで，仮に代理母の本国法（アメリカのどこかの州法）では，代理出産の場合には依頼者が母となると定められていたとすると，生まれた子には，日本法上もアメリカ（州）法上も「母」がないことになってしまいそうである．

必要があるが（民781条），この要件を満たしてはいないからである．より立ち入った理由づけが必要だろう[18]．

第3　その他の家族関係　　Leçon 09

I―序　婚姻・実親子と「家族」

　日本に限らずどこの国でも，婚姻と実親子が基本的な家族関係であることには，おそらく異論はないだろう．しかし，この二つの関係だけが「家族」なのかと言えば，必ずしもそうではない．それゆえ，そのほかの家族関係にもふれておく必要がある．具体的には，まず，法的な親子関係として，実親子のほかに養子がありうることはすでに述べた通りである（第2）．養子制度を持つ国は実際にも多い（II 1）．また，法律上の方式に従った婚姻関係にはないカップルも存在する．日本では，内縁には婚姻に準ずる法的保護が与えられているが，これには異論もある．もっとも，何らかの法的処遇がなされている国は少なくない（II 2）．本書では，どのような効果が与えられるかを捨象し，婚姻外のカップルを広く「自由結合」と呼んでおく．

　このほかにも考慮に入れるべき家族関係はないわけではない．再婚家族における配偶者の子との関係（血縁はない）とか，拡大家族における祖父母や義父母との関係なども「家族」と観念されることがある．養子や自由結合の概念を拡張する（事実上の親子関係を養子に含める，あるいは，親族間の共同生活体を自由結合に含める）ことによって，これらのうちのある部分は包摂可能であろうが，それでもその外にこぼれ落ちるものが出てくる．これらについては個別の考察は省略し，狭義の外国人法において「家族」に対して特別の取り扱いがされるのはなぜか（III 1），そもそも「家族」をどのようなものとして考えるべきなのか（III 2）という一般的な問題とからめる形で検討をすることにしたい．

---

[18]　もっとも，方式は行為地によることもできるので（通則34条2項），現地においてその地の方式に従った認知がなされていればよい．また，胎児認知に関しては母の本国法に従うという考え方に立ち，かつ，母の本国法における認知の要件を満たしていると解しうる場合には，胎児認知は有効になされたことになる．

II—現行法

1 養子縁組の場合

(1) 一般の問題　養子縁組については縁組当時の養親の本国法が適用されるのが原則であるが（法例31条前段），養子の本国法も例外的に考慮され，養子の本国法において養子・第三者あるいは公的機関の許可などが要件とされている場合には，この要件をみたすことが必要になる（同条後段）．子どもの保護のための措置である[19]．したがって，養親と養子の双方が日本人ならば全面的に，どちらか一方が日本人ならば部分的に，日本法が適用されることになる[20]．

日本法は，養子縁組を2種に分けている[21]．一つは普通養子であり，養親が成年に達しており養子の尊属・年長者でない限り（民792条・793条），成年間であれば届出を出すだけで自由に行いうるものである（同799条）．ただし，配偶者がある場合や養子が未成年者である場合には特則が設けられている（同795～798条）．以上の点で，基本的には普通養子は当事者の合意に基づくものであると言える（民799条は婚姻に関する規定を準用している）．国籍法や出入国管理法において，普通養子が実子ではなく夫婦に近い取り扱いを受けているのは，このためであろう[22]．

もう一つが特別養子である．特別養子の場合には，実方との関係の断絶という強い効果が生ずるが（民817条の9），要件もこれに見合った厳格なものとされている．すなわち，その一方が25歳に達した夫婦がともに養親となることが必要である（民817条の3・827条の4）．養子は原則として6歳以下でなければならず（同817条の5），「父母による養子となる者の監護が著しく

---

19) 認知についても，子の本国法が子・第三者の承諾・同意を要件としている場合には，その充足も必要であるが（通則29条1項後段），これも同様の趣旨であろう．
20) 養子縁組に特有の効果（実方との断絶）や離縁についても養親の本国法による（通則31条2項）．なお，養父母の国籍が異なる場合には，父子関係には養父の，母子関係には養母の本国法が適用されることになるが，その結果として，一方は有効に成立するが，他方は成立しないという事態が生ずることもありうる．
21) 大村・前掲書195頁以下．
22) ただし，外国法における「普通養子」が日本法のそれと全く同じであるとは限らないので，国籍法や出入国管理法における「普通養子」とは何かという解釈（性質決定）に関する問題が生ずる．

困難又は不適当であること」などの「特別な事情」があり,「子の利益のため特に必要がある」と認められる場合に限って認められる（同817条の7）. 手続としては, 原則としては父母の同意が必要であるほか（同817条の6）, 試験養育期間を経た上で（同817条の8）, 家裁の審判が必要となる（同817条の2）.

(2) 外国人に固有の問題　はじめに述べたように, 養子縁組の当事者に外国人が含まれる場合には, 準拠法の決定および適用につき疑義が生ずることがありうる. しかし, ここでは具体的な解釈問題には立ち入らない.

ここで注意を喚起しておきたいのは, これまで何度か述べているように, 普通養子には「日本人の配偶者等」という在留資格が付与されないという点である. その結果として, ある日本人の「家族」のうち, その外国人の配偶者・実子・特別養子は日本に在留可能であるが, 普通養子の在留は認められないという事態が生じうるということである[23]. もちろん事実上の養子として長年にわたって生活をともにしてきても, 在留資格は生じない.

この点は, 実際にも問題を惹起しており, 最近では, 中国残留日本人の養子や連れ子の在留資格が問題になっているが[24], 一般論としても検討を要するところであろう（Ⅲ 1）.

2　自由結合の場合

(1) 一般の問題　「法の適用に関する通則法」には, 自由結合に関する準拠法の定めは置かれていない. しかし, 婚姻に準ずるものとして, 法例24条1項・25条を適用すべきだとするのが多数説であるという. このように考えるならば, 日本に居住する自由結合カップルには, 当事者の双方が外国人である場合を除いて, 日本法が適用されることになる. 多数説とは異なり, 自由結合はむしろ契約であるという立場に立つならば, 契約の準拠法によることになる. したがって, 当事者間で準拠法に関する定めがなされない限り, 行為地法が適用されるので, 日本で開始された自由結合には日本法が適用さ

23）　ただし, 後述のように, 「定住者」としての在留資格が認められることはありうるし, 特別在留許可の申請も不可能ではない.
24）　「中国残留婦人義理の息子ら　法務省が特別在留許可」朝日新聞2000年11月8日付朝刊,「残留邦人の妻の連れ子『不法滞在』で摘発も」朝日新聞2001年12月12日付朝刊.

れることになるだろう.

　日本法においては，婚姻の「届出をしていないが，事実上婚姻関係と同様の事情にあった（ある）」場合（労基法施行規則42条・労災保険法16条の2・国民年金法49条・児童扶養手当法3条3項・母子及び寡婦福祉法5条など）を「内縁」と呼び，婚姻関係とほぼ同様の処遇がなされてきた．明文の規定を有するのは，上記のように主として社会保障に関する諸法律であるが，民法上もまた，婚姻に準ずる扱いがなされてきた[25]．

　ただし，事実上の重婚をはじめとして婚姻障害が存在する場合にも同様の取扱いが可能かどうかは議論のありうるところである．それ以前に同性のカップルについては「内縁」の概念にあたるかどうかがまず問題になる．外国には同性カップルと異性カップルとを区別しない立法例もあるが，現在の日本法は同性カップルを内縁とは認めていない（判例はない）．また，効果に関しても，配偶者相続権は認められておらず，財産分与請求権についても異論がないわけではない．不当破棄の場合の慰謝料請求権に関しても，同様の異論がある．そもそも，内縁を婚姻に準じて保護すること自体に疑問を提示する見解も有力になりつつあり，準婚理論を採用してきた判例も，最近では，少なくとも準婚理論が適用されない場合がありうることを認めるに至っている（最判2004［平16］・11・16判タ1169号165頁）.

　(2) 外国人に固有の問題　自由結合についても，ここでは在留資格の問題に限ってふれておく．出入国管理法の別表第2の「日本人の配偶者等」に関しては，単に「日本人の配偶者」とされているだけで，社会保障諸立法に見られるように，「内縁」を含むとする規定は置かれていない．このことに鑑みると，自由結合関係にある者は「配偶者」には含まれないという解釈がとられうる．

　しかし，これには二つの点で疑問がある．一つは，普通養子の場合と同じ問題である．日本人と外国人の自由結合カップルが，子どもをもうけた場合には，子どもが日本国籍を取得することがありうる（母が日本人の場合か父が日本人で胎児認知がなされた場合）．この場合に，カップルとその子どものうち，日本国籍を有する者たちは日本に居住することができるが，カップ

---

[25] 大村・前掲書224頁以下.

ルのうち日本国籍を有しない者は在留資格を持たないという結果ははたして妥当かという問題である．

　もう一つは，次のような問題である．外国には，自由結合に法的な保護を与えるにあたって，一定の方式を定めている立法例がある．当該外国に居住しこの方式を履践していた外国人・日本人のカップルが，日本に居住しようという場合，当該外国人は「日本人の配偶者」にあたらないとしてしまってよいのだろうか．同種の（反対の）問題は，一夫多妻制の場合にも起こりうる．一夫多妻制が行われている国で有効に婚姻している外国人・日本人のカップルが，日本に居住しようという場合，当該外国人は「日本人の配偶者」にあたるとしてよいのだろうか．論理的には，①「配偶者」か否かを形式的に判断し，前者はあたらない・後者はあたると解する，②①と同じ前提に立ちつつ，後者は公序に反するとしていずれもあたらないと解する，③「配偶者」か否かを実質的に判断し，前者も後者もあたると解する，④③と同じ前提に立ちつつ，後者は公序に反するとして前者のみがあたると解する，という四つの考え方がありそうである．

　この点は，一般的に言って「家族」の概念をどのように措定するかにかかわるが，どの考え方が妥当か，それはなぜかについての検討が必要だろう（III 2）．

III — 理念

1　「家族」の処遇

(1) 家族形成権・家族共同生活権　日本国憲法24条1項は「婚姻は，両性の合意にのみ基づいて成立し……相互の協力により，維持されなければならない」としている．この規定を「家族保護条項」と解しうるか否かについては議論のあるところだが[26]，「家族」の実体化を避けたいと考える見解も，「家族形成権」を認める条項であることは承認していると言ってよかろう．また，「相互の協力」は家族の共同生活を含意するととらえることにより，そこから「家族共同生活権」を導くこともできるだろう．実定法上この権利が具体化されたものとして，夫婦の同居（民752条）や未成年子の居所指定権（民821条）は位置づけられるだろう．そして，このような憲法上の権利は，日

---

26)　大村・前掲書354頁以下．

本人だけでなく外国人にも認められるものと解される．

　以上は，国際人権条約の考え方でもある．すでに見たように，婚姻適齢に達した男女に文字通り「家族形成権」が認められている（人権B23条2項）．また，「家族共同生活権」についても，「児童がその父母の意思に反してその父母から分離されない」ことが締約国に要請されているが（児童9条1項），この考え方は，夫婦間においてもあてはまるだろう．

　(2) 家族結集権および再集権　家族形成権・家族共同生活権が認められるとすると，狭義の外国人法にも次のような影響が及ぶ．すなわち，家族の形成・共同生活を保障するという観点から，現に共同生活を営む家族を分断したり，別居状態を解消して家族が共同生活を営もうとするのを妨げないような配慮が必要とされることになろう．具体的には，現に日本に在留する者の「家族」にはできるだけ在留資格を認めることが望ましいということになる．

　これもまた，国際人権条約に見いだされる考え方である．「児童の権利条約」は，前掲の9条1項を受けた10条1項において，「家族の再統合を目的とする児童又は父母による締約国への入国又は締約国からの出国の申請については，締約国が積極的，人道的かつ迅速な方法で取り扱う」と定めている．このような「家族の再統合」を求める「権利」は「家族再集権」と呼びうるだろう．またそこには，「再統合の促進」以前に「統合の維持」も含意されていると見てよいだろう．ここでは「家族の統合の維持」を求める「権利」を「家族結集権」と呼んでおきたい．

　出入国管理法において「家族滞在」「日本人の配偶者等」といったカテゴリーが設けられているのは，上記のような「権利」（少なくとも利益）を保護する趣旨であると言えるだろう．さらに，これらの「権利」は，法制度の解釈・運用上の指針としても意味を持つ．この点は，すでに述べた中国残留日本人の家族呼び寄せに関する取り扱いにおいても意識されていたが，同様の配慮が必要な事例はそのほかにも少なくないだろう．たとえば，難民認定申請が認められず退去強制の対象とされていた家族につき，送還先が異なることを理由に特別在留許可がなされた例などがあるが[27]，ほかにも同様の判断が望

---

27) 「退去命令のミャンマー人　法相，特別在留許可へ」朝日新聞2004年3月5日付夕刊は，国籍の異なる夫と妻子につき「人道上，一家を別々の国に離散させる措置をとるべきではない」ことを理由に特別在留許可がなされたと報じている．

まれる例があろう[28].

2 「家族」の意義

(1) 概念の相対性と普遍性 「家族」は「家族」であるがゆえに，共同生活を営む権利を有し，結集・再結集を求めることができる．仮にそうであるとして，そこでいう「家族」とは何か．婚姻と実親子が家族の中核に位置すると考える点では世界的なコンセンサスがあるとしても，その外延は明らかではない．そこで，養親子と自由結合とをとりだして，若干の検討を行ってみた．

その結果を念頭に置きつつ，大胆な単純化を施すと，次のように言えるのかもしれない．「家族」とは，再生産（性＝生殖と子の養育）を中核とした親密な生活共同体であるが，その範囲には，人によって（法）文化によって広狭の差がある．また，同一の法文化にあっても，法領域によって「家族」として想定するものの範囲は同一ではない．中心に位置するのは民法であるとしても，憲法上の「家族」，社会保障法上の「家族」，外国人法上の「家族」は，民法における「家族」と完全に一致するわけではない．

各人が自分の「家族」と思い定めるところには差異があってもかまわないが，「家族」という概念を措定して，これに一定の法的保護を与える以上，法制度上の「家族」は，概念の相対性は排除しないとしても，一定の範囲で固定されていなければならない．もちろん，このことは，個人の主観的な意図や具体的な態様，あるいは，文化的な偏差を捨象することを意味するわけではない．ただ，こうした要素を考慮に入れるとしても，その程度には差があり，最も寛容な立場に立つとしても限度はあるということである．

では，どうするか．おそらくは，複数の基準を組み合わせることによって対処するほかなかろう．すなわち，①中心的（客観的・典型的）な「家族」

---

28) このほかに，「両親と死別『祖母のいる日本にいたい』」朝日新聞 2004 年 6 月 30 日付夕刊の報ずる事例についても，同様の配慮を行うか否かが問題となろう．なお，「一家 6 人，来日 17 年で強制退去 16 歳長女だけ『滞在可』」朝日新聞 2004 年 11 月 6 日付朝刊の報ずる東京地裁判決は，長女については「学業成績も優秀で，日本で学習を続け就職することを強く希望している．年齢から考えて親と離れて日本で暮らすことも可能」との判断を下したという．具体的な事情に立ち入った判断がなされた点は評価されるべき判決だが，家族結集権に対する考慮が十分であったかどうかは検討を要するところである．

＝夫婦・実親子（実親子に準ずる養親子），②周辺的ではあるが，客観的・典型的な家族＝一般の養親子と一定の範囲の自由結合，③（周辺的な家族のうち）客観的・非典型的な家族＝同性婚・近親婚・重婚などである法文化においては許容されているもの，④主観的な家族＝広義の家族のうち主観的結合の強いものや一般には家族とは言えないが密接な共同生活関係があり主観的結合の強いもの，といった基準を想定することが考えられるだろう．

その上で，基準のどれかに合致するものを広義の「家族」としてとらえ，効果の面では，典型性の高いものから低いものへと段階的に異なる処遇をすることになるが，たとえば，①には自動的に完全な効果を付与する，②には自動的に部分的な効果を付与する，③には原則として部分的な効果を付与するが，場合によっては効果を与えない，④には個別の事情を斟酌して例外的に効果を付与する，それ以外の関係については，一般の法理（契約法理・法定債権法理）で対処するといったことが考えられよう[29]．

繰り返すが，ここで重要なのは，「家族」に一定の保護を与えるという原理を採用すること，「家族」の範囲に関しては，その概念を固定的・絶対的なものとは考えず流動的・相対的なものとしてとらえることであろう．

(2) 経済活動と非経済活動　最後に，「家族」を「家族でないもの」と対比しておこう．対比の対象となるのは，企業（営利組織）と団体（非営利組織）とである．ここまでずっと，外国人の家族生活がどのような処遇を受けるかを検討してきたが，外国人の企業活動や団体活動についてはどうだろうか．二つの点から見ておこう．

第一に，企業や団体の構成員であることは，在留資格とどのように結びついているだろうか．はっきりしているのは「企業内転勤」である．出入国管理法別表第1の2の「企業内転勤」の項には「本邦に本店，支店その他の事業所のある公私の機関」の「外国にある事業所」の職員が「本邦にある事業所」に「期間を定めて転勤」して行う一定の活動については，独立の在留資格が認められている．つまり，企業活動は正当な活動として承認を受けており，それに伴って転勤する職員には在留資格が認められているわけである．それでは，企業以外の団体に属する者はどうか．上記の「……公私の機関」

---

[29] II 2 (2) の問題には，③か④となると答えることになろう．

には「各種団体」も含まれるとされているが，その前提として「企業」であることが必要だろう．さまざまな NPO は「各種団体」であるとは言えそうだが，「企業」にはあたらないことになりそうである．もっとも，非営利団体のうち宗教団体に関しては，別表第1の1に「宗教」という項があり，「外国の宗教団体により本邦に派遣された宗教家の行う布教その他の宗教上の活動」につき，独立の在留資格が認められている．

　第二に，外国の企業や団体が，日本国内で活動することはできるか．この点はすでにふれたように(序章第1節)，外国法人の問題として対処されてきた．ここでもやはり，営利企業に関しては寛大な態度が採られてきたが，非営利団体に対する態度は冷淡なものであった．

　これからの社会において，非営利活動が持つ意味がますます大きくなるであろうことを考えるならば，これらの点については再検討が望まれよう．解釈論的には「企業」を緩やかに解することで対応できるかもしれないが，それはあくまでも便法である．経済活動以外の領域において，「家族」への帰属と並んで「団体」への帰属が問題になることを正面から認めた上で，対応をはかるべきだろう．

第2節 外国人の労働・学生生活

　日本に在留する外国人の活動の中心をなすのは労働と勉学である．実際のところ，「永住者」(あるいは「日本人の配偶者」「永住者の配偶者」)を除くと，外国人の多くは就労・就学を目的として日本に入国している．彼らの多くは労働者か学生なのである．また，「永住者」など活動内容が制限されていない外国人にとっても，労働・勉学がその生活の中心であることが多い．そこで，次に，この二つの基本的活動に関する問題を検討する．

第1　労働　　　　　　　　　　　　　　Leçon 10

Ⅰ─序

1　前提問題

(1) 受け入れ政策　日本在住の外国人に関する問題の中心が「労働」にかかわることは言うまでもない．実際のところ，日本における外国人の問題は，1980年代の後半から急増した「外国人労働者」の問題を中心に論じられてきた．世界的に見ても，外国人問題・移民問題は労働力の国際的な移動によって生じており，日本を含む先進諸国においては，外国人労働者の受け入れが大きな政策課題となっている．

　日本における外国人労働者の急増はバブル期に顕著に見られた現象であったが，今日では，急速に進行する少子高齢化に対応するために，外国人労働者の受け入れに踏み切るか否かという問題が浮上している．この問題はある意味では日本社会の将来を左右するものであるが，この点についてはここで

は立ち入らず，結章において本書の観点から改めて言及することにしたい[30]．

(2) 労働の実態　「外国人労働者」について論ずるにあたっては，その実態を把握することが先決である．実際のところ，各種のルポルタージュのほかに，すでに様々な実態調査も試みられている[31]．しかし，その詳細には立ち入らず，ここでは，日本で働く外国人は制度上・事実上いくつかのカテゴリーに分類できることを示すにとどめる．

外国人労働者の分類モデル

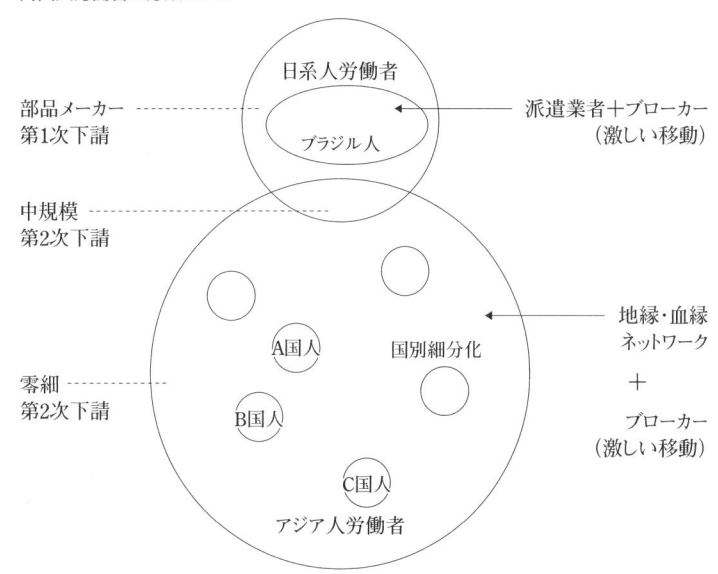

```
部品メーカー ------  ┌日系人労働者┐   ← 派遣業者＋ブローカー
第1次下請              │ ブラジル人 │      （激しい移動）
                      └──────┘

中規模     ------
第2次下請
                      ┌──────┐
                      │  ○   ○   │
                      │ A国人  国別細分化│ ← 地縁・血縁
零細       ------      │     ○    │      ネットワーク
第2次下請              │ B国人     │           ＋
                      │     ○    │      ブローカー
                      │   C国人   │     （激しい移動）
                      │ アジア人労働者 │
                      └──────┘
```

制度上は四つのカテゴリーに区別することができる．第一は，活動に制限のない人々であり，「永住者」「定住者」として日本に居住する人々がこれにあたる．数としては，在日韓国・朝鮮人や日系二世・三世などが多い．第二

---

30) 問題の全体像を示すものとして，井口泰・外国人労働者新時代（ちくま新書，2001）．法学者の議論としては，手塚和彰・外国人労働者研究（信山社，2004）の第1部「日本における外国人受け入れ政策と法」にまとめられた諸論文を参照．

31) 初期の先駆的調査事例として，手塚・前掲書第3部「外国人労働者の実態」がある．ほかにも，たとえば，駒井洋編・外国人労働者問題資料集成〔上下〕（明石書店，1994），同編・外国人定住問題資料集成（明石書店，1995），同編・新来・定住外国人資料集成〔上下〕（明石書店，1998）には，いくつかの調査結果が収録されている．

は，就労を目的とする各種の在留資格（以下，慣行に従い「ビザ」と呼ぶことがある）を得て来日した人々である．第三は，「研修」「留学」「就学」などのビザによって来日し，一定限度の就労が許されている人々である．第四は，就労資格（さらには滞在資格）なしで働く不法就労の人々である．

事実上の分類はより困難であり，議論のあるところである．ここでは，イメージを示すために，一つのモデルを単純化した形で紹介しておく．前頁の図は，雇用する事業者の規模と雇用される外国人労働者の属性（日系＝合法就労，アジア系＝不法就労も多い）による分類を行うものである[32]．

2　問題の限定

1で述べたことを前提に，以下に扱う問題を次のように限定しておく．

すなわち，第一に，以下ではいくつかの観点を立てて，その観点から関連の制度と実状の一端を紹介・検討する．第二に，その際には，一方で，「労働」のあり方に注目するとともに，他方，日本人労働者との関係にも言及する．

具体的には，まず，一般的な合法就労者・不法就労者についてとりあげる（II）．先に掲げた図で言うと，ここでいう「合法就労者」はほぼ「日系人労働者」に対応するが，部品メーカーや下請企業だけでなく親会社にあたる大企業に就労する者を含む．また，「不法就労者」は「アジア人労働者」と大きく重なりあうが，製造業だけでなく建設業などのいわゆる日雇い労働者を含む（むしろ，こちらに重点を置く）．次に，特殊な「在留資格」にかかわる就労形態について触れる（III）．ここでいう特殊な「在留資格」とは「研修」と「興行」であるが，それぞれに固有の問題がある．

II──一般性のある問題

1　合法就労者の場合

(1) 前提　先に掲げた図が前提としていたように，外国人労働者が働く職種として最も多いのは「生産工程作業員」であり，職種制限のない合法的な就労者の約6割（実数で約10万人）を占めている．そして，彼らの8割以上は労働者派遣事業を媒介として雇用されている．彼らの出身地は「中南米」

[32) 図は，大久保武・日系人の労働市場とエスニシティ（御茶の水書房，2005）78頁をもとに作成（同書の図自体，稲上・桑原両氏によるものを原型とするという）．

が圧倒的に多く (8 割), そのほとんどは日系人である. そして, 彼らの多くは, 愛知県・静岡県など (あるいは, 群馬県・長野県・神奈川県西部など) で働いており, 東京で働く者は相対的に少ない[33]．

　以上のデータと符合する形で, ある著者は次のように述べている.「日系人労働者, とくに日系ブラジル人の働き先は, 地方工業都市の労働市場であること. しかも, その圧倒的多数は, 日本の基軸産業である自動車や電子部品等を製造する特定業種に就労するという特徴と傾向を持つこと. ……企業が日系人を雇う場合,『直接雇用』するというよりはむしろ, 構内下請などによる『間接雇用』の形態で外部労働力として調達するケースが一般的であること. その際, 業務請負とか人材派遣といった, いわゆる『斡旋業者』を仲介させることがきわめて特徴的であること. 日系人の『間接雇用』は, 中小企業のみならず, むしろ大企業とその関連会社, あるいは系列・下請企業において積極的に採用されている」と[34]．

　この著者は, こうした傾向を次のように理解する. すなわち, これは, 日系人労働者は「法的には『日本人』とほとんど変わらない扱いを受けているにもかかわらず, ひとたび労働の現場で働こうとすると, 日本人労働者とはきわめて異なる, 差別に近い扱いを受けているということである」と[35]．

　(2) 日本人労働者との関係　しかし, 問題は, 日系人労働者の差別にとどまるわけではない. 先の著者の指摘をもう少し聞こう[36]．

　「一般的な捉え方では……外国人労働者は景気変動に対するバッファとして利用される傾向があり, 不況期には景気の調整弁となって雇用調整の『尖兵』としての役割を果たすものと考えられてきた. ところが……失業者や解雇者を出しているのは当の外国人労働者である日系人労働者らが中心ではなかった. むしろ, 基幹労働力としての日本人正規従業員や本工労働者, あるいは日本人の臨時工・期間工や社外工などの非正規雇用者であって, 彼らに取って代わって, 日系人労働者の『雇用』が反対に進展している」. つまり,「長引く不況によって不安定な受注に直面した製造企業が, 人件費を抑える

---

33)　大久保・前掲書 60–65 頁.
34)　大久保・前掲書 4 頁.
35)　大久保・前掲書 5 頁.
36)　大久保・前掲書 89–90 頁.

ため，正規従業員の常用雇用を控えて，人材派遣会社や業務請負業者を通じ，必要に応じて日系人労働者を短期間採用する『間接雇用』を進めている」というわけである．

　以上を要約するならば，日系人労働者は「日本人正規労働者に対しては『補完』的機能を担い，同時に非正規の日本人不安定雇用層とは『代替』的役割の遂行を求められた」[37]ということになる．ところが，話はこれで終わらない．最近では，日系人労働者に混じって「間接雇用」される日本人も少なくないからである．先の著者は，これを「顚倒した構造」と呼んでいるが[38]，むしろ今日では，日系人労働者と日本人のいわゆる「フリーター」とは互換的なものとしてとらえられていると考えるべきではないか．ここでは，次のような指摘を紹介しておく．「卒業後に進学も就職もしない高卒無業者比率はバブルが完全崩壊した1993年以降に急上昇し，2000年には35％近くに達した．……大卒無業者比率も2000年には27％を記録した．……多くの日本の若年層が，人生の途中で学校／企業の裂目に落ち込み，『使いやすい』フリーター的な労働力の供給源にのみこまれている」[39]という指摘である．

　このように考えるならば，日系人を中心とする合法就労者の抱える問題は，日本人をも含めて普遍的に存在する雇用の非正規化・脆弱化の問題としてとらえるべきことになる[40]．

2　不法就労者の場合

　(1) 前提　不法滞在者は減少しつつあるとはいえ，なおその数は無視しがたい水準にある（実数で約20万人強）．ほとんどが就労目的であると見られるが，その実態は把握しがたい．ここでは，ある研究に依りつつ[41]，その一端を紹介してみよう．それは，「寄せ場を核とする都市下層に算入する新来（とくに1980年代後半以降）で男性の外国人労働者……したがってその中心部分は超過滞在する資格外就労者であるか，就学生や研修生などの資格で就労す

---

37) 大久保・前掲書242頁．
38) 大久保・前掲書243頁．
39) 杉田俊介・フリーターにとって「自由」とは何か（人文書院，2005）21頁．
40) この問題に関する法学文献は急増しているが，先駆的な研究として，水町勇一郎・パートタイム労働の法律政策（有斐閣，1997）をあげておく．
41) 青木秀男・現代日本の都市下層──寄せ場と野宿者と外国人労働者（明石書店，2000），とりわけ第5章「都市下層と外国人労働者」による．

る外国人であるか」[42] を対象とする研究である．

「寄せ場」とは「日雇労働者が手配師や人夫出しから日雇仕事を斡旋されて労働現場に送り出される場所」をさすが，全国に散在し「その内，東京の山谷・横浜の寿町・名古屋の笹島・大阪の釜が崎が，通称4大寄せ場と呼ばれる」という[43]．そこでの労働の中心は建設・土木作業，生産工程作業である．「寄せ場」に集まる外国人労働者たちも，こうした作業に従事している．実際のところ，入局管理局が摘発した資格外就労者（男性のみ）の稼働内容を見ると，建設作業員（約5割）・工員（約3割）がほとんどである[44]．

「寄せ場」を中心とする外国人労働者の就労経路はいくつかにわかれ，「寄せ場の周辺や市内の低家賃アパートに住み，毎朝寄せ場へ出かけて手配師や人夫出しから日雇仕事をもらうコース」「寄せ場のドヤに住み，寄せ場で手配師から日雇仕事をもらい，または人夫出しに雇われて飯場から，工事現場に向かうコース」のほか「市内の低家賃アパートに住み，ターミナル駅や公園に来る手配師に手配されて，工事現場へ送られるコース」などがあるという[45]．

こうして集められる外国人労働者には，在留資格のほか社会的基盤・労働熟練度・日本人との類似性などによって，ある種の階層が形成されている．具体的には，在日韓国・朝鮮人を頂点に，日系人・東アジア人・東南アジア人（フィリピン人など）・その他のアジア人（イラン人・バングラデシュ人など）という順に扱いが悪くなり，賃金にも差がつけられているという[46]．

(2) 日本人労働者との関係 とはいえ，「寄せ場」に集まる人々には，「都市下層」としての共通性があることも忘れてはならない．この点は，日本人労働者についても同様である．マクロな観点からは，「寄せ場」に労働者が吸引されるメカニズムは，次のように説明されている．「伝統的・停滞的産業（農漁業や零細商工業）から労働力が排出され，『一般労働市場』の不安定就労層に参入する．そしてその下層部分は，建設や製造，運輸，販売，サービスなどの『臨時・日雇労働市場』に参入する」．そして「不安定就労層の下層

---

42) 青木・前掲書116頁．
43) 青木・前掲書29頁．
44) 青木・前掲書119–120頁．
45) 青木・前掲書122–123頁．
46) 青木・前掲書127–129頁．

の一部は,『寄せ場労働市場』に参入して,寄せ場や飯場を移動する」[47]。

外国人であれ日本人であれ,臨時・日雇労働者は劣悪な条件の下に置かれている.契約内容が曖昧であったり,最低賃金が守られていないこともあり,「寄せ場」の日雇労働組合のほか,地域ユニオンや外国人支援団体には,外国人労働者の労働相談が殺到しているという[48]。

それでも仕事が得られる労働者は,相対的にではあるが,まだ恵まれているのかもしれない.不況期には「建設業の日雇仕事が減少し,労働者が野宿をよぎなくされ」る状況が現出したからである.もっとも,野宿者は失業者に限らない.「いまや野宿者は,日雇仕事と野宿を往還する者,野宿が常態となった者,街頭でサービス労働に就労する者,また簡易な小屋やテントを構えて『住む』者,所帯道具を手に寝所を移動する者など,多彩な野宿形態をとるに至った」という[49]。

(適法な)外国人労働者とフリーターとが互換的であったように,(不法な)外国人労働者と日雇労働者やホームレスとの間にも互換性を見出すことができる[50]。ここでも問題は外国人に固有のものではない[51]。

III ― 特殊な問題

1 「研修」にかかわる問題

(1) 制度と実状　日本は単純労働(不熟練労働)に関しては労働市場を開放していない.それゆえ,単純労働に従事しうる外国人労働者は,「永住者」「定住者」に限られ,これらの在留資格を持たない者の就労は不法就労ということになる.以上は,すでに見た通りである.

しかし,このような原則にもかかわらず,実際には,上記の在留資格を持たずに単純労働を行う外国人労働者がいないわけではない.というのは,研

---

47) 青木・前掲書 119 頁.
48) 青木・前掲書 120 頁,123 頁.
49) 青木・前掲書 18–19 頁.
50) 野宿者・ホームレスについては,中村智志・段ボールハウスで見る夢――新宿ホームレス物語(草思社,1998),岩田正美・ホームレス/現代社会/福祉国家――「生きていく場所」をめぐって(明石書店,2000),森田洋司編・落層――野宿に生きる(日本経済新聞社,2001) などを参照.
51) 遠藤比呂通「国家と社会と個人――或いは公共について」藤田=高橋編・樋口古稀・憲法論集(創文社,2004) を参照.

修・技能実習制度が存在するからである[52]．かつては「外国人研修生」は「留学生」の一形態として位置づけられていたが，1981 年の出入国管理法の改正によって，新たに「研修」という在留資格が設けられるに至り，「本邦の公私の機関により受け入れられて行う技術，技能又は知識の修得をする活動」（出入国 19 条・別表第一の四）のために入国することが可能になった．さらに，1993 年には技能実習制度が創設された．「研修」が 6 ヶ月ないし 1 年の期間に限られるのに対して，「技能実習」の場合には（前段階の研修とあわせて）2 年ないし 3 年の期間の滞在が可能になる（在留資格は「研修」ではなく「特定活動」になる）．これらの制度によって，現在，研修生の数は約 5 万人に達している（その半数程度が技能実習生に移行する）．国籍で見ると，中国人が約半数を占めるのが特徴的である．

この研修・技能実習制度については，かねてより，外国人の側（不法就労目的で研修生になる）・受入れ企業の側（安価な労働力として利用する）の双方につき，問題点が指摘されてきたが，とりわけ，研修生の処遇に関しては様々な問題があることが明らかになっている[53]．

(2) 対応策 そこで，法務省は「研修生及び技能実習生の入国・在留管理に関する指針」を示し[54]，一定の改善策を講じている．「指針」は「問題事例」として，「不適切な研修・技能実習」という項目の下に，「研修時間以外の稼働や休日出勤をさせていた」，「研修生に対する手当，技能実習生に対する賃金の支払い方法等の不正」などを指摘するとともに，「研修生送出機関に対する送金等を理由に『管理費』等の名目で研修手当から減額することはあってはならないことであります」「研修生の失踪等問題事例の発生を口実として，宿舎内に閉じこめたり，旅券及び外国人登録証明書を預かったりするという不適切な対応を行ってはいけません」といった指導をしている．そして，違反に対しては，「不正行為」として厳正に処分をするとしている．さらに最近では，「指針」も述べるように，これらの行為の中には「研修制度の趣旨

---

52) 手塚・前掲書 71–79 頁参照．
53) 総務庁（当時）による実態調査も行われた．その一部は，外国人研修生問題ネットワーク編・まやかしの外国人研修制度（現代人文社，2000）に，付録・資料 2「総務庁九州管区行政監察局による調査」として収録．なお，同編・外国人研修生時給 300 円の労働者――壊れる人権と労働基準（明石書店，2006）も参照．
54) 外国人研修生問題ネットワーク編・前掲書の付録・資料 1 として収録．

に反するばかりか,法令違反に問われることにもなりかねません」と言われるような例も少なくない.研修生の労働力に頼るところが大きいとされているのは中小企業であるが,企業の規模にかかわらず最低限の法令遵守が要請されるのは当然のことだろう.

2 「興行」にかかわる問題

(1) 制度と実情 「研修」と並んで,あるいは,それ以上に重要なのは「興行」ビザによる就労である.「興行」ビザは「演劇,演芸,演奏,スポーツ等の興行に係る活動又はその他の芸能活動」(出入国管理法の別表一の二)に対するものであるが,このビザによって入国している外国人の数は近年急増しており,最近では6万人を超えている.その大半は,歌手やダンサーとして入国するフィリピン人女性である点が特徴的であるが,フィリピン人エンターテイナーの渡航先はほとんどすべて日本であるという[55].

「興行」ビザで入国した女性の半数以上はホステスとして就労していると言われている.この点は日本側からも問題視されているが,フィリピン側からは次のように述べられている.「過去数年間で,多くの日本で働くフィリピン女性エンターテイナーが,『ホステス』業務への従事,賃金と残業手当の不払いや遅滞・減額,保険への未加入,職場でのセクシャル・ハラスメント,休日の不履行,客との強制デート(「同伴」),『飛ばし』といった契約違反にあっている.こうした女性たちは本来,歌手やダンサーとして『興行』を行なうとされているのである」[56].

(2) 対応策 この問題は,人身売買(トラフィック)の問題とも結びついているため[57],近年では日本政府も対応策を講じている.たとえば,2005年には,刑法に人身売買罪が新設され(刑226条の2),出入国管理法も改正された.しかし,これだけでは十分とは言えず,「成人向けエンターテイメントや売買春に対して政府が寛容であるため,トラフィッカーにとって十分な

---

55) DAWN 編著(DAWN–Japan 訳)・フィリピン人女性エンターテイナーの夢と現実――マニラ,そして東京に生きる(明石書店,2005)30–32頁.
56) DAWN 編著・前掲書34頁.
57) 人身売買につき,吉田容子監修・JNATIP 編・人身売買をなくすために――受入大国日本の課題(明石書店,2004),山谷哲夫・じゃぱゆきさん(岩波現代文庫,2005)を参照.
58) DAWN 編著・前掲書38頁に掲げられたサリー・キャメロンの調査による.

活動範囲が事実上保障されている」との指摘もある[58]．そこで，「興行」ビザの発給厳格化が提案されている[59]．そのためか，ここ1，2年は「興行」ビザによる滞在者が激減しており（序章第2節），2006年末にはその数は2万人ほどになっている．

この点もまた，労働契約以前の問題ではある．しかし，外国人の就労に関する問題としての重要性は失われない．

第2　勉学　　　　　　　　　　　　　Leçon 11

Ⅰ―序

1　留学生に関する政策・統計

現在，日本に在住する留学生の数は13万人に達している．1983年に中曽根内閣が「留学生十万人計画」を打ち出した時，留学生の数は約1万人であったが，その後20年を経て，数の上では目標は達成されるに至っている．この計画の是非については議論のあるところであるが[60]，就労の場合と同様，ここでは政策論には立ち入らず，次の事実を確認しておくに留める．

まず，留学生の出身国についてであるが，全体の3分の2近くを占める中国をはじめとして，韓国・台湾・マレーシア・タイなどアジアの諸国の出身者が約8割に達している．そのほとんどは私費留学生であり，様々な点で優遇されている国費留学生・外国政府派遣留学生は2割以下である．次に，ここでいう「留学生」は「留学」ビザによって来日している者をさすが，このほかに，「就学」ビザによって来日している「就学生」が4万人ほどいる．この就学生たちは，留学生以上の困難に囲まれて生活している．

2　留学生と就学生

留学生と就学生との相違はどこにあるのか．出入国管理法では，「留学」「就学」それぞれの在留資格で行うことができる活動を次のように定めている（同

---

[59]　規制の現状の一端を示すものとして，坂中英徳・入管戦記（講談社，2005）第3章「人身売買（トラフィッキング）――『フィリピン・パブ』十年戦争」．
[60]　たとえば，栖原暁・アジア人留学生の壁（NHKブックス，1996）39頁以下．

法別表第1の4）．すなわち，「留学」の場合には，「本邦の大学若しくはこれに準ずる機関，専修学校の専門課程，外国において12年の学校教育を修了した者に対して本邦の大学に入学するための教育を行う機関又は高等専門学校において教育を受ける活動」，「就学」の場合には，「本邦の高等学校（中等教育学校の後期課程を含む）若しくは盲学校，聾学校若しくは看護学校の高等部，専修学校の高等課程若しくは一般課程又は各種学校（この表の留学の項の下欄に規定する機関を除く）若しくは設備及び編制に関してこれらに準ずる教育機関において教育を受ける活動」がそれである．

一言で言えば，「留学」とは大学等への在学，「就学」とは高等学校・各種学校等への在学のための在留資格であると言える．しかし，交換留学などで来日する高校生はごくわずかであり，次の項で述べるように，就学生の多くは「日本語学校」（日本語学校の多くはここでいう「各種学校」に含まれることになる）に在学している．実態に即して言えば，「就学」とは「日本語学校」に在学するためのビザであると言うことができる．

II―就学生の状況

1　経緯

ここで改めて就学生の状況について概観しておく．まず，就学生が増加した経緯をふり返っておこう[61]．1990年の出入国管理法改正までは，「就学」は独立の在留資格とはされておらず，「その他」としての扱いがされていた．しかし，就学生の数は1980年代に急増した．1984年には約4,000人だった新規入国者が，86年に約13,000人，そして，88年には35,000人に達したのである．その背景については次のような説明がなされている．

「この異常ともいえる『就学生』急増の直接の引き金となったのが，実は入国管理局によるビザ取得手続きの大幅簡素化であった．それまでは個々の入学希望者が，本国の日本大使館等に入国ビザの申請をしなければならなかった手続きを，本人に代わって日本語学校が一括して所轄の地方入国管理局に申請できるようにしたのである．『十万人計画』が打ち出された翌年の1984

---

[61] 栖原・前掲書84–87頁，岡益巳＝深田博己・中国人留学生と日本（白帝社，1995）9–11頁，47–52頁．

年10月からのことであった．さらに身元保証人も受け入れの日本語学校が機関で引き受けてもよいことになった．しかし，『日本語学校』といっても当時なんの設置基準もなく，所轄官庁さえも決まっておらず，設置者が個別に入国管理局に申請して入学希望者のビザ取得資格を認めてもらう形になっていた．しかも，設置者になるための資格は特に限定されず，個人や任意団体でも可とされた．……こうした背景のもとに，『日本語学校』の粗製乱造ともいえる状況が始まったのである．なかには，留学生受け入れの名のもとに，実は稼働目的の外国人を入国させるための受け皿として設立される学校も少なくなかった．」[62]

「この異常なまでの来日ブームは，直接には金儲け主義の悪質な日本語学校及び斡旋ブローカーの存在と就学に名を借りた出稼ぎ目的の中国人の存在との相乗効果によって引き起こされた．間接的にブームを助長したのは，設置基準等を設けることなく日本語学校の乱立を黙認した日本政府の無策，1986年末に始まった平成景気の本格化による産業各界の人手不足，或いは文革期の人口政策の失敗の産物としての余剰労働力の輸出と外貨稼ぎを意図した中国政府の存在であった．」[63]

　こうした中，日本国内で様々なトラブルが発生したのを受けて，法務省が1988年10月初めにビザ発給の審査基準を強化したところから，同年11月，いわゆる「上海事件」が勃発した．開校予定の日本語学校が上海で学生を募集し400人余の学生が学費等を支払ったのに，開校予定日を間近にビザがおりなかったために，来日希望者が大挙して上海の日本領事館前に押しかけるという事態に至ったのである[64]．

　この事件に対応すべく，同年12月に，文部省（当時）は「日本語教育施設の運営に関する基準」を作成し，法務省とともに日本語教育振興協会を創設して，日本語教育施設の審査・認定に乗り出した．これにより，翌1989年には，就学生の新規入国数は前年の半分程度に減少した．現在では，法務省

---

62) 栖原・前掲書86–87頁．
63) 岡＝深田・前掲書50頁．
64) 上海事件につき，佐々木明・金色の夢——就学生という悲劇　上海事件はなぜ起きた？（凡人社，2004）．なお，当時の日本語学校につき，ぐるーぷ赤かぶ編著・あぶない日本語学校——アジアからの就学生（新泉社，1989）を参照．

令によって，専修学校・各種学校または各種学校に準ずる教育機関において「専ら日本語の教育を受けようとする場合は，当該教育機関が法務大臣の告示をもって定める日本語教育機関であること」が求められるに至っている．

2　現状

上海事件から20年になろうとする現在，就学生の状況はどのように変化しているだろうか．具体的な問題のいくつかについては，項を改めて検討することにして，ここでは，「就学生問題＝日本語学校問題」[65]が「私費留学生問題＝大学問題」になりつつあることを注記しておく．

2004年には，酒田短大（山形県）の破綻，城西国際大学（千葉県）の立入調査が相次いでマスコミを騒がせた．いずれも大量の外国人留学生が在学する大学であったが，酒田短大事件は，数年前から留学生たちの多くが東京でアルバイトに従事していることが問題となって在留資格証明書の交付も拒絶されるにいたったために，学校自体が破綻に至ったというもの，城西国際大学事件は，多数の不法滞在者を出している同大学を調査したところ，学生の9割が退学・除籍になっていることが明らかになったというものである．

これらの事件を見ると，日本語学校（就学ビザ）だけでなく大学（留学ビザ）もまた不法就労の受け皿（手段）となっていると言わざるを得ない状況に立ち入っていることがわかる[66]．事件の背後には，少子化に伴い日本人学生を集めるのが困難になった大学・短大の一部に，外国人集めに奔走するものが出てきているという事情がある．

以上をふまえて，就学生（場合により私費留学生を含む）をめぐる問題のいくつかを検討しよう．

---

65)　岡＝深田・前掲書52頁．
66)　また，最近では，外国人留学生・就学生による犯罪が報道されることが多いが，これについては，「外国人犯罪者のうち，30％以上を留学生・就学生が占め，かつ彼らの刑法犯検挙員数がこの5年間で3倍以上に増加しているのだ．要するに，世界に類を見ない外国人犯罪の増加は，不法滞在者の存在もさることながら，留学生受け入れ問題から派生して起きた問題だということである」との指摘もなされている（坂中・前掲書68頁）．

III —就学生をめぐる問題

1 日本語学校

(1) 問題点 就学生たちが日本語学校に殺到する様子は，すでに紹介した通りであるが，彼らはなぜ，大学（留学）ではなく日本語学校（就学）を選ぶのか．この点については，次のような説明がなされている[67]．

「日本語教育が海外で普及していない事情もあって，日本のほとんどの大学は，海外で留学生を募集していない．各大学は日本にすでに在留していて，しかも日本語学校に通っている外国人学生を主な対象に，募集選考を行う．……このため，日本留学を希望する学生はまず日本にある日本語学校に入学し，1，2年間の日本語教育を受けたのちに希望の大学を受験し，合格しなければならない．つまり，希望の大学に入れるかどうかは，とにかく日本に行ってみなければならず，さらに来日しても1，2年後に大学の入学試験を受験してみなければ分からない，というきわめて不確定で，しかも不安定な留学経路を経なければならない．この意味で，日本語学校は，日本留学希望者にとってきわめて重要な位置を占めている．」

この著者自身が述べているように，国費留学生の場合には全く事情は異なる．また，最近では，海外で学生募集を行う大学も増えてきている．しかし，以上の説明は基本的には今日でも妥当する．

では，就学生たちが在学する日本語学校には，どのような問題点があるのだろうか．かなり古いデータではあるが，次のようないくつかの事実が指摘されている．

まず，先に紹介した「日本語教育施設の運営に関する基準」は，少なくとも当初はかなり甘いものであり，「極論すると，貸しビルのワンフロアさえ確保できれば誰でも『業界』参入が可能であった」とも言われる．実際，実態調査（1993年）によると，校地・校舎が自己所有である学校はそれぞれ3割程度に過ぎなかったという．平均定員は160名程度，定員充足率は約5

---

[67] 栖原・前掲書82頁．

割であり，小規模校が多い．また，設置主体の 7〜9 割は会社か個人であり，「日本語学校の多くはその設置時期からみても，まさにバブル景気の落とし子であり，その設立目的は教育にではなく利潤追求にあったといえよう」と評されている[68]．もちろん，教育と利潤追求とが全く両立しないわけではないが，以上のデータを見ただけでも，少なくとも初期の日本語学校には様々な問題点があったであろうことが推測される．

この推測は，学生たちに対するアンケート結果（1989 年）からも裏づけられる[69]．アンケートでは，「あなたは，在籍中の，または卒業した日本語学校を後輩に薦めますか．」「あなたの学校のよい点と悪い点を挙げて下さい．」という二つの質問を含んでいたが，前者に対しては，在校生の 6 割・卒業生の 7 割が「薦めない」と答えたという．後者についても，「日本語の先生」がよかったとする回答は多かったものの，「よい点はない」として回答しない学生が目立ったという．悪い点の方は，「クラス環境」につき「授業時間が短い，クラスの人数が多すぎる，クラスの人数が次第に増える，うるさくて勉強にならない，労働者ばかりで進学目的の人は自分一人だった，全員出席すると席が足らない，同国人が多い，等」，「事務所の対応」につき「態度が乱暴，不親切，どんな相談にもお金を要求される，授業料を払わないとビザが出ないと脅かされる，お金を払えば出席率を水増しする，など」が挙げられたという．

(2) **対比** ビジネスという観点から「学校」を見ると，日本人学生にとっても問題のある学校がないわけではないことがわかる．こうしたこともあり，「学校」に対しては，教育行政の観点からだけでなく，消費者保護の観点からの規律がなされている．

たとえば，英会話学校については，特定商取引法において「特定継続的役務」としての指定がなされている．ここでいう「特定継続的役務」とは，「国民の日常生活に係る取引において有償で継続的に提供される役務」であって「次の各号のいずれにも該当するもの」として「政令で定めるもの」をいうとされている（特定商取引 41 条）．「次の各号」が定めるのは，① 「役務の提供を受ける者の身体の美化又は知識若しくは技能の向上その他のその者の心

---

68) 以上，岡=深田・前掲書 56–57 頁．
69) 以下，栖原・前掲書 87–90 頁．

身又は身上に関する目的を実現させることをもつて誘引が行われるもの」，②「役務の性質上，前号に規定する目的が実現するかどうかが確実でないもの」という条件であるが，英会話学校は，学習塾・家庭教師派遣・エステサロンとともに，これにあたるものとして指定されている．

「特定継続的役務」としての指定がなされると，一定の規制が加えられることになる．具体的には，事業者には，書面交付義務が課され (42条)，誇大広告等が禁止される (43条) とともに，消費者の側には，クーリングオフ権 (48条)・中途解約権 (49条)・取消権 (49条の2) などが認められている．

このような規制は，1999年の特定商取引法の改正によって導入されたものである．同法の改正は，実際に生じた問題に順次対応する形で積み重ねてきており，四つの業態が指定されたのも，実情に応じてのことであった (現在では六つの業態が指定されている)．日本語学校は指定を受けていないので，特定商取引法の適用はないが，英会話学校と日本語学校 (あるいはその他の外国語学校) との間に，規制の有無を分けるような事情があるとは思えない．立法論としては，すべての語学学校に同様の規制を及ぼすべきだが，そのような立法ができないとしても，一般法である民法の契約法理の適用に際しては，特定商取引法のルールを参酌しつつ，判断をすべきものと思われる．たとえば，禁止行為 (誤認・困惑を生じさせる行為) によって入学契約が締結された場合には，民法96条 (詐欺・強迫による契約を取消可能としている) を緩やかに適用すべきだろう．

なお，最近では，大学・専修学校の入学辞退の際の学納金返還について，多数の下級審裁判例が現れている．裁判所は，入学金については返還請求を認めないものの，前払授業料については，「返還しない」趣旨の契約条項を消費者契約法に反する不当条項として無効とし，返還請求を認める傾向にある[70]．この法理は，日本語学校にも当然にあてはまる[71]．

2 アルバイト

(1) 問題点 法務省令は，「留学」「就学」のいずれについても「申請人が

---

70) 大村敦志・消費者法 (有斐閣，第3版，2007) 194頁．
71) この問題に関する最高裁判決として，最判2006 (平18)・11・27民集60巻9号3437頁．なお専修学校については最判2006 (平18)・12・22判時1958号69頁．

その本邦に在留する期間中の生活に要する費用を支弁する十分な資産，奨学金その他の手段を有すること」という要件を課しており，留学生・就学生には，原則として日本国内での就労は認められていない．しかし，資格外活動として申請を行い，許可を得て就労することは可能とされており（出入国19条2項），実際上は，通達に基づき，週28時間を限度に許可がなされている．

私費留学生に関する実態調査（1988年）によると[72]，彼らの生活資金は十分とは言えない．1ヶ月の生活費は平均約10万円であるが，奨学金の受給者は少なく，生活苦を訴える学生が多いという．そのため，アルバイトをしている学生は全体の3分の2に達しており，その平均時間数も月80時間を超えている．中国人私費留学生を対象とする別の調査（1991–92年）によれば[73]，アルバイトを「定期的にしている」という学生は75％，「アルバイトをしないと，生活できない」と答えた学生が69％に達するという．なお，アルバイトの職種としては，「皿洗いなどの軽作業」が45％，これに続くのが「工場などの力仕事」「中国語などの講師」で各25％となっている．

(2) 対比　アルバイトは日本人学生も行っている．もちろん，マクロに見た場合の生活困窮度には差があるだろうし，また，契約拒絶など外国人学生のアルバイトに固有の問題も存在する[74]．とはいえ，外国人にも日本人にも共通する問題が存在することもまた確かである．

ここで触れておきたいのは，事業者とアルバイトをする学生との関係についてではなく，大学と学生との関係についてである．これまで，日本の大学では，学生は学業に専念するという考え方を採ってきた．それゆえ，働きながら大学に通うという就学形態を正面からは認めてこなかった．しかし，最近では，社会人のための夜間コースを開設する大学も増えており，昼間のコースについても，学業専念のために離職することを求める例は減っているように思われる．

仮に，就労と就学とが両立するという前提に立つならば，外国人留学生・就学生についてのみ，学業に専念すべきであって一定時間を超える就労は認

---

72) 以下は，栖原・前掲書106–115頁による．
73) 岡＝深田・前掲書69–77頁による．
74) 外国人留学生の3人に2人は「アルバイトを拒否された経験」を有するという（栖原・前掲書115頁）．

められないとする考え方は，再検討に付されることになろう．確かに，留学生・就学生にも正面から就労を認めるということになれば，これまで以上に「留学」「就学」ビザによって入国しようとする者が増えるに違いない．しかし，「留学」「就学」に相応しい活動が行われているかどうかは，本来は，就労の有無とは独立に判断されるべきなのではないかとも思われる．この点からすると，なんらかの方法により，「留学」「就学」が形骸化していないかどうかを履習状況等から確認することは必要だろう．

以上は，大学と社会の関係をどのようにとらえるかという問題とも密接にかかわっているが，将来にむけて検討すべき問題であろう．

3 保証人

(1) **問題点**　最後に，保証人の問題に触れておこう．保証人は，雇用やアパートの貸借などに関しても求められることがあるが，ここでは，外国人の在留資格との関係で求められる身元保証について，特に，留学生・就学生にかかわる問題をとりあげる．

かつては在留資格を求める申請に際して，身元保証書の提出が求められていた．しかし，日本に身元を保証してくれるような知人がいる留学生・就学生はごく少数に過ぎない．実際にも，これに対する留学生・就学生の不満は大きかったようである[75]．その後，1998年には，申請者（特に留学生・就学生）が入国以前に身元保証人を探すのは困難であること，そのため，身元保証人斡旋のブローカーが介在していることなどに鑑みて，別表第二の在留資格（「日本人の配偶者等」「永住者の配偶者等」「定住者」）にかかる申請を除き，身元保証書の提出を求めないこととされた（施行規則別表第3）．その結果，日系人労働者などを除き[76]，身元保証書は不要となった．

ところが，このところ（中国人の）留学生・就学生に対する入国審査が厳しくなっており，再び，保証人を要求する取扱いがなされるに至っている．

(2) **対比**　外国人の出入国に限らず，日本社会は保証人を求めることの多い社会であると言われてきた．しかし，近年では，保証の弊害に対応するた

---

75) 栖原・前掲書128頁.
76) この改正の前後を通じて，身元保証の困難を救う活動につき，福西淳・地域社会での定住外国人労働者支援——「奈良保証人バンク」の身元保証支援活動から（明石書店，2005）を参照.

めに民法が改正され，いわゆる根保証（継続的な債務保証）に対して制限が加えられるに至った（2004年改正）．この改正に際しては，雇用契約・賃貸借契約に関する保証を制限すべきだとの意見も説かれたが，この点は実現には至らなかった．とはいえ，債務保証を超えて，保証そのものを見直す動きが生じていることは注目に値する．

　こうした動向に鑑みるならば，保証人の存在によって留学生・就学生の在留を規律しようとする方策は，時代に逆行するものだと言わなければならない．「しっかりした勉強する意思を持ち正規の手続きで入国する外国人」[77]を選別することは必要であるが，そのための方策は別に求められるべきだろう．

---

77) 坂中・前掲書69頁．

第3節

外国人の日常生活

第1 住まい・買い物　　Leçon 12

I—序

1　日常生活の構成要素

　日本に在留する外国人は,「労働・勉学」といった基本的な活動のみを行っているわけではない．外国人も日本人も，日々のくらしを営んでいることに相違はない．

　では，日常生活はどのような要素によって構成されているだろうか．平素はあまり意識しないが，転勤や大学入学などで見知らぬ町で生活を始める場合や海外旅行に出かける場合を想定してみるとよい．まず確保しなければならないのが住まいであろう．次に，食料品をはじめとする日々の買い物をどこでするかが問題になる．旅行ならばホテルやレストランが気になる．ブランドショップや劇場のありかが気になる人もいるだろう．また，注意深い人ならば，事故や病気の場合にどうするかも考える．旅行の場合には保険に入ることを考えるだろう．

　それから，子どもがいれば，学校をどうするかが大きな問題になる．さらに，暮らしに慣れてくれば，地域のサークルに参加して友だちを作りたいと思うこともあるだろう．このあたりになると，短期の旅行者には縁のない話になる．

　整理してみよう．第一は消費生活．「衣食住＋遊」からなる消費生活のうちの食住（必需品）の確保が中心となるが，衣遊（ぜいたく品）も含めて考え

る必要がある．「住まい・買い物」(第1)の「買い物」はこれらを含む．第二は安全．安全は消費とともに日常生活の基礎をなす．その中心は，「医療・年金など」(第3)の社会保障であるが，相手方のある「事故」(第2)については，特別な考察が必要になる．

　第三に社会への編入．滞在が長期になれば，一方で，子どもの学校が大きな課題となる．外国人の場合には，特に言葉の問題が深刻だ．定住化が進んでいる今日，「教育・言語」(第4)に光をあてることは必須であろう．大人たちが日本社会と折り合いをつけて生きて行くには同郷の仲間たちも必要だが，その際には「宗教・文化」(第5)が大きな意味を持つ．

2　問題の性質

　「住まい・買い物」「事故」「医療・年金など」「教育・言語」「宗教・文化」．これらはいずれも重要な生活の要素であるが，それぞれについて，問題の現れ方は異なっている．まず，「住まい・買い物」と「事故」に関しては，貸主・売主や加害者との関係，つまり当事者間の関係に焦点をあわせることになる．法的には，民法の一部をなす契約法・不法行為法の問題が中心になる．次に，「医療・年金など」に関しては，社会保障制度との関係，つまり国・自治体との関係が中心となる．法的には，労働法・行政法の双方に繋がる社会保障法の問題となる．同様に，「教育・言語」「宗教・文化」についても国・自治体との関係は重要だが，制度の外部で行われている事実上の活動に着目する必要がある．また，これらに関しては，法律論にとどまらず理念を抽出することも重要な課題となる．法的には，(十分には確立されてはいないが) 教育・文化法さらには憲法の領域にかかわることになる．

　ここまで述べたことを前提に，以下では，「住まい・買い物」に関する問題を取りあげるが，主として，裁判例に現れた事件を素材とする[78]．

---

78) 以下は，大村敦志「民法における『外国人』問題——契約拒絶を中心に」塩川＝中谷編・国際化と法 (東京大学出版会，2007) をふまえ，いくつかの考察を付け加えたものである．なお，手塚239–240頁は，「市民生活上の権利」と題して，この問題を扱う．

II ―問題の所在

1 住まいをめぐって

日本に在留する外国人のうち滞在期間が相対的に短い人々は，ほとんどの場合には賃貸住宅に住むことになるだろうが，「永住者」「定住者」を中心に，住宅を自己所有することを望む人も少なくない．いずれの場合にも，外国人であるために，日本人とは異なる困難に直面することがある．順に見ていこう．

(1) **借家の場合** 借家の場合には，外国人に部屋を貸したがらない家主たちが少なくないことが指摘されている．訴訟になったものとして，次のような例がある[79]．

このケースは，マンションの賃貸借契約の締結拒絶が問題となったものだが，X（永住資格を持つ在日韓国人）は，家主 Y_1 に対して，在日韓国人であることを主たる理由に入居を拒否されたとして，賃借権の確認および建物引渡しを求めるとともに，損害賠償請求を行った．判決は，賃借権の確認などの請求は退け，差別的入居拒否を理由とする損害賠償請求も退けた．しかし，不動産仲介業者 Y_2 が X に対して，入居が可能であるかのような発言をして信頼を惹起させていたとした上で，X との関係では，Y_2 を Y_1 の履行補助者に準ずるものとしてとらえて，契約準備段階における信義則に基づく責任を認めた．

このような構成を正当化するために，判決は，「仲介業者を利用して，広く契約の相手方を募るという利益を得ている」点を重視し，さらに，信頼を惹起した以上は，「合理的な理由なく契約を締結することは許されない」として，在日韓国人であることを主たる理由とする契約拒絶には何ら合理的理由はないとしている．

判決は，このようにして契約拒絶に違法性を見出したが，見方を変えれば，このような事情がない限り，契約拒絶は適法であるということになる．

(2) **持家の場合** 持家の場合にはどうだろうか．買主が外国人だから契約締結を拒絶するという場合は少ないようである．おそらくは，代金の支払さ

---

[79] 大阪地判 1993（平 5）・6・18 判時 1468 号 122 頁．

え受けられればその後の関係が残らないためだろう．この点に，借家と持家の相違があるが，持家に関しては別の問題が存在する．住宅ローンに関する問題である．これについても，裁判例を見てみよう．同一事件に関する1・2審判決が公表されている[80]．

このケースは，X（米国籍ジャーナリスト）がマンション購入に際して，Y銀行に対して住宅ローンの申込みを行ったところ，永住資格がない外国人に対しては長期ローンを組むことができないとの理由で承諾が拒絶されたため，人種差別にあたるとして不法行為による損害賠償請求をしたというものだった．二つの判決は，債権回収コストを低く抑えるために，銀行が「住宅ローン対象者の基準を画一的に明確化し，永住資格を持たない外国人を融資対象者から除外することには合理性がある」とした．

なお，Yは，永住資格のある外国人には融資をしている一方で，日本人でも国内に永続的に居住する予定がない場合には融資を拒絶していると認定されている．また，他の複数の金融機関で永住資格を住宅ローンの条件とはしていないことは，判断に影響を及ぼさないとされている．

両判決は，債権回収のコスト削減のために日本に居住を続ける者であることを要求することには合理性があることを前提とし，永住資格の有無によってこの点を判断することは許されるとしたわけである．しかし，この前提から出発するとしても，永住資格の有無が日本居住の蓋然性を示す指標だと言えるかどうかには疑問を提起しえないわけではない．また，日本人であっても永住予定がない場合には融資は認められないとされているが，外国人の場合と日本人の場合とではデフォルト・ルールが逆になっており（国籍との関係で言えば，外国人には融資しないのが原則であるのに対して，日本人には融資するのが原則），パラレルな基準になってはいない．

2　買い物をめぐって

日用品の購入のような少額の買い物について，外国人であることを理由として契約拒絶がなされる例はより少ない．しかし，次のような場合には，事情が異なってくる．

---

[80]　東京地判2001（平13）・11・12判時1789号96頁．東京高判2002（平14）・8・29金商1155号20頁．

(1) 高額商品の場合　まずは高額商品の場合である．この場合には，買主の支払能力が問題になるからである．持家の場合に問題とされたのも，まさにこの点であった．したがって，高額商品の代金支払のためのクレジット契約などについて，同様の問題が生ずることは考えられないではない．しかし，実際に裁判例に現れたのは，これとは異なるものであった[81]．

事案は次のようなものだった．宝石店の店主 Y が，店内の商品を見ていた X（ブラジル人ジャーナリスト）に対して，どこから来たのかと尋ね，ブラジルからという答えを得たので，「外国人の入店は固くお断りします」「出店荒らしにご注意」という貼り紙を示すなどして X を追い出そうとしたところ，X がこれを拒んだため，Y 側は警察官を呼び，X 側は仲間の新聞記者を呼ぶというトラブルになった．その後，X は Y を相手に，入店拒絶は不法行為になるとして損害賠償を求めた．

判決は，X の請求を認めて慰謝料 150 万円の全額を認めている．その理由として，X は「ブラジル人であるということから，外国人入店お断りというビラを見せるとか，警察官を呼ぶとか，不穏当な方法により原告を店から追い出そうとしたことにより原告の人格的名誉を傷つけたものといわざるを得」ないとしている．

この判決の判示では，次の 3 点が特徴的であったと思われる．第一は「店舗を構える経営者には，顧客対象を限定したり，入店制限を行うとか，被紹介者に限るとか，完全な会員制にするとかの自由はない」としている点，第二は「ブラジル人と知っただけで追い出しをはかった行為」を「その考え方において外国人をそれだけで異質なものとして邪険に取りあつかうところ」としている点，第三は「その方法についても見せてはいけない貼り紙を示して原告の感情を害した」としている点である．

宝石に限らず，高額商品を扱う店主は，危険な顧客の入店を望まない．このこと自体には合理性がないわけではない．仮に，第二・第三の点につき事情が異なった（「邪険に取りあつかう」「感情を害した」ことがなかった）とすると，どうだろうか．第一点だけを理由に，不法行為責任を認めうるか否かは，なお検討を要するところだろう．

---

81)　静岡地浜松支判 1999（平 11）・10・12 判時 1718 号 92 頁．

(2) 共同利用の場合　次に，共同利用にかかわる問題もある．施設利用という形で提供されるサービスを他の顧客と共同でこれを利用する場合に，他の顧客への配慮という観点から契約拒絶がなされる場合がある．典型的には，レストランへの入店拒絶を考えればよいが，実際に裁判で争われた事例としては，序章で述べた入浴拒絶をその例としてあげることができる．ほかにも，ゴルフクラブへの入会拒絶に関する一連の裁判例が存在する．具体的には，三つの事件につき四つの判決がある[82]（以下，これらの事件を①～③事件と呼ぶ）．

①事件は，株主会員制のゴルフクラブを経営する Y 社が，株式を取得して名義書換えを求めた在日元韓国人（日本に帰化）X の請求を拒んだのに対して，名義書換えの拒絶は憲法 14 条に反する不当な差別であるなどとして，不法行為を理由に損害賠償請求をしたというものだった．判決は，「およそある者が，本件カントリークラブのような私的団体への参加を希望する場合，右団体としてその者の加入を認めるか否かは，私的自治の原則が最も妥当する領域の問題として，その自由な自主裁量的判断によってこれを決すべきものと解するのを相当とする」とし，「その決定が，他面，個人の基本的な自由や平等に対する侵害になるような場合であったとしても，それがその態様，程度からして社会的に許容しうる限度を超えない限り，公序良俗違反とはならないものと解さなければならない」とした．

なお，判決は，具体的な事案に関しては，「このような一律的な規定を定めると，個別具体的な場合においては，時として，日本人と言語，情緒等精神活動の面で十分意思の疎通をはかり得る者をも会から排除することとなり，そのために硬直に過ぎて妥当性を欠く結果を招く場合もなくはないと考えられるが，しかし，それにしてもなお，訴外カントリークラブの私的な閉鎖的社交団体性からすれば，右規約の定め自体をもって，社会的に許容される限界をこえる定めをしているものとは断じがたい」としている．

③事件も，①事件と同じく株主会員制ゴルフクラブの入会に関するものだが，二つの判決はいずれも①判決と同様の判断枠組に立って，会員権譲渡の承認を求める X（在日韓国人）の請求を退けている．なお，1 審判決はさらに，

---

[82]　①東京地判 1981（昭 56）・9・9 判時 1043 号 76 頁．②東京地判 1995（平 5）・3・23 判タ 874 号 298 頁．③ a 東京地判 2001（平 13）・5・31 判時 1773 号 36 頁．③ b 東京高判 2002（平 14）・3・23 判時 1773 号 34 頁．③ a b は同一事件の 1・2 審判決．

「私人である社団ないし団体は，結社の自由が保障されて」いるとして，国家が介入して個別的な救済をはかるのが許されるのは，「結社の自由を制限してまで相手方の平等の権利を保護しなければならないほどに……重大な侵害がなされ」たといえる「極めて例外的な場合に限られる」として，①判決よりもさらに慎重な姿勢を見せている．

　これに対して，②事件は，やはりゴルフクラブへの入会が問題となったものであったが，判決は，登録変更申請を拒絶された X（在日韓国人）の損害賠償請求を一部認容している．ただし，この判決も一般的な判断枠組に関しては，①判決とほぼ同じ考え方をとっていた．

　では，結論を分けた事情は何かと言えば，二つの事実をあげることができるだろう．第一は，②事件では，事前の別訴における和解において，X への登録変更が合意されていたという事情があり，その後，変更申請を拒絶する理由となるような特別な事情がなかったこと，第二に，本件ゴルフクラブが閉鎖性の強い株主会員型ではなかったようであること，である．②判決が結論を導くに際しては，今日では，ゴルフクラブは純粋に私的な団体とは言えないという判断が影響を与えているように思われるが，閉鎖性の強い株主会員型の事案であれば，この点も異なった判断が導かれたかもしれない．

III ─基本的な考え方

1　対照事例

(1) 選別・排除の事例　以上に見てきたような選別・排除の対象は，外国人に限られるわけではない．よく知られている例として，次のようなものをあげることができる．

　第一は，病者・性的少数者あるいは障害者による利用の拒否である．前者に関しては，元ハンセン病患者の宿泊拒否や同性愛者団体の利用拒絶の事例が知られている[83]．後者については，意図的な排除がなされているというよりも，事実上の障壁が排除の結果をもたらしている．これを克服すべくバリアフリー，ユニバーサルデザインの試みがなされていることは周知の通りで

---

[83]　元ハンセン病患者につき，「ハンセン病元患者宿泊拒否　人権侵害告発も視野」日本経済新聞 2003 年 11 月 20 日付朝刊．同性愛者団体につき，東京高判 1997（平 9）・9・16 判タ 986 号 206 頁．

ある[84]．

第二は，女性専用の施設である．古くからある女子専用の学校をはじめとして，最近では女性専用車両などがその例である．ほかに，女性専用のホテル・コンビニ・居酒屋などもあるという．また，同一施設の利用につき，女性優遇料金が設定されていることもある．言うまでもなく，これらの施設では，男性が排除の対象となっている．

第三は，暴力団関係者の排除である．「暴力団員による不当な行為の防止等に関する法律」は「暴力団員」を定義し（同法2条6項），「指定暴力団等の暴力団員」の各種行為を「暴力的要求行為」として禁止しているが（同法9条），「暴力団員」であるというだけで，あるいは，そのように見えるというだけで，日常の行動が制約されるわけではない．しかし，（少なくとも形式上は）暴力団関係者の利用を排除している施設は少なくない．

第四に，各種の信用調査の結果に基づき，契約相手方を選別している例も少なくない．ここでは，法令に根拠のある例として馬主資格をあげておく．日本の馬主には，中小企業経営者や医師，あるいはベンチャービジネスの創業者などが多いが，馬を購入し管理する経済力があるだけでは，少なくとも中央競馬の馬主にはなれない．JRAには馬主登録制度が設けられており，一定の条件を満たさないと登録が許可されないからである．もちろん，最も重要なのは収入・資産であるが，暴力団関係者などと関係がないことが必要だとされている[85]．

(2) 選別・排除の理由と方策　顧客の選別・排除に合理性があるのは，大別して二つの場合であろう．一つは，事業者側が自らのリスクを軽減しようという場合である．債務不履行の可能性が大きい相手方と契約を締結しなければならない理由はない．したがって，ローンやクレジットにつき信用調査をすること自体は当然のことである．

もう一つは，事業者側が顧客層を絞り込むことにメリットを見出す場合である．たとえば，高級感・安心感のあるサービスを提供したいとか，新たな顧客層を開拓したいといった場合がこれにあたる．そのための方策は，価格

---

84) 関根千佳・「誰でも社会」へ（岩波書店，2002），井上滋樹・ユニバーサルサービス（岩波書店，2004）など．
85) 競馬法施行規則15条．

設定によるかよらないかの二つに大別されるだろう．

　市場経済制度の下では，原則として，経済的理由による取扱いの差は許容される．高額の価格設定をすることによって，信用のある顧客を集め，高級感を演出することが可能になるとすれば，その結果，事実上，顧客を選別・排除することになったとしても，それが違法と評価されることはない．もっとも，サービスの性質（たとえば医療）や顧客の多数性・大衆性（たとえばワールドカップのチケット購入）から，価格によるコントロールが許容されない場合もある．

　では，価格設定によらない選別・排除はどうか．女性，健常者，一般市民（そして日本人）が，安全に快適に享受できるサービスを提供するために，男性，障害者，暴力団関係者（そして外国人）を，これらのカテゴリーに属するという理由で排除することは許されるだろうか[86]．この点に関しては，いくつかの要素を勘案した総合的な判断がなされなければならない．言い換えれば，このような選別・排除が適法か違法かを判断するための枠組みが必要になる．項を改めて，この点を検討しよう．

2　審査基準

(1) 契約における自由と平等　ある種のカテゴリーに属するという理由で，契約を拒絶される顧客の側から見れば，このような選別・排除は，平等原則（憲14条）に反する不当な差別であると受け止められる．しかし，事業者には，契約締結の自由・相手方選択の自由（憲法22条1項，29条参照）があることも考慮しなければならない．そこで，これまでに紹介した裁判例はすべて，事業者側が，契約の申込みあるいは結社への加入申込みに対して，承認するか否かを決する自由を有することを前提とした上で，当該決定が，社会的に許容しうる限度を超えて，顧客の権利・自由を損なう場合には不法行為が成立するとしている．このような形で，自由と平等のバランスをとっているのである．これは，「一面で私的自治の原則を尊重しながら，他面で社会的許容性の限度を超える侵害に対し基本的な自由や平等の利益を保護し，その間の適切な調整を図る」という最高裁の考え方（三菱樹脂判決[87]）を踏襲するもの

---

86) 大村敦志「公序良俗」同・もうひとつの基本民法 I（有斐閣，2005）を参照．
87) 最大判1973［昭48］・12・12民集27巻11号1536頁．

である.

(2) 平等の強化へ　これまでに紹介した裁判例のうち，事業者側に責任を認めたケースには，先行行為が信頼を惹起しているもの，拒絶態様に違法性が認められるものが含まれていた．これらの事情がないとなると，責任を認めるのは困難になる．

しかし，いくつかの判決が示唆していた公開性・公共性の考え方を拡張して，「平等取扱原則」を公序として措定することはできないだろうか．ここで考えているのは，公法的な意味での公開性・公共性を持つわけではないが，不特定多数の人々と関係を持つ団体や事業者は，これらの人々に対する平等な取扱いを要請されるのではないかということである．

この「原則」は，ある程度までは契約解釈から導かれるかもしれない．たとえば，約款による大量取引が行われている場合には，個別交渉は行われないという前提で，顧客は取引条件を受け入れ契約を締結するか否かの判断をしている．その場合には，他の顧客に対しても同様の対応がされていることが念頭に置かれている．それは事業者の契約上の義務であると言えないわけではない．

だが，このような契約レベルでの基礎づけには限界がある．確かに，このような議論がなりたつ場合はあるとしても，契約上の義務を一般的に認めるのは困難であると言わざるをえない．あまりにも擬制の色彩が強すぎるからである．むしろ，ことがらの性質上，相手方の平等取扱いが要請される場合があると考えるべきではないか．一般からのアクセスを避ける方策がとられていたり，交渉拒絶に正当な理由がない限りは，私法的な意味でも，公共性・公開性が求められると考えることはできないだろうか．

もっとも，「平等取扱原則」を認めるとしても，メンバーとしてのコミュニケーション能力に欠ける者や他の顧客に迷惑を及ぼす可能性の高い者を排除すること自体は，必ずしも違法とは言えないだろう．ただ，その際の基準として「男性であること」「暴力団員であること（暴力団員のように見えること）」「外国人であること（外国人の外貌を呈すること）」を採用するのが合理的であるかどうかは問題である．

(3) 自由の領分は？　では，多少とも公開性・公共性がある限り，事業者は，取引相手として，「女性」や「健常者」「一般市民」「日本人」のみを選別す

ることは全く許されないのだろうか．この点に関しては，さしあたり次のように考えることになろうか．

第一に，量的な要素を勘案する必要がある．「健常者」「一般市民」「日本人」に限るという限定の仕方は，このカテゴリーに属しない少数派を排除することに直結するからである．

第二に，代替的な商品・サービスの有無も重要である．「女性専用」の多くは，このような観点から許容されるだろう．もっとも，同じように「男性専用」も許容されることになる．

第三に，選別の理由も問題になる．一般的に見て，不合理な理由による選別は，排除の意図に基づくものと考えられるだろう．では，合理的な理由とは何かと言えば，結局のところ，同質な者たちが（異質な者を除外して）集まることをどの程度まで許容するかに帰着することになろう．

第四に，社会意識も無視することはできない．たとえば，仮に，「女性」の安心・快適のための「女性専用車両」が許容されるとしても，「障害者」の安心・快適のための「障害者専用車両」は認められないのではないか．また，仮に，「男性」一般を危険とみなす「女性専用車両」は許容されないと考えるとしても，「大人」一般を危険とみなす「子ども専用車両」は容認されそうにも思われる．

第2　事故　　　　　　　　　　　　　　　Leçon 13

Ⅰ—問題の所在

1　制度の枠組み

(1) 民事責任と保険　外国人であるか日本人であるかにかかわらず，事故にあった場合には，被害者は加害者に対して，事故によって被った損害の賠償を求めることができる．もっとも，その事故につき加害者が責任を負うことを証明しなければならない．その場合，事故が加害者の故意・過失によるものであることを証明しなければならないのが原則である（民709条）．たとえば，夜間，無灯火で走っていた自転車にぶつかり転倒して怪我をしたという場合には，自転車に乗っていた者の過失が認められ，被害者はこの者に損害賠償

を求めることができる．

　ただし，事故の種類によって，故意・過失の証明を要しない場合もある．たとえば，同じ交通事故でも，自転車ではなく自動車にはねられた場合には，被害者の側で運転者の故意・過失を証明する必要はない（自賠3条）．また，加害者との間に契約関係がある場合には，契約上の義務違反（債務不履行）を理由に損害賠償を求めることもできる（民415条）．不法行為を理由とする場合と比べて，証明に関する負担が軽減されるわけではないが，時効の点では有利になる（不法行為の場合には事故を知った時から3年だが，債務不履行の場合には10年．民724条・167条1項参照）．たとえば，労災事故の場合には，雇用者と被用者との間に契約関係があるので，契約に基づく安全配慮義務違反を理由に損害賠償請求ができる．

　なお，自動車事故・労災事故に関しては，それぞれ自動車損害賠償保障法（および任意保険），労働基準法・労働者災害補償保険法による保険給付がなされるが，加害者の責任（民事責任）と保険との関係は同一ではない．すなわち，自動車事故の場合には，加害者に責任があることを前提に保険給付が行われるが，労災事故の場合には，加害者の責任の有無とは独立に保険給付が行われる（ただし，損害の全部が補填されるわけではない）．この結果，民事裁判においては，自動車事故に関しては保険金支払の前提として，労災事故の場合には保険金支払とは別に，加害者の責任が問われることになる．

　(2) 損害額の算定　交通事故・労災事故をはじめとする様々な事故においては，加害者の責任の有無が最大の争点となるのはもちろんであるが，これと並ぶ重要な問題として，損害をいかに賠償するかという問題がある．日本法の下では，債務不履行の場合も不法行為の場合も，損害賠償は金銭によって行われるので（民417条・民722条1項），この問題は，損害額をいかに算定するかという問題に帰着する．

　ここで，一般に用いられている損害額の算定方法を示しておこう．通常，損害額の算定は，損害項目ごとに計算した結果を合算することによる．損害項目は，①葬儀費用・入院費など，②逸失利益，③慰謝料，などからなる．①は積極的な財産的損害（事故によって出費を強いられた＝財産が減った），②は消極的な財産的損害（事故によって得べかりし利益を得ることができなかった＝財産が増えなかった），③は精神的損害（事故によって精神的なダメー

ジを受けたのを金銭に換算する）である．①②だけでなく③も含まれる点に注意する必要がある（民710条）．

事故をめぐって生ずる法律問題のうち，被害者が外国人であることが特に考慮されるのは，この損害額の算定の場面においてである．以下では，この問題について検討するが，とりわけ最近になって注目を集めている不法就労者の労災事故の場合をとりあげる．　裁判になった事例を中心に見ていくが[88]，争点となっているのは②と③である．①は実費が損害額となるのが原則であり，計算上の困難は少ないが，②③は計算の前提の置き方によって結果が大きく異なってくるからである．

2　外国人不法就労者の場合

(1) 逸失利益　この点に関しては，よく知られた最高裁判決が存在する[89]．このケースでは，逸失利益は，「その性質上，種々の証拠資料に基づき相当程度の蓋然性をもって推定される当該被害者の将来の収入等の状況を基礎として算定せざるを得ない．……右算定は，被害者個々人の具体的事情を考慮して行うのが相当である」との一般論が述べられた上で，こうした方法に関しては「被害者が日本人であると否とによって異なるべき理由はない」とされている．

その上で，「一時的に我が国に滞在し将来出国が予定される外国人」に関しては，「当該外国人がいつまで我が国に居住して就労するか，その後はどこの国に出国してどこに生活の本拠を置いて就労することになるか，などの点を証拠資料に基づき相当程度の蓋然性が認められる程度に予測し，将来のあり得べき収入状況を推定する」という指針が示されている．これによれば，「我が国での収入等」を基礎として算定がなされるのは「我が国での就労可能期間ないし滞在可能期間内」に限られ，以後は「想定される出国先での収入等」（本件では被害者の母国パキスタンでのそれ）を基礎とするのが合理的であることになるとされている．

---

88) 以下は，大村敦志「損害」同・もうひとつの基本民法II（有斐閣，2007）をふまえ，いくつかの考察を付け加えたものである．なお，手塚・前掲書286–296頁は，「外国人の労災民事訴訟と賠償額（交通事故に対する損害賠償との対比において）」と題して，この問題を扱う．
89) 最判1997（平9）・1・28民集51巻1号78頁．

そして,「我が国における就労可能期間」は,「来日目的,事故の時点における本人の意思,在留資格の有無,在留資格の内容,在留期間,在留期間更新の実績及び蓋然性,就労資格の有無,就労の態様等の事実的及び規範的な諸要素」を考慮して,認定されるべきであり,「不法在留外国人は,……最終的には我が国から退去を強制されるものであり,我が国における滞在及び就労は不安定なものと言わざるをえない.そうすると,事実上は直ちに摘発を受けることはなくある程度の期間滞在している不法残留外国人がいること等を考慮しても,在留特別許可等によりその滞在及び就労が合理的なものとなる具体的蓋然性がある場合はともかく,不法在留外国人の我が国における就労可能期間を長期にわたるものと認めることはできない」とされた.

こうして,結論としては,被害者の就労可能期間を退社日の翌日から3年間を超えるものとは認められないとした原審の判断が,最高裁でも是認されたのである.

ここでの「就労可能」とは,事実の問題(就労している蓋然性が高い)ではなく規範的な評価(長期の就労を前提とすべきではない)を含むものであることに注意する必要がある.

(2) 慰謝料 この点はそれほどは議論されていないが,下級審裁判例には,日本人と区別しないものがある一方で[90],これとは異なる考え方をとるものもある[91].ここでは後者を見ておこう.事案は,スリランカ人が交通事故によって死亡したというものであった.1審判決は,外国人であることを理由に日本人と異なる扱いをするのは相当でないとして,2600万円の死亡慰謝料を認めたが,2審の東京高裁は,原告(遺族)の請求を棄却した.その理由は次の通りである.

まず,出発点とされているのは,死亡慰謝料が「被害者の精神的被害に対する損害の賠償を本来の目的とする」ものであるが,同時に「被害者の財産的損害の算定が困難な場合の補完・調整的な役割を果たすこともあるほか,遺族の生活保障としての役割も果たす」ものと解されているという理解である.これは慰謝料に関する標準的な理解であるが,東京高裁は進んで,受領

---

90) 東京地判 1997 (平 9)・12・24 交通民集 30 巻 6 号 1832 頁,東京地判 1998 (平 10)・3・25 交通民集 31 巻 2 号 441 頁.
91) 東京高判 2001 (平 13)・1・25 判タ 1059 号 298 頁.

した金銭によって「財産的被害の補完を受け，あるいはこれを貯蓄したり，費消して様々な物品やサービスを取得することを介して満足を得，それによって被害者の精神的苦痛が軽減されることにより，精神的損害の慰謝を受けるものと考えられる」としている．

こうした理解から次のような議論が導かれる．「慰謝料として支払われる金銭がどこで費消されるかによって，日本との経済的事情の相違によりその実質的価値が大きく異なることは否定できない事実である．とすれば，被害者の死亡による精神的苦痛や損害の程度は日本人と外国人とで本来的に差異がないものとしても，右のような貨幣価値その他の経済的事情の相違を考慮することなく慰謝料額を同一に算定することは，結果として精神的苦痛や損害の程度に差を設けるのと同じことであり，被害の実質的公平な賠償の要請に反することと言わざるを得ない．したがって，死亡慰謝料額の算定にあたっては，日本人であると外国人であるとを問わず，その支払を受ける遺族の生活の基盤がどこにあり，支払われた慰謝料がいずれの国で費消されるのか，そして当該外国と日本との賃金水準，物価水準，生活水準等の経済的事情の相違を考慮せざるを得ない」．

以上から，次のような結論が導かれた．「同国（スリランカ）と日本とではその貨幣価値におよそ10倍近くの相違が存する」ので，死亡慰謝料額は500万円が相当である．

ここでは，慰謝料の多寡は名目額ではなく実質価値によって判断されるべきである．そして，金銭の実質価値は費消地によって異なるという考え方がとられたわけである．

II—基本的な考え方

1 対照事例

(1) 想定しうる事例　以上の二つの判決が提示した基準の当否を検討するにあたっては，いくつかのありうる事例と対照してみる作業が有益である．ここでは，さしあたり2種類のバリエーションを考えてみよう．

第一は，不法稼働をどのように評価するかにかかわる．たとえば，訪問販売会社のセールスマンや風俗営業店で働く女性が得ていた高額の収入は，稼働可能年数をどう計算するかは別にして，逸失利益として賠償の対象になる

だろう．では，これらの人々を雇用していた事業者が違法営業を行っていた場合はどうか．とがめられるべきは事業者の違法行為であって，その違法性は被用者の得る損害賠償に影響を及ぼさないとも言えるが，他方で，違法営業を前提にしてはじめて高収入が得られていたのであれば，そのような収入は損害賠償の対象とすべきではないとも言える．

第二は，居住地による相違をどの程度まで勘案するかにかかわる．たとえば，被害者の母国の給与水準・物価水準が日本よりも高い場合にはどうなるか．上記の基準によれば，日本人（日本在住者）の場合よりも高額の逸失利益・慰謝料が認められることになりそうだが，はたして妥当だろうか．また，日本国内においても，給与水準・物価水準は地域によって同一ではない．ここでも，上記の基準からは，逸失利益はともかくとして，慰謝料に関しては物価水準による補正をすべきであるとの帰結が導けそうだが，そうすべきだろうか．

(2) 参照すべき事例 次に，現に存在するいくつかの事例とも対比してみよう．具体的には，「外国人」でなくとも「一般人」（以下の事例では，「女子」に対する「男子」，「障害者」に対する「健常者」）に比べて低い賠償額しか得られないとされている二つの場合が参考になる．

第一は，女子の場合である．判例は，現に稼働していない無職者・幼児については，平均賃金を基礎として逸失利益を計算している．しかし，この平均賃金方式によると，男女の賃金格差が逸失利益に反映することになる[92]．なお，最近の下級審裁判例には，男女別ではなく全労働者の平均賃金を計算の基礎にするものも現れているが，男子についても同様に計算しない限り，格差はなお残されることになる．

第二は，障害者の場合である．判例は，以前の事故によって稼働能力が減少している者（後発的な障害者）につき，減少した稼働能力を前提に賠償額を算定することを想定している[93]．この考え方からは，後発的な障害によるにせよ先天的な障害によるにせよ，稼働能力ゼロの場合には逸失利益もゼロとされることとなる．現在の算定方式によればこのように解さざるを得ない

---

92) 最高裁は，下級審で試みられた家事労働分の上乗せ方式を否定している（最判 1987［昭 62］・1・19 民集 41 巻 1 号 1 頁）．
93) 最判 1996（平 8）・4・25 民集 50 巻 5 号 1221 頁など．

が，たとえば，自動車事故で 2 人の幼児が死亡したが，一方は健常者，一方は重度の障害者であったという場合に，前者についてのみ平均賃金に基づく逸失利益が賠償され，後者については逸失利益はなしとされるという結論には違和感が生ずるのではないか．

2　隠れた前提

(1) 正当な利益＝賠償されるべき損害　法令違反の契約の効力について，かつては原則として無効とならないという考え方が有力であった．しかし，最近では，法令違反は公序良俗違反の一要素としてとらえ，より積極的に違反行為の効力を否定しようという学説が有力になっている[94]．そこには，行政法令が目的としている価値の実現を，民法上もサポートしようという考え方がみてとれる．

この考え方を損害賠償に当てはめると，加害者側に法令違反があった場合には，民法上も義務違反があったと評価すべきだということになる．実際のところ，悪質業者の不当勧誘などにつき法令違反を手がかりに不法行為責任を認める例が急増している．同様の考え方は，被害者側に法令違反があった場合にも適用可能である．過失相殺（民 418 条・民 722 条 2 項）ができるだけでなく，法令違反行為によって得た（であろう）利益は賠償の対象となる損害に含まれないと考えることもできる．

このような観点に立つと，判例は，不法就労によって得られたであろう利益を部分的に賠償の対象から除外していると見ることができる．ただ，一口に法令違反と言っても様々なものがある．法令により保護されている価値の重要性や違反行為の悪質性は，ケースごとに異なっている．そのため，違反行為によって得た（であろう）利益を賠償の対象に含めるか否かの判断は，総合考量によってなさざるをえない．この判断が微妙なものとなるだろうことは，すでにあげたいくつかの事例からもわかるだろう．

判例は，不法就労であっても労働契約自体は公序良俗に反するわけではないとしている．しかし，損害賠償の局面では，逸失利益の賠償について制限を設けているというわけである．これ自体は，一つのバランスの取り方では

---

94)　大村敦志「取引と公序」同・契約法から消費者法へ（東京大学出版会，1999）を参照．

あるが，唯一絶対の解決というわけではない．

(2) 計算の基礎となる場所　日本で発生した不法行為には，日本法が適用される（通則17条）．また，労働契約については，当事者が定めた準拠法によるが（通則9条），雇用契約に関する労務供給地法の強行規定を労働者が援用した場合には，当事者の定めにかかわらず適用される（通則13条）．したがって，交通事故には日本法が適用されるし，労災事故についてもほとんどの場合には日本法が適用されることになる．この限りでは，重要なのは「場所」であり，当事者の「国籍」は捨象されている．

賠償額の算定にも，「国籍」は直接には影響を及ぼさない．ただ，ここでは，「場所」が別の面で意味を持ってくる．すなわち，被害者が就労を続けたであろう「場所」，遺族等が生活を続けたであろう「場所」を基準にして，具体的な賠償額が算定されるのである．そして，この「場所」の決定には，「国籍」が間接な影響を及ぼすことになる．すなわち，そこでは，原則として，「日本人」は日本で，「外国人」は日本以外の場所で就労・生活する（べきである）という前提がとられるのである．

この前提は，労働者の空間的な移動可能性が高まっている今日，事実のレベルでは必ずしも妥当しない．むしろ規範的な評価に支えられていると言うべきだろう．もちろん，日本で就労・生活している「外国人」が少ないことは確かである．もっとも，それを言うならば，鹿児島や高知で就労・生活している「北海道人」「青森人」も少ないはずである．しかし，「国籍」は問題とされるが「出身県」は問題とはされない．ここでは，移動可能性は，連続的に推移するものとしてではなく，「国籍」によって断絶的な相違を生ずるものとしてとらえられているのである．同様のことは稼働能力についても言える．稼働能力を左右する要素は多々あるにもかかわらず，「性別」こそが断絶的な相違をもたらすというわけである．こうした考え方に疑問の余地はないか再検討してみる必要があろう．

3　定額化論の再検討へ

(1) 雇用の流動性の増大　以上のように見てくると，賠償額の算定がいくつもの前提によって支えられていることがわかる．もっとも，これらの前提は，論理的な必然ではなく選択の結果にはかならないとはいうものの，その選択

が恣意的なものであったというわけではない．「国籍」にせよ「性別」にせよ，それらを基準に賠償額を算定するのには，少なくともある時代には，経験上の合理性がなかったわけではない．ただ，社会状況や価値意識が変化した今日，合理性が失われつつあるのではないかという問いを立ててみる必要はあろう．

同様の観点から見た場合に，今日，根本的な再検討が必要なのは，「平均賃金×稼働可能年数」という算定方式の基本公式である．事実のレベルでこの公式が合理性を持つためには，職種間の賃金格差が小さく，稼働可能年数を一律に定めることが可能であることが条件になる．ところが，この条件は，戦後日本のある時期の労働環境（産業別賃金・終身雇用）の下で満たされていたにすぎない．

賃金格差が広がり，雇用形態が流動化している今日において，この基本公式を維持するとすれば，それには従前とは異なる理由づけが必要になるだろう．おそらく，事実の多様性からは離れて，およそ人である以上は，この公式による稼働が可能であると想定すべきだという規範的な理由づけによることになるだろう．

(2) 賠償額の社会的な含意 賠償額の算定が選択の結果であるとするならば，選択の際の考慮要素はほかにもありうる．

不法就労の外国人労働者の逸失利益が一般に比べて小さく見積もられる，あるいは，重度の身体障害者の逸失利益がゼロであるということは，いったい何を意味するのか．前者は，適法に就労する労働者を雇用するよりも，不法就労の外国人労働者を雇用する方が（労災事故の賠償金が少額で済む点において）安上がりであることを意味する．後者は，稼働能力を持たない者の生命の価値は（金銭的に評価する限りにおいて）稼働能力を持つ者の生命より劣るという含意を持つ．

そうだとすれば，不法就労者を雇用するインセンティブを削ぎ，また，障害者に対する偏見を除去するために，賠償額の算定方法を再考することは十分に検討に値するのではないか．

---

95) 楠本安雄・人身損害賠償論（日本評論社，1984），吉村良一・人身損害賠償の研究（日本評論社，1990）などを参照．

以上のようにして見てくると，賠償額の定額化論[95]の導入が再検討に付されてよいように思われる．

第3　医療・年金など

Leçon 14

I―制度の概要

1　序

(1) 社会保障の体系　人は生活していく上で様々な危険に直面する[96]．事故や病気はその代表的な例であるが，そのほかに，失業や加齢による所得の喪失などをあげることができる．こうした生活上の危険に対して，労働者の共済制度や救貧法から出発して，今日では社会保障と呼ばれる一連の制度が成立するに至っている．各制度はそれぞれに特色を有する一方で，全体を統合する基本法が存在するわけではないので，その体系化については様々な考え方が示されている．ここでは，制度の仕組みに従うと，社会保険，社会手当，社会福祉サービス，公的扶助の四つに，給付の性質に着目すると，所得保障・医療保障・社会福祉サービス・生活不能給付の四つに，それぞれ分けられるという見方を紹介しておこう[97]．

(2) 医療・年金の位置づけ　少子高齢化の進んだ今日，社会保障制度の改革は大きな政治的課題になっているが[98]，その際に主として念頭に置かれているのは，医療・年金そして介護である．医療・年金・介護に関する制度のあり方は，いずれも国民の多くにかかわり，しかも，その日常生活に大きな影響を及ぼすからである．

今日では，医療・年金・介護のいずれについても社会保険制度が存在する．具体的には，健康保険・国民健康保険，厚生年金・国民年金，介護保険の各制度が設けられている．給付の性質によるならば，健康保険・国民健康保険は医療保障に，厚生年金・国民年金は所得保障に，介護保険は社会福祉サー

---

96) 島田晴雄=大田弘子編・安全と安心の経済学（岩波書店，1995），橘木俊詔・安心の経済学（岩波書店，2002）のほか，村上陽一郎・安全学（青土社，1998）も参照．
97) 西村健一郎・社会保障法（有斐閣，2003）25 頁．
98) 「特集・少子高齢化社会へ向けての法施策」ジュリスト 1282 号 (2005)，「特集・医療・介護・障害者福祉改革」ジュリスト 1327 号 (2007) など．

ビスに分類されることになろう.

　これらは「国民(日本人)」にとってのみならず,日本で生活する「外国人」にとっても重要である.日常生活における各種の危険は,当然のことながら,国籍の別を問わずに生じうるからである.実際のところ,これまで社会保障との関係で外国人の処遇が論じられる場合には,医療と年金とが問題とされることが多かった(最近,制度が創設されたばかりの介護保険をめぐる議論は少ない).以下においても,主として,この二つに関する問題を見ていくことにしたい(I2・3).

　(3) 生活保護への注目　社会保険によらない社会保障として,重要なのは生活保護である(先の分類によれば,公的扶助による生活不能給付).最近では,雇用の不安定化に伴って生活保護の受給者が急増しており,この給付の恩恵に浴する人々は少なくない.

　事情は,外国人にとっても同様である(すでに見たように,一層深刻であるとも言える)ので,受給の必要度は高い.しかし,自らが保険料を支払って加入する社会保険の場合と異なり,公的扶助の場合には,その受給資格は「国民」に限られる(限ってよい)という考え方が根強い.

　すぐ後で述べるように,医療保険・年金保険に関しては,現在では外国人にも加入資格が認められるに至っているが,生活保護に関しては,その受給者は,規定上は「国民」(日本人)に限られており(生活保護2条),永住者・定住者についてのみ日本人に準ずる扱いがされているに留まっている(逆に言うと,留学生などや不法滞在者には制度の適用はない)[99].医療・年金につき基本的な問題は解決を見た今日,「外国人」への生活保護制度の適用問題は,日本の社会保障制度の(さらには日本法一般の)試金石となっているとも言える.社会保障制度の理念について考えるにあたっては(II1),この問題を避けて通ることはできない(II2).

2　医療に関する問題

　(1) 制度の変遷　すでに一言したように,医療保険は,健康保険と国民健康保険とに大別される.その他の保険(共済組合保険・船員保険)も存在す

---

99) 手塚・前掲書324頁,西村・前掲書495–496頁.

るが，健康保険に準ずるものとして考えることができる．健康保険は，おおまかに言えば，「適用事業所（一定の要件を満たす事業所）に使用される者」に適用される（健保3条1項・3項）．これに対して，国民健康保険は，「市町村又は特別区の区域内に住所を有する者」で健康保険等が適用されない人々，具体的には，農林水産業の従事者や自営業者，小規模事業者の被用者，そして無職の者などに適用される（国保5条・6条）．

　前者については，制度の創設以来，「外国人」を別扱いにする規定は設けられておらず，外国人への適用につき法的な障害は存在しない．しかし，実際には，いくつかの理由（間接雇用が多く雇用関係が不明確，事業者も外国人労働者も保険料負担を免れたい，等）によって保険加入がされていないことも多いという[100]．後者については，1981年以前には，その適用は日本国民に限られるという「国籍条項」が存在したが，日韓協定批准（1965年）により永住資格を有する在日韓国人に，難民条約批准（1981年）により難民に，それぞれ適用が拡張されたのを経て，国籍条項が廃止され，1986年以降はすべての外国人（短期滞在者を除く）が被保険者とされるに至ったという[101]．もっとも，国民健康保険の加入は外国人登録を前提として行われるので，不法滞在の場合には登録をしておらず，その結果，保険加入もしていないことが多いという．

(2) 緊急医療　以上のように，健康保険・国民健康保険のいずれについても，今日，外国人の加入は制度上は可能である．しかし，実際には保険に加入していない外国人も少なくない．保険未加入の外国人が事故・病気のために医療を必要とする場合，負担すべき医療費は高額に達することになるが，この医療費を支払うことができないというケースも出てくる．

　しかし，一般の契約とは異なり，医療に関しては，医療費を払うことができないことを理由に診療を拒絶することはできない（医師19条）．その結果として，医療費不払いが問題となっている．対応策として，一方では，いくつかの地方自治体では未払い医療費を補塡する制度を設けているほか，民間の各種団体による基金積立制度や生活困窮者のための無料低額診療事業も試

---

[100]　手塚・前掲書308–309頁．
[101]　手塚・前掲書310–312頁，西村・前掲書188頁．
[102]　以上，手塚・前掲書316–318頁．

みられている.他方,東京都では,1899年に制定された「行旅病人及行旅死亡人取扱法」の適用を再開したという[102].同法には「行旅病人ハ其ノ所在地市町村之ヲ救護スヘシ」(同法2条) との規定が置かれ,その救護費用については,被救護者あるいはその扶養義務者の負担とする定め (同法4条) が置かれているものの,「行旅病人若ハ其ノ同伴者ノ引取ヲ為ス者ナキトキ又ハ救護費用ノ弁償ヲ得サル場合ニ於テ其ノ引取並費用ノ弁償ヲ為スヘキ公共団体ニ関シテハ勅令ノ定ムル所ニ依ル」(同5条) とされている.

3 年金に関する問題

(1) 制度の変遷 年金は,厚生年金と国民年金とに大別される.前者は「事業所に使用される70歳未満の者」(厚生年金9条),後者は「日本国内に住所を有する20歳以上60歳未満の者」(国民年金7条1項) を被保険者とする.

これらについても,今日では国籍による制限は存在しない.もっとも,前者については国籍要件は占領下の1946年に撤廃されているが,後者については難民条約批准のための法整備の一環として,1982年1月1日以降は外国人にも平等な適用がなされるに至っている.

ただし,老齢年金の受給には長期にわたる加入期間が必要とされるので,永住者を除く外国人労働者の多くにとっては,年金保険料は掛け捨てになることが多い.1994年以降は脱退一時金の支給が認められるようになったものの,ヨーロッパ諸国で見られるような年金通算の仕組みは,アジア諸国の多くに関しては存在しない(そもそも年金制度が未成熟な国も少なくない)という[103].

(2) 無年金者の救済 永住者など長期にわたって日本に居住する外国人にとっては,改正法施行前の無年金者の救済が大きな問題となる.この点に関して,最高裁は,国民年金(障害福祉年金)の支給対象者から在留外国人及び法律制定時(1959年)以後に帰化によって日本国籍を取得した者を除外することは,立法政策の問題であり,憲法(25条・14条1項)に違反しないとの判断を示している[104].ただし,下級審には,国籍要件を満たさない者が担当職員に

---

103) 手塚・前掲書309–310頁,322–323頁.
104) 最判1989 (平元)・3・2 判時1363号68頁.
105) 東京高判1983 (昭58)・10・20 行裁例集34巻10号1777頁.

勧誘されて国民年金加入の手続をとり，将来の給付を期待・信頼して保険料支払を継続したというケースについて，国籍要件を理由に年金支給を拒絶することは，信義則により許されないとしたものがある[105]．

II―理念の検討

1　現在の考え方

(1) 憲法・国際条約の規定　ここで，社会保障制度の外国人への適用に関する考え方を見ておこう．はじめに，議論の前提となる憲法や国際人権条約の規定を確認しておく．

まず憲法であるが，憲法25条1項は「すべて国民は，健康で文化的な最低限度の生活を営む権利を有する」と定めている．この規定の定める生存権を享受する主体は，文言上は「国民」（日本人）であるように読める．しかし，近時の憲法学説においては，権利の性質に応じて適用の可否を決めるという考え方が支配的になっている[106]．また，社会保障学説においても，「わが国は，ILO102号条約，国際人権条約A規約，難民条約をそれぞれ批准しており，現在の時点で，包括的な国籍要件を設けることは，著しく合理性を欠くことになるだろう．……今後は，外国人といっても種々の態様・カテゴリーに分かれ，また，社会保障法にかかわる外国人の利益も多様化してきていること（公的年金か医療か，あるいは緊急医療かなど）を踏まえて，その適用の枠組みを考えていく必要があるであろう」との指摘もなされている[107]．

次に，国際条約，なかでもその中心をなす人権A規約の規定を見ておこう．同条約9条は「この規約の締約国は，社会保険その他の社会保障についてのすべての者の権利を認める」と定めている．ここでは「すべての者」という表現が用いられており，文言上は「国民」であるか否かは問題にされていない．もっとも，この規定はプログラム規定であると解されており[108]，ILO102号条約68条は外国人居住者に対する均等待遇原則を定めるが，「専

---

106)　手塚・前掲書301–302頁，西村・前掲書40頁．
107)　西村・前掲書41頁．
108)　前掲の最判1989（平元）・3・2判時1363号68頁．
109)　馬渡淳一郎「社会保障の人的適用範囲」日本社会保障法学会編・講座社会保障法・第1巻　21世紀の社会保障法（法律文化社，2001）111頁．

ら又は主として公の資金を財源とする給付」等については例外を認めていることから，「一般外国人を無制限に生活保護法の適用対象とすることは，法解釈上も実際上も困難である」とする見解もある[109]．

(2) **判例の動向**　以上のように，憲法・国際条約の条文との関係だけから，一義的な帰結を導くことは難しい．問題ごとに考えていくことが必要だが，具体的な問題について，学説・判例はどのような態度をとっているだろうか．この問題については，学説の検討は必ずしも十分に進んではいないようである[110]．そこで，ここでは，主として二つの興味ある判例群を紹介することとする．

第一は，不法滞在者の受給に関するものである．まず，国民健康保険に関するものがある．不法滞在の外国人でも安定した生活を続けられるなどの条件が整っていれば国民健康保険の対象となるとした最高裁判決である[111]．しかし，厚生労働省は，その後，同年の省令改正によって不法残留外国人を国民健康保険の対象としないことを明らかにしている．二つ目は，生活保護に関するものである．これについては最高裁も，本邦に不法に在留する外国人を保護の対象としないことは憲法25条に反しないとしている[112]．もっとも，下級審には，緊急医療に関しては，国籍・在留資格にかかわらず社会保障制度の保護対象に含める立法をすべきだとするものもある[113]．

第二は，国家補償的な性質を持つ給付に関するものである．まず，戦傷病者戦没者遺族等援護法の適用につき，国籍条項は違憲ではないとして，台湾住民・韓国在住韓国人などの補償請求を退けた最高裁判決が存在する[114]．もっとも，この問題については，2000年の「平和条約国籍離脱者等である戦没者遺族等に対する弔慰金等の支給に関する法律」により弔慰金が支払われる

---

110)　高藤昭・外国人と社会保障法——生存権の国際的保障法理の構築に向けて（明石書店，2001）5頁は「結局，外国人の社会保障法上の問題は，三学問領域（社会保障法・憲法・国際法—大村注）の盲点で，三すくみの状態になっている」と評している．同書は，多数の判例研究を含むが，ほかにモノグラフィーは乏しく，吉岡増雄・在日外国人と社会保障——戦後日本のマイノリティ住民の人権（社会評論社，1995）が目立つ程度である．
111)　最判2004（平16)・1・15民集58巻1号226頁．
112)　最判2001（平13)・9・25判時1768号47頁．
113)　神戸地判1995（平7)・6・19判例地方自治139号58頁．ただし，学説には有力な慎重論もあるという（裁判例の紹介も含め，西村・前掲書497頁）．
114)　最判1992（平4)・4・28判時1422号91頁，最判2001（平13)・11・16判時1770号86頁．

こととなった．次に，原爆被害者の医療などに関する法律の適用につき，不法入国者にも適用されるとした最高裁判決が存在する[115]．この点については，1994年の被爆者援護法によって，すべての被爆者が保護の対象とされるに至っている．さらに最近では，ハンセン病患者の補償につき，下級審の結論が分かれたが，これについても行政的な解決が図られている[116]．

2　いくつかの方向

(1) 普遍主義の射程　以上に見てきたように，社会保障の外国人への給付に関しては，個別具体的に考えていく必要がある．以下では，その際に考慮すべきいくつかの要素・方向性について触れておく．

まず第一は，国籍・在留資格を問わずすべての人に適用されるべき給付が存在すること．具体的には，医療給付（とりわけ緊急医療の場合）がこれにあたる．医療については不法滞在者であっても手厚い保護を受けられるようにすると，確かにこれに伴う弊害も現れるだろう．しかし，原則として普遍主義を採用した上で，弊害への対応をはかることを考えるべきだろう．

なお，この点に関しては，EU基本権憲章が次のように定めているのが参考になろう．「何人も，国内における立法・慣行の定める条件の下で，健康に関する予防措置を受け，また，治療を受ける権利を有する」（同35条）．この規定は，医療については特別に，「何人も」「……権利を有する」と定めており，その他の社会保障・社会福祉につき，「合法に居住し，移動する者はすべて」「……権利を有する」（同34条2項）と定められているのと，明らかに異なっている．

(2) 政策理念への配慮　第二に，一定の政策的な配慮がなされるべき場合があること．すでに述べたように，戦傷病者戦没者・被爆者あるいはハンセン病患者などにつきなされる各種給付は国家補償の色彩が濃いものである[117]．そうであるとすれば，仮に法理論上は，国家はすでに免責されているとしても，法政策としては，とりわけ戦後補償の経緯を考慮に入れて，被害者の権利に十分に配慮した対応をはかるべきであるように思われる．ここでなされ

---

115)　最判1978（昭53）・3・30民集32巻2号435頁．
116)　「苦しみ同じ　判決明暗」朝日新聞2005年10月25日付夕刊，「旧植民地ハンセン病　新たな救済策検討へ」朝日新聞2005年11月5日付朝刊．
117)　手塚302–303頁．

るべきなのは，単なる政策決定でなく政策理念の決定であると言うべきだろう．

　政策理念という観点からも EU 基本権憲章は興味深い．憲章は，社会保障・社会福祉に関する規定（同 34 条 1 項・2 項）に続いて，生活保護に関する規定を置いている．　この規定は，「社会的排除と貧困と闘うために（Afin de lutter contre l'exclusion sociale et la pauvreté），EU は，EU 法と国内における法律・慣行の定める条件の下で，十分な所得を有しない者すべてに対して，品位ある生存（une existence digne）を確保するための社会援助・住宅支援に対する権利を承認し，尊重する」と定めている．条文の構造は，社会保障・社会福祉に関する規定と同型であり（同 34 条 1 項），かつ，これらについては存在する具体的権利に関する規定（同 34 条 2 項）を欠いている．その意味で，この規定はプログラム規定であると解され，具体的な実施については各国の主権が尊重されることになろう．しかしそれでも，「社会的排除と貧困と闘うために」，このような権利が宣言されていることの意味は小さくない．日本でも，このような政策理念が宣言されるならば，生活保護に関する制度運用のあり方も変わってくるのではないか[118]．

(3) 永住者・定住者の取扱い　第三に，「永住者・定住者」については，できるだけ日本人と同様の取扱いをする方向で考えること．

　日本では，生活保護については「永住者・定住者」についてのみ「準用」がなされている．これについては，「適用」がなされるべきだとか，より広く「準用」がなされるべきだとの批判がありうるだろう．しかし，ここで注目したいのは，「準用」にとどまるにせよ，「永住者・定住者」を日本人に近づけて取り扱うという考え方についてである．「永住者・定住者」を優遇するというのは，その他の「外国人」を相対的に冷遇することを意味するとも言える．しかし，このような取扱いによって，きめの細かい対応が可能になるのはもちろん，「日本人」か「外国人」かという二項対立的な発想を克服することが可能になることの意味は大きい．

---

118)　生活保護の将来については，大村敦志「扶養義務」内田＝大村編・新版民法の争点（有斐閣，2007）も参照．

第4 教育・言語

Leçon 15

I—序

1 外国人の子どもたち

何度も繰り返し述べているように，日本在住の外国人が急増するのは1980年代後半以降のことである．この時期以降に来日した外国人（いわゆるニューカマー）の滞在は長期化する傾向を見せていると言われており，その結果として子どもの教育が重要な問題となるに至っている．具体的には，どのような問題が生じているのだろうか．この点について述べる前に，前提となるデータをいくつか示しておいた方がよい．まず，学齢期の子どもたちの数を国籍別に示しておこう（2004年）[119]．

ここで注意すべきは，次の3点である．第一に，最も多いのは韓国・朝鮮籍の子どもたちであるが，彼らのほとんどは日本で生まれ育った在日二世・三世であるので，少なくとも言葉の問題はないと言ってよい．これに対して，他の国籍の子どもたちは，ニューカマーの子どもたちであり，程度の差はあれ，日本語能力に問題があることが多い．第二に，学齢期の子どもの比率が高いのは，ブラジル・ペルー，ベトナムであるが，ブラジル・ペルーは日系人の子どもたちが，ベトナムは元難民の子どもたちが多い．第三に，フィリピンに関しては，前にも述べたように，在留者に占める女性の割合が高い．

学齢期の子どもたちの数

国籍	外国人登録者	5–14歳の外国人登録者	比率（％）
韓国・朝鮮	613,791	41,897	6.8
中国	462,396	21,460	4.6
ブラジル	274,700	27,613	10.1
フィリピン	185,237	8,018	4.3
ペルー	53,649	5,994	11.2
ベトナム	28,853	3,346	14.0

---

[119] 宮島喬=太田晴雄「外国人の子どもたちと日本の学校」宮島=太田編・外国人の子どもと日本の教育——不就学問題と多文化共生の課題（東京大学出版会，2005）6頁より転載．

また，上の表には現れていないが，10歳以下の子どもが多い．様々な事情により母子世帯がかなり多いとも言われている[120]．

子どもたちの教育の中心問題は言葉の問題であるが，言葉の問題は文化の問題でもある．日本語ができない子どもたちは，日本の学校文化とは異なる文化の下で育ってきたからである．ある著者は，このことを次のように表現している．「ニューカマーの急増は，一部の地域の日本の保育園や幼稚園，さらには小学校や中学校に，耳にピアスをつけた子どもや日本語がまるで通じない子どもが大量に通ってくるという，これまでに経験したことのない状況をもたらしていた」[121]．

では，日本語ができない子どもたちの数は，どのくらいなのだろうか．また，「一部の地域」では「大量に通ってくる」というのは，どこにどのくらいなのだろうか．これらの点もみておこう．

まず，総数であるが，文部科学省は「日本語教育が必要な外国人児童・生徒」の数を19,678人としている（2004年）．その内訳は，小学校で13,307人，中学校で5,097人，高等学校で1,204人，盲・聾・養護学校で55人などとされている．この子どもたちが在籍する学校の数も，小学校が3,215校，中学校が1,783校，高等学校が308校，盲・聾・養護学校が39校に達する[122]．

次に，集中の度合いであるが，ここではいくつかの例をあげておこう．たとえば，日系ブラジル人・ペルー人の集住地域として知られる愛知県豊橋市については，次のようなデータがある（1998年）[123]．

表を見ればわかるように，豊橋市ではニューカマーの子どもたちの在籍が

豊橋市の小中学校のニューカマー在籍状況

	0人	1	2	3	4	5	6–10	11–15	16–20	21–30	31–	合計
小学校	14	10	3	4	2	5	5	3	1	2	3	52
中学校	7	4	2	1	1	1	2	2	0	2	0	22
合計	21	14	5	5	3	6	7	5	1	4	3	74

---

120) 宮島=太田・前掲論文7頁．
121) 児島明・ニューカマーの子どもと学校文化——日系ブラジル人生徒の教育エスノグラフィー（勁草書房，2006）4頁．
122) 児島・前掲書5頁．
123) 以下の説明も含め，太田晴雄・ニューカマーの子どもと日本の学校（国際書院，2000）40頁．

広汎に見られる．大半は1〜5名程度で比較的少数であるが，特定の学校に集中する傾向があり，たとえば，小学校では上位3校の在籍数は，それぞれ72人，69人，38人に達しているという．

もう一つの集住地域である群馬県大泉町については，次のようなデータがある（1998年）[124]．

大泉町の小中学校の外国人児童・生徒数

	実数			構成比（％）		
	生徒数	外国籍	ブラジル国籍	生徒数	外国籍	ブラジル国籍
A小	531	25	22	100.0	4.7	4.1
B小	670	102	85	100.0	15.2	12.7
C小	892	82	71	100.0	9.2	8.0
D小	584	30	22	100.0	5.1	3.8
E中	633	19	17	100.0	3.0	2.7
F中	373	35	33	100.0	9.4	8.8
G中	425	19	13	100.0	4.5	3.1
合計	4,108	312	263	100.0	7.6	6.4

規模の小さい大泉町では，全学校を通じて外国人の子どもたちが多い．もちろん，ここでもばらつきは認められ，在籍数が実数で100人，割合で15％以上の学校が存在するのが注目される．

最後に，在籍割合が4割弱（「外国にルーツのある日本籍児童」を含む「外国につながる児童」は5割強）に達しているという横浜市立いちょう小学校の例を紹介しておこう（2004年）[125]．この学校には元ベトナム難民の子ども

いちょう小学校の児童数推移・外国につながる児童の在籍状況

児童数推移

	'93	'94	'95	'96	'97	'98	'99	'00	'01	'02	'03	'04
全校児童数	383	346	297	271	241	223	215	224	230	232	213	215
外国籍児童数	26	31	43	40	37	49	64	66	67	74	76	81
比率（％）	7	9	14	15	15	22	30	28	30	31	36	38

---

124) 小内透「公立小中学校における外国人教育の特色」同編著・在日ブラジル人の教育と保育――群馬県太田・大泉地区を事例として（明石書店，2003）24頁．
125) 以下の説明も含めて，山脇敬造＋横浜市立いちょう小学校編・多文化共生の学校づくり――

在籍状況

	1年		2年		3年		4年		5年		6年		総数		合計
ベトナム	15	2	8	1	11	1	7	1	2	1	3		46	5	51
中国	2	4	1	3	5	4	1	3	6	5	7	6	22	25	47
カンボジア			1				3				3	1	6	1	7
ラオス			2	1							1		3	2	5
フィリピン						1		1					1	1	2
タイ								1						1	1
ブラジル					1								1		1
ペルー	1												1		1
計	18	8	12	4	17	5	12	4	8	7	14	6	81	34	115 (53%)

＊左欄＝外国籍児童数　右欄＝外国にルーツのある日本籍児童数（2004年）

たちが多いのが大きな特徴である．

なお，日本国籍取得者が多いことにも窺われるが，いちょう小学校の「外国につながる児童」の多くは，日本で生まれたか日本での生活経験が長いため日常の会話には困らないという．したがって，「日本語教育が必要な外国人児童・生徒」数はそれほど多いわけではない．

いくつかの例をあげてきたが，「日本語教育が必要な外国人児童・生徒」数あるいは「外国につながる児童」数は，全国平均をとってしまえば，それほど大きな割合を占めるわけではない．しかし，以上の例からもわかるように，外国人集住地域の一部の学校には，かなり多数の外国人の子どもたちが在籍しているのである．

2　制度的な対応

それでは，こうした外国人の子どもたちに対しては，何らかの制度的対応が図られているのだろうか．「日本語教育が必要な外国人児童・生徒」に関する統計が存在することに伺われるように，文部科学省は一定の対応策を講じてきた．それは次のようなものである[126]．

①日本語教育を担当する職員の特別配置．1992年度から実施され，1998

横浜市立いちょう小学校の挑戦（明石書店，2005）10頁．
126）　太田・前掲書26–28頁．

年の段階では全国に888人が配置されている（予算額は36億円）．

②日本語指導教材の作成．1992年度には『にほんごをまなぼう』が，95年度までに『日本語を学ぼう2』『同3』が作成され，ニューカマーの子どもたちが在籍する全国の小中学校に配布されている．また，指導資料も作成されているほか，95年度以降は担当教員の研修も行われている．

③教育研究協力校の指定．1989年度以降，毎年全国で6〜8校程度の小中学校が研究協力校に指定され，調査研究が委託されている．

④外国人子女等指導協力者の派遣事業．1993年度から子どもたちの母語を理解できる者が派遣されている．1998年度からは外国人子女教育受入推進地域を設けて，センター校方式での集中的な受け入れも行っている．

こうした対応については，次のような批判的な評価もなされている[127]．第一に，国際教室担当教員数は1校につき2名までとされており，子どもの在籍数が考慮されていない．第二に，母語・母文化の保持と両立しがたい日本語のみの指導が中心となっている．

以上のような制度的な制約の下ではあるが，学校や地域のサポートを受けつつ，外国人の子どもたちの多くは日本の公立学校で学んでいる．「当初は学校現場での日本語適応指導に収斂していた対応も，母語の教育，ブラジル人学校の評価，不就学の子どもへの対応など，当初とは比較にならない幅を持つようになっている」との評価もなされている[128]．以下においては，まず，その実状と問題点について，もう少し立ち入った紹介・検討を行う（II）．あわせて，外国人学校の実状にも触れたい（III）．なお，すでに述べたように，子どもたちの教育に関する中心問題の一つは言語の修得にあるが，言語に関してはそれ以外の問題も存在する．最後に，この点についても一言する（IV）．

II — 公立学校の現状

1 実状

(1) 序：研究の紹介　外国人の子どもたちに関しては，様々な対応の試みがなされており，関連の研究も少なくない．「教育問題に関心を寄せる研究者

---

127) 宮島=太田・前掲論文5–6頁．
128) 樋口直人「デカセギと移民理論」梶田=丹野=樋口著・顔の見えない定住化——日系ブラジル人と国家・市場・移民ネットワーク（名古屋大学出版会，2005）11頁．

も多く，日本のブラジル人に関する研究でもっともまとまった成果が，この分野から出されている」と言われている[129]．

　主な研究は，発表時期や問題意識などにより，おおむね次の三つのグループに分けられる．第一は，外国人保護者・担当教員のアンケートや小中学校での参与観察をもとに，実態を明らかにしようとしたものである[130]．そこでは，まず，日本の学校と外国人の子どもたちという異質なものの遭遇に関心が寄せられたと言える．第二は，特定の地域の状況につき，立ち入った検討を行うものであり，学校外の問題にも及ぶものである[131]．第三は，新しい視点を提示するものである．具体的には，生徒や教師の能動性に着目するもの，学校ぐるみでの取り組みを学校自体が報告するもの，あるいは，不就学問題を中心に据えて検討するものなどがある[132]．

　以下においては，主として第二・第三のグループに属する研究を参照しつつ[133]，一方で，自治体・学校の対応の様子を，他方で，家族・子どもの適応の様子を概観し，最後に，不就学問題に触れることにしたい．なお，対象となるのは，主としてブラジル人・ペルー人である[134]．

　(2) 自治体・学校の対応　二つの事例研究に依りつつ，自治体・学校の対応を見てみよう．

　愛知県豊橋市の場合[135]．豊橋市の場合，ブラジル出身の子どもたちの就学は 1989 年に始まったが，教育委員会が行政上の対応を始めたのは 1990

---

129)　樋口・前掲論文 11 頁．
130)　高橋正夫＝シャロン・S・バイパエ・「ガイジン」生徒がやって来た——「異文化」としての外国人児童・生徒をどう迎えるか（大修館書店，1996），志水宏吉＝清水睦美編著・ニューカマーと教育——学校文化とエスニシティの葛藤をめぐって（明石書店，2001）．
131)　愛知県豊橋市を対象とする太田・前掲書，群馬県太田・大泉地区を対象とする小内編著・前掲書など．
132)　順に，児島明・前掲書，山脇敬造＋横浜市立いちょう小学校編・前掲書，宮島＝太田編・前掲書．
133)　第一グループの研究が示した論点にも興味深いものが含まれている．特に，学校規範・学校文化の閉鎖性・画一性に関する指摘は，外国人の子どもたちのみならず日本人の子どもたちにもかかわる重要な指摘であるように思われる．この点については，本文で若干触れるほか，別の機会に論じたい．
134)　ベトナム人については第 3 章でとりあげる．なお，すでに一言したように，フィリピン人に関しては，家族関係にもかかわる固有の問題があり，検討を要するところであるが，本書では立ち入ることができない．西口里紗「揺らぐ母子関係のなかで——フィリピン人の子どもの生きる環境と就学問題」宮島＝太田編・前掲書所収を参照．
135)　太田・前掲書 40–53 頁，66–79 頁．

年9月以降であるという．まず情報交換会が開催され，検討委員会が発足した．同委員会は実態調査にもとづき，1991年10月には「外国籍児童生徒の指導に関する答申」をまとめた．以後，答申の提言を施策化する方向で行政は展開される．具体的には，第一に，文部省の措置による日本語教育担当教員の配置のほかに，非配置校のために，市教育委員会がパートタイムで雇用した指導員（ポルトガル語またはスペイン語が話せる）による「巡回指導」が行われている．第二に，上記の情報交換会が研修・情報交換会として継続されている．第三に，上記の検討委員会も活動を続けており，「ふれあい交流会」の企画や「指導マニュアル」の作成を行っている．第四に，教育委員会に嘱託として「教育相談員」が置かれている．

学校レベルでの対応はどうか．1989年に最初の日系ブラジル人を受け入れ，その後，パイオニア的な存在となったというM小学校の場合，玄関には四つの時計が設置され，ハワイ，ブラジル・アルゼンチン，イギリス，インド・パキスタンの現地時間が示されているという．また，「おはよう」「こんにちは」「はじめまして」などあいさつの言葉が日本語・ポルトガル語・スペイン語で掲げられているという．また，特設教室「ホームランド」が設けられ，国際理解学習の場とされるとともに，ニューカマー児童の日本語指導の場とされているという．

群馬県大泉町の場合[136]．大泉町での対応は，1990年10月にB小・C小・D小に日本語学級が設置され，町費負担で指導助手（日本語とポルトガル語ができる）が配置されたところからスタートした．その後，他の学校にも日本語学級が設置され，現在では，各学校に指導助手1名と外国人子女教育加配教員1～2名が配置されているという．また，町教育委員会は，1991年に日本語指導資料検討委員会を発足させ，「教科書を基礎とした国語教材」「日本語教育基本語彙」「基本漢字リスト」「初期と移行期の基本文型」などを作成した．なお，92–93年度にはB小，94–95年度にはC小，98–99年度にはD小が外国人子女教育研究協力校の指定を受けている．

大泉町ではかなり充実した日本語教育が行われており，在籍学級と日本語学級の連携も，日本語学級運営委員会（あるいは日本語学級連携推進委員会）

---

[136] 小内編著・前掲22–29頁．

によって図られている.さらに,とりわけ外国人児童が多い B 小では,連携推進委員会の中に,日本語学級連係班,資料収集記録班,環境整備班,集会活動班などが設けられて,独自の活動と相互の連携が行われているという.たとえば,資料収集記録班は児童の国際感覚を高めるために母国の書物,写真,ビデオを収集する.環境整備班は日本語のほかポルトガル語・スペイン語で校内の掲示を行うなどの活動を行っている.

なお,前述の横浜市立いちょう小学校の事例も非常に興味深いが,これについては第3章で取りあげることにしたい.

(3) **家族・子どもの適応**　以上のように,自治体・学校は外国人の子どもたちに対応するために様々な試みを行っている.しかし,関係者の努力にもかかわらず,なお,子どもたちは日本社会に十分に適応できない.その原因は,滞在期間の長期化(定住化)にあるように思われる.ある事例研究を参考に[137],滞在の長期化を考慮しつつ,子どもたちの学校への適応の様子を見ていこう.

この研究の対象となっているのは,日系ブラジル人家族とその子どもたちである.日系ブラジル人の多くは,2～3年の出稼ぎのつもりで来日するが,予想したほどの収入が得られず,滞在が長期化するケースが増えている.滞在の長期化に伴い,彼らの状況認識は「一時的回帰の物語」から「相対的安定の物語」へと推移するという.「一時的回帰の物語」とは,「短期間でお金を稼いで帰国するという滞在の『一時性』を支柱として,同時に父祖の地への『回帰』を味わうという,日系ブラジル人に特有の物語」を指し,「相対的安定の物語」とは「母国を日本と比較することによって,日本で生活することの相対的な有利さや安心感を強調し,日本での生活を正当化しようとするもの」である[138].ただ,多くの場合にはなお帰国の意思はあり,日本社会への積極的な参加には結びつきにくい状況にあるという.

このように,一口に日系ブラジル人と言っても,滞在時期の長短などにより,その意識は異なっているが,このことは子どもたちの教育に対するスタンスにも反映しているという.すなわち,「一時的回帰の物語」に対応する来日初期には,「共働きにいそしむかれらは,日本の学校を託児所的に利用

---

137) 児島・前掲書第2章・第3章・第5章.
138) 児島・前掲書68頁.

するか(「学校委託型」),いじめや授業のむずかしさを回避して子どもをブラジル人学校にやる(「リスク回避型」)ことが多い」(後者の場合にも,内心では日本の学校に通わせたいと思っている場合がほとんどであるという)が,「相対的安定の物語」に対応する時期に至ると,「かれらは,どちらに転んでもデメリットが最小限になるような教育戦略をとる傾向が強い(「リスク分散型」).具体的には,日本の学校に行かせたうえでブラジル人学校にも通わせるという『ふたまた』戦略がとられる」という.さらに,滞在が10年を超えると,「日本の学校に馴染んだ子どもの将来を考え,親の側は計画を練り直す(「現実直視型」).さらには,日本社会に根を張って生きていた子ども自身のたっての希望が,家族全体の将来設計を変える力をもつこともある(「子ども主導型」)」という[139]。

以上のような家族のあり方を背景に,子どもたちは学校でどうふるまうのだろうか.繰り返しになるが,子どもたちの適応は必ずしもうまくいってはいないようである.あるいは,滞在の長期化に伴い,新たな問題が発生しているといった方がよいかもしれない.

適応不全の原因の一つとして指摘されるのは,日本の学校文化のあり方である.「日本の学校は,『日本人のための学校』という基本的性質を有している」のであり,「ニューカマーの子どもたちは,かれら独自の言語,行動様式,価値基準,学校観等々をともなって,日本の学校にやってくる.かれらが学校に持ち込むこのような文化は,日本の学校文化と多くの局面において異なることになる」が,「学校は現状を変えないまま,つまり学校を『閉じた』ままの状態で,ニューカマーの子どもたちを受け入れる」傾向にある.言い換えるならば,「ニューカマーの子どもたちへの日本の学校の対応の基調は,『国民教育の枠組みのなかで行われる適応教育』にある」のであり,それは「奪文化化教育」に通ずるというのである.実際,うまく学校に適応するというのは「『限りなく日本人に近づく』こと」であり,「カタカナ混じりの名前の表記を漢字のみにしたり,日本人の友人の前では母語を話さないようにしたり,学校にいる間はピアスをはずすというような行為」がその典型として見られるという[140]。

---

139) 児島・前掲書 106–107 頁.
140) 太田・前掲書 223–225 頁.

もっとも，このような「奪文化化」に対抗する適応の仕方も存在するという．このことは次のように総括されている．「ブラジル人生徒たちは，状況ごとにさまざまな『戦術』を，多くの場合，集団的に駆使しながら，かれらなりの『適応』の仕方で日本の学校生活を乗り切ろうとする．学校で過ごす時間や空間の自律的なコントロール，『教師─生徒』関係にかれらなりの意味を付与することによる新たな関係性の創出，違反物のもち込み，あるいは教師が極力回避している話題をあえて口にするいったさまざまな抵抗行為は，学校生活を意味ある時空間として生き抜くためのかれらなりの読みかえの実践であった」[141]と．たとえば，ここでいう時間のコントロールとは，具体的には学校の時間割に従わないことを意味するが，その理由として「日本で生活することを自明の前提としない多くの日系ブラジル人生徒にとって，日本の学校時間に従うことは，自らの将来に直接的に接続するものとはみなされない」ことがあげられている[142]．

　しかし，このような「抵抗行為」は「日本の学校文化が有する同化圧力に一方的に搦めとられてしまうことなく，なんとか日々の学校生活を生き抜く」という観点からは積極的に評価しうるとしても，「日本での高校進学をまったく考えていない場合ならばともかく，多少なりともそれが念頭にある生徒にとっては，学校生活を生き抜くために必要とした抵抗行為が，高校進学を実現するためには，逆に足かせになってしまうというジレンマ」をもたらすことも指摘されている[143]．

　(4) 不就学問題　不就学問題は，最近になって注目を集めている[144]．この問題は，2001 年に，外国人住民の多い自治体の首長によって設立された「外国人集住都市会議」が，子どもの教育をメインテーマの一つとして取りあげ，不就学問題への対応を訴えたことによって，広く知られるようになったという．

　たとえば，愛知県豊橋市で行われた就学状況調査（1998-99 年）では，小学校該当年齢で 25.0％，中学校該当年齢で 45.5％という高い不就学の割合が

---

141)　児島・前掲書 163-164 頁．
142)　児島・前掲書 145 頁．
143)　児島・前掲書 164-165 頁．
144)　以下の説明は，宮島=太田・前掲論文による．

示された．また，豊田市の就学状況調査（2001年）では，不就学率は12.2％だったが，ブラジル人学校に通う者を加えると，合計は36.3％になるという．

不就学の要因はいくつか考えられる．すでに見たように，日本の学校文化の特質や親たちの意識も大きな要因であろう（別の著者たちは，これらを「日本的モノカルチャリズム」，「出稼ぎ型ライフスタイル」と呼んでいる[145])．さらに，次のような事情も指摘されている．

一つは，親の経済状況の影響である．「外国出身の若者たちは，たとえ高校に進学しても，親の雇用，経済状態が不安定なため，高校進学のための費用を自分のアルバイトでまかなう者も多い．親から進学に必要な援助を受けても，後からアルバイトで返済したり，場合によっては生活のために進学を断念する者もいる」．また，「早い段階から，家族のなかで経済的役割を引き受けることで，子どもたちのなかには，不登校を選択したり，高校進学を断念する者が見られる」ともいう[146]．

もう一つは，「勉強よりも仕事へ」という思考様式の存在である．「日本で早く学校を離れるブラジル人の子どもにみられる一つのパターンは，就学しても授業についていけない場合，そこで頑張って踏み止まるよりも，仕事をして収入を得る方がよいと考えるというものである．あえてそれを止めない親も多い」という[147]．これは，「低学歴のブラジル人の来日が年々増加しており，……そのような階層，学歴層の現実を表現してもいよう．……未来のためにブラジル国内で学歴を得るよりも，たとえ単純労働であっても，日本で確実に稼ぐことを選ぶ者が少なくなく，子どもたちの扱いにもそれが反映しているとみられる」と説明されている[148]．

2　考察

ここまでの紹介をふまえ，いくつかの補充的な考察を加えておこう．

---

[145] 太田晴雄「日本的モノカルチュラリズムと学習困難」，イシカワ・エウニセ・アケミ「家族は子どもの教育にどうかかわるか——出稼ぎ型ライフスタイルと親の悩み」，いずれも宮島＝太田編・前掲書所収．
[146] 竹ノ下弘久『『不登校』『不就学』をめぐる意味世界——学校世界は子どもたちにどう経験されているか」宮島＝太田編・前掲書132頁，134頁．
[147] イシカワ・前掲論文94頁．
[148] イシカワ・前掲論文94頁．

第一は，制度的な前提にかかわる問題である．言うまでもなく，日本人の子どもたちについては，その親に就学義務が課されている．憲法は，「すべて国民は，法律の定めるところにより，その保護する子女に普通教育を受けさせる義務を負ふ」（同 26 条 2 項）と定めているのを受け，教育基本法は，「国民は，その保護する子女に，九年の普通教育を受けさせる義務を負う」（同 4 条）と定めている．さらに，学校教育法は小学校・中学校の就学義務に関する規定を置いており（同 22 条 1 項・39 条 1 項），「義務履行の督促」（同 22 条 2 項・39 条 3 項）の一環として，学齢に達する子どもの保護者に対しては「就学通知」が発せられる．しかし，外国人の子どもについては，これらの規定の定める就学義務は及ばないと解されている．

　実際には，外国人の子どもたちの就学については，制度上，どのような取り扱いがなされているのだろうか．1990 年代以降，就学案内（日本語のみの場合が多い）は送られるようになったというが，その後に就学手続をするかどうかをフォローすることはせず，申出を待って一定の要件を満たせば許可をするという扱いがされており，許可に条件（「テスト通学」をさせて一定期間の観察を経て許可する，等）が付けられることもあるという[149]．なお，就学手続に際しては，一般には，外国人登録証明書の提示が求められている．その結果として，在留資格に問題のある親が，不法滞在の露見を恐れて，子どもの就学を控えてしまうことになるという．

　以上のような取扱いは，1953 年 2 月の文部省初等中等局長通達「朝鮮人の義務教育諸学校への就学」を踏襲するものであることが指摘されている．同通達は，日本の学校への就学を望む在日韓国・朝鮮人に対して，就学義務はないが，法令遵守を条件に入学許可をし，その際には誓約書の提示を求めるという取り扱いを定めたものである[150]．

　この通達から 50 年以上が経ったが，ここまで見てきたように，外国人の子どもたちの就学義務の存否については，ルールが明瞭とはいえない．実際のところ，憲法・教育基本法は「国民」（日本人）を想定しているが，学校

---

149)　宮島喬「学校教育システムにおける受容と排除——教育委員会・学校の対応を通して」宮島＝太田編・前掲書 42–43 頁，50–51 頁．

150)　以上につき，佐久間孝正「多文化に開かれた教育に向けて」宮島＝太田編・前掲書 220 頁，221 頁．

教育法には「国民」という表現は用いられていない．この点をどう解するかは解釈論に委ねられている．また，児童の権利条約においても，「初等教育を義務的なものとし，すべての者に対して無償のものとする」(28条a)との規定があると同時に，「締約国は，その管轄の下にある児童に対し，児童又はその父母若しくは法定保護者の人種，皮膚の色，性，言語，宗教，政治的意見その他の意見，国民的，種族的若しくは社会的出身，財産，心身障害，出生又は他の地位にかかわらず，いかなる差別もなしにこの条約に定める権利を尊重し，及び確保する」(2条)との規定もある．ここでも，前者の「すべての者」と後者の「その管轄の下にある児童」との関係が問題になる．

　しかし，今日重要なのは，まずは，ルールを法定すること，そして，その際には，日本に在住する外国人を等しく義務教育の対象とする立法政策を採用することだろう．

　第二は，定住化の進展に伴う問題の変化に着目することである．初期の段階では，外国人の子どもたちを受け入れること自体が課題であった．学校に通う外国人親子の側も，ともかく受け入れてもらうことを最優先にしていた．しかし，在籍期間が長くなると，子どもたちや親たちの要求水準も高まる．単に拒絶されないだけではなく，より積極的に受容されること，しかもその際に，日本人と同様に，あるいは，外国人としての個性を維持しつつ受容されることが求められるようになる．

　このことは学校文化の局面について当てはまるだけではない．進学や就職というより社会構造的な局面において，実質的な平等処遇が求められている．特に，定住の意思を固めた子どもたちにとって，これは重要な問題である．これに関しては，たとえば，高校・大学受験における特別枠も考慮に値するだろう[151]．

　第三は，教育の問題もまた，日本人に無縁な問題ではないということである．ブラジル人の子どもたちの「抵抗行動」は，程度の差はあれ，ある種の学校不適応を起こしている日本人の子どもたちにも，同様に見出すことができそうである．また，「不就学」はともかく「不登校」も共通の問題である．ある階層の親たちが教育に関心を示さなくなっているのも，共通の現象であ

---

151)　佐久間・前掲論文231–233頁．

ると言えるだろう．

　この点については，次の指摘が興味深い．「外国籍の子どもたちが，自らの意思によるか否かを問わず，『日本人』としての社会化ができない場合，公的教育場面から排除される様々なメカニズムが作動している．そして，教育面での不平等は，就業の機会の幅を狭めることや所得格差を拡大するという社会的公正を損なうような帰結を招くだろう」．「日本の学校で学ぶことの意味をみつけだしにくい子どもたちは，異なる社会的空間での自己有能感を高めるため，例えばアルバイトとして働き始める場合もあれば……学校に行かずに過ごす街角での出会いから，いわゆる不良グループ・暴力団などとの接触がうまれ，アウトローの世界に入ってしまう」こともあるという指摘である[152]．この文章は，冒頭の「外国籍の」を除いても，十分に成り立つと思われる．

III ─ 外国人学校

1　事例

　子どもたちの教育に関しては，公立学校とは別に外国人学校についても触れておかなければならない．日本における外国人学校としては，在日韓国・朝鮮人による民族学校（朝鮮学校）がとりわけよく知られている[153]．しかし，最近では，ブラジル人による大規模な学校も増えてきているという．ここでは，このブラジル人学校について見ておこう[154]．なお，ほかに，地域の学習室も重要な意味を持つが，これについては，次の第5で触れるほか第3章で扱うこととする．

　2003年の時点で，ブラジル教育省認定校となっているブラジル人学校は23校，生徒数は2,363人，非認定校28校，生徒数は約2,400名に達する．学齢期にあるブラジル人の子どもたちの4人に1人はこれらの学校に在籍

---

[152]　山脇千賀子「日本の学校とエスニック学校──はざまにおかれた子どもたち」宮島・太田編・前掲書112頁．
[153]　その設立の経緯については，金徳龍・朝鮮学校の戦後史1945–1972（社会思想社，増補改訂版，2004）を参照．
[154]　太田・大泉地区のブラジル人学校については，小内編著・前掲書第2部に詳しい．以下は，実状の紹介には立ち入らず，主として，イシカワ・前掲論文，山脇・前掲論文によりつつ，問題点を指摘するにとどめる．

していることになるという．

現在，日本のブラジル人学校では，帰国を前提として教育を行っている．カリキュラムは本国の教育省の定める基準に従っているが，規定の課目以外に，週1時間の日本語・日本文化の授業が設けられている．在校生は保育所・幼稚園児が多く（41％），高校生は少ない（5％）．1日4時間の授業が終わっても，夕方まで学校に残る子どもが多い．また，バス送迎代を含めて授業料は月平均4～5万円と高額であるという．

2 考察

確かにブラジルに帰国して高等教育を受けることを前提に考えれば，ブラジル人学校の教育は有用である．しかし，実際には，日系ブラジル人の滞在は長期化しつつあり，子どもたちにもブラジルに帰国しない者が多い．

制度上は，2004年から，在日ブラジル人学校のうち指定を受けた学校の卒業生は，一定の条件を満たせば，日本の大学を受験することができるようになった．だが，ブラジル人学校からの大学進学者は皆無に近いというし，日本語で行われる試験を受けても合格の可能性は低い．

だとすると，ブラジル人学校の教育は，少なくとも（永住を念頭に置いた）長期滞在者にとっては適合的なものとは言えない．長期滞在者にとっても意味のある外国人学校とはいかなるものか．（朝鮮学校との比較も含めて）今後の検討課題となろう．

IV —言語をめぐる問題

1 公用語問題

日本の学校における教育は，原則として日本語で行われている．しかし，このことを定める法令は存在しない．そもそも，諸外国（フランス・イタリア・スイス・カナダなど）の例とは異なり[155]，日本国憲法には，日本語を公用語と定める規定が置かれていない．しかし，これは，日本が多言語国家をめざしていることを示すものではない．日本語が事実上の公用語であることは，憲法の規定を待つまでもなく，自明視されているということにほかならない．

---

155) カナダにつき，浦山聖子「多文化主義の理論と制度——Will Kymlicka の多文化主義論と公用語政策の検討」国家学会雑誌120巻3=4号（2007）を参照．

2 刑事手続における言語問題

暗黙の日本語中心主義は，教育の場面以外でも，外国人に大きな影響を与えている．刑事手続における使用言語の問題がそれである[156]．

裁判では言語の問題を考えないわけにはいかない．そこで，裁判所法は，日本語を使用言語とする定めを置いているが（裁 74 条），刑事訴訟法では，日本語のできない者に対する一定の配慮もなされている．「国語に通じない者に陳述をさせる場合には，通訳人に通訳をさせなければならない」（刑訴 175 条）という規定が，「耳の聞えない者又は口のきけない者に陳述をさせる場合には，通訳人に通訳をさせることができる」（刑訴 176 条）という規定と並んで置かれている．

このように，法廷では通訳が付されることになっているが，なお，次の二つの問題がある．一つは，法廷以外での場での通訳．捜査段階から通訳を付けることも可能である（刑訴 233 条 1 項）．しかし，言語によっては通訳を探すことが難しいこともあって，英語通訳などで代替されていることも多く，問題がないわけではない．もう一つは，法廷の場での通訳であるが，その質の維持に関しては，法廷通訳の養成が課題となる．

第5 宗教・文化　　　　Leçon 16

I—序

日本に滞在する外国人たちは，それぞれに異なる宗教・文化を有する人々である．彼らが日本で生活していく上では，一方で，日本社会に同化することが必要であるが，他方，自らのアイデンティティを保持するために，あるいは，生活上の便宜のために，同一の宗教・文化を持つ人々との繋がりを持つこともまた必要である．

宗教に関して言えば，東アジア（韓国・朝鮮，中国やベトナムも含めて）や南米（ブラジル・ペルーなど）の出身者の場合には，これらの地域で行わ

[156) 手塚・前掲書 358–367 頁．ほかに，「特集・外国人事件と刑事司法」ジュリスト 1043 号（1994）を参照．「外国人裁判」の様子を伝えるものとして，高橋秀実・TOKYO 外国人裁判（平凡社，1992）．

れている仏教やキリスト教が，日本でもよく知られた宗教であることもあって，特に注目すべき現象は見られない．これに対して，同じアジアでも他の地域（インドネシアやパキスタン・バングラデシュ・イランなど）の出身者の場合には，事情がやや異なる．彼らの宗教であるイスラム教は，日本ではなじみが薄いため[157]，注目を集めやすい．そこで，以下においては，イスラム教の場合をとりあげて，日本における外国人の宗教生活について検討する（II）．

　宗教に限らず，より広い意味での「文化」については，同一文化圏に属する人々が文化的な繋がりを求め，様々な形での結びつきを創り出している．すでに紹介した外国人学校は，その一つの例であると言えるが，その他にも様々な事例が見られる．たとえば，チャイナタウン，コリアンタウン[158]と呼ばれるような集住地域の存在は，最もよく知られる事例であると言えるが，より目立たない繋がりにも重要なものが存在する．そこで，以下においては，これらを広く「エスニック・ネットワーク」ととらえて，そのうちのいくつかにつき検討を加えてみたい（III 1）．

　なお，（宗教も含めて）外国人たちが文化的な同一性（言い換えれば，日本人との差異）を理由とする繋がりを求めるのは，ある意味では自然なことではあるが，このことをどのように評価し位置づけるかは，（外国人に対する）日本社会のあり方をどのように構想するかにかかわる．この問題についても，若干の考察を加えておきたい（III 2）．なお，これは，本書の全体を通じて検討すべき基本問題であるので，結章でも改めて検討する．

II──宗教──イスラム教の場合

1　日本のムスリム

　日本に住むムスリム（イスラム教徒）の数を正確に把握することは困難である．仮に，いわゆるイスラム諸国の出身者の数をムスリムと同視するならば，その数は，1990年には約13,000人だったが，2000年には約42,000人

---

[157] 日本とイスラムの関係につき，田澤拓也・ムスリム・ニッポン（小学館，1998）．
[158] 王維・素顔の中華街（洋泉社y新書，2003），原尻英樹・コリアンタウンの民族誌――ハワイ・LA・生野（ちくま新書，2000）などを参照．

ほどに達しているという（短期滞在者を除く）[159]．国別で見ると，インドネシアが約 18,000 人，バングラデシュ・パキスタンがそれぞれ約 5,000 人，イランが約 3,800 人となる．なお，マレーシアは約 5,500 人だが，人口の半数は非イスラム系なのでムスリムの数は 2,600 人程度となろう．この他に，少なからぬ数の不法残留者がいることに注意する必要がある．その数は上記 5 国の合計で約 21,000 人程度とされている．これに日本人ムスリム約 8,500 人（その多くは婚姻によって改宗した女性[160]）を加えると，総数は約 7 万人に達するという[161]．

　外国人労働者が増えた 1980 年代の後半以降，イスラム圏からの出稼ぎ労働者も増えたが，1989 年にはパキスタン・バングラデシュにつき，1992 年にはイランにつき，査証免除の一時停止措置がとられたため，これらの国からの新規入国者は激減したが，以後も不法残留する人々が少なくない．また，前述のように，日本人（女性）と結婚して「日本人の配偶者」という資格で在留する人々もおり，このカテゴリーの人々を含めて長期滞在の蓋然性が高い人々（ほかに「永住者」「永住者の配偶者等」「特別永住者」）は増加の傾向にあるという．パキスタン・バングラデシュ・イランの場合には，最も多い年齢層は 30 代であるというが，80 年代末から 90 年代はじめにかけて 20 代で来日した人々が滞在し続けているためであるとされている[162]．

2　宗教生活の実状

(1) モスクをめぐる問題　ムスリムにとって日々の祈りの場を確保することは重要なことである．東京には戦前（1938 年）から代々木モスクが存在したが，老朽化のために 1986 年に取り壊された．2000 年に，ドームとミナレット（尖塔）を備えた新モスク（東京ジャーミー）が建設されるまで，大規模な礼拝場は存在しなかった．そもそも東京以外に居住するムスリムにとっては，近

---

[159]　桜井啓子・日本のムスリム社会（ちくま新書，2003）30–31 頁．以下，本項の叙述のほとんどは同書に負う．その後，樋口直人ほか・国境を越える――滞日ムスリム移民の社会学（青弓社，2007）が現われた．
[160]　これらの女性につき，寺田貴美代・共生社会とマイノリティへの支援――日本人ムスリマの社会的対応から（東信堂，2003）．
[161]　桜井・前掲書 35–37 頁．
[162]　桜井・前掲書 43 頁．

所に礼拝の場が必要である．

　そこで彼らは，自ら モスクを造り始めた[163]．外国人ムスリムの半数以上は関東地方に居住する．パキスタン・バングラデシュ・イランの 3 国出身者に限ると，その 7〜8 割が関東地方に集中しているという．その結果，モスクの建設も関東地方で目立つこととなった．1992 年には，埼玉県春日部市に第 1 号の手作りモスクが誕生．東武伊勢崎線の一ノ割駅付近にあることから「一ノ割モスク」と呼ばれている．4 階建ての中古ビルを改造したものであり，購入費用 4,500 万円は仲間から集められた．95 年には，やはり東武伊勢崎線沿線の群馬県伊勢崎市に「伊勢崎モスク」が誕生．駐車場跡地に建てられたプレハブの平屋だが，敷地購入費用 8,400 万円は 700 人以上のムスリムからの寄附によってまかなわれた．翌 96 年には，東武東上線の群馬県境町にもモスクが誕生．パチンコ店だった 2 階建て建物を 3,300 万円で買い取った．同じ頃に，板橋区成増（後にお花茶屋に移転），千葉県の日向にもモスクが設けられた．さらに，97 年には千葉県の行徳，98 年には台東区の浅草，99 年には大塚モスク（東京），戸田モスク（埼玉），八潮モスク（埼玉），2001 年には海老名モスク（神奈川）が続く．さらに，建設中・計画中のものもあるという．

　モスクの設立・運営を担うのは様々なグループである．たとえば，浅草や行徳のモスクを設立したのは，日本に暮らすパキスタン人 50 数名が結成したイスラミック・サークル・オブ・ジャパンという団体であるという．あるいは，一ノ割・境町・お花茶屋・海老名などのモスクを運営するのは，タブリーギー・ジャマーアトと呼ばれる運動の推進者たちであるという．ただし，これらの団体は法人格を有しないために団体名義で不動産登記をすることができないので，在留資格を有する仲間の共同名義で登記をしているという．このような不安定な状態を脱するために，どのモスクも宗教法人化を目標としており，なかには，宗教法人として認可された例（1998 年開設の名古屋モスク）もあるという[164]．

　近隣の日本人住民との関係はどうだろうか．地元の人々は最初は警戒心を示すものの，やがて慣れてしまうようであり，特に問題は生じていないとい

---

163)　以下の経緯は，桜井・前掲書 107-116 頁による．
164)　桜井・前掲書 111-112 頁．

写真5：境町モスク

う[165]．日本人は，一般に宗教的には寛容（あるいは無関心）であるためであろうか．もっとも，多くの人々が集まること自体が近所迷惑になることはあり，住宅地に設けられた成増モスクは，その後，お花茶屋に移転している[166]．また，日常的な礼拝を超えて，ムスリムたちが集団的な行動を見せた場合に，どのような反応が生ずるのかはわからない．

(2) 日常生活をめぐる問題 イスラムの教義は日常生活にも影響を及ぼす．日本で暮らすムスリムには様々な困難があるが，ここでは，食・衣に関する問題と死に関する問題に触れておく．

まず，食生活では，ある食品が「ハラール」（許されたもの）なのか「ハラーム」（禁じられたもの）なのかが重要である．よく知られているのは豚肉であるが，そのほかにも禁止されているものは少なくない．そこで，1990年代以降は，ハラール食品を扱う専門食料品店が増加したという．2002年11月現在で，パキスタン人経営のハラール食料品店は64店に達するという（そのうち13店は埼玉，11店は東京，10店は群馬にある）．コンビニが「ハラール・マーク」をつけた商品を売ってくれればよい，という意見は興味深い[167]．

---

165) 桜井・前掲書12頁．
166) 桜井・前掲書108頁．
167) 以上は，桜井・前掲書162–165頁．

衣服については，女性のヴェールが日常生活上の障害になる．日本人ムスリマにはヴェール着用に抵抗感を抱く人もいるという．日本人がヴェールを着用していると奇異の目で見られることによる．もっとも，政教分離の厳格なフランスなどとは異なり[168]，日本では，ヴェールは宗教的シンボルであるという理由で，学校等での着用が排除されるということはないようである．また，妻が男性医師にかかることに夫が賛成しないというのも，日常生活上の障害となるようである[169]．

最後に，墓地の問題である[170]．イスラムは火葬を禁じているが，日本では，土葬が禁じられている地域が多い[171]．そこで，ムスリムにとっては，土葬が可能な墓地を確保することが重要な課題となる．現在，山梨県塩山市に「イスラーム霊園」が設けられているが，開設までには，反対する地元の人々の説得も必要であったという．

III—文化——エスニック・ネットワークを中心に

1　ネットワークの実状

宗教的な繋がりでなくとも，同一の文化を有する外国人たちは，アイデンティティの保持のために，また，生活の便宜のために，様々なネットワークを形成する．すでに一言した中華街やコリアンタウンのような外国人街は，そうしたネットワークの集積体として理解することができるが，ここでは，ある事例研究に依りつつ[172]，その構成要素のいくつかを取り出して個別に若干の検討を加えておきたい．

(1) **商店など**　第一に注目すべきは，各国の料理を供するレストランや食材を販売する食料品店，あるいは，来日離日のための旅行を手配する旅行代理店，人材派遣業者の事務所などの存在である．一定の人数の外国人が集まる場所，たとえば外国人の集住地区や外国人が集まる施設（外国人学校など）

---

168) フランスにつき，小泉洋一・政教分離の法——フランスにおけるライシテと法律・憲法・条約（法律文化社，2005）を参照．
169) 桜井・前掲書 196–198 頁．
170) 桜井・前掲書 185–190 頁．
171) 墓地をめぐる習俗につき，井上治代・墓をめぐる家族論（平凡社新書，2000），岩田重則・「お墓」の誕生——死者祭祀の民俗誌（岩波新書，2006）などを参照．
172) 広田康生・エスニシティと都市（有信堂，1997）第 2 章「日常的な実践とエスニック・ネットワーク」による．

写真6・7: 横浜中華街・大阪鶴橋コリアンタウン

の近所には，こうした商店・事業者が存在することが多い．こうした場所は，そこに集まる外国人の交流・情報交換の場となる．

たとえば，横浜市鶴見区U地区の場合，鶴見駅西口にあるA旅行社は，日系ブラジル人が頻繁に利用する施設であるという．ここで売られている雑誌を買いにくる人も多いようである．また，鶴見地区には南米系のレストランが数多くできているが，それらは日系南米人の溜まり場となっており，特に，ブラジル料理店は，種々の相談や相互扶助の要としての役割を果たしているという．こうした例は，他の地域にもよく見られる．

(2) 非営利団体 第二に，各種の非営利団体の存在も重要である．鶴見U地区の場合には，ペルー日系協会と同協会を拠点に活動するボランティア団体Cが重要であるとされる．ここには，毎週末に10件を超える相談者が関東近県から現れるとされる．この二つの団体は共同で情報誌の発行も行っている．

なお，横浜市では，市内3ヶ所に教育委員会直属の「日本語教室」を設置しているが，この教室は，子どもたちを通じてその両親たちが交流し，かつ，日本社会と接触する場となっているようである．こうした学校外の日本語教室が，ボランティアによって運営されているケースもある．横浜市内に

写真8: インタナショナル・プレス

も，このような地域学習室がいくつか存在する[173]．

(3) **メディア**　第三に，新聞や雑誌に触れないわけにはいかない．鶴見 U 地区の場合には，「インタナショナル・プレス」の存在が大きい．同紙は1991年に創刊，在日ポルトガル紙としては最大手であるという．名古屋・浜松・大泉などにも支店・支局を持ち，カラー印刷で70頁以上の新聞が，毎週3万部（公称6万部）発行されているという[174]．紙面には，各種のニュースのほか，求人情報や子どもの教育に関する情報なども載るようである．

2　考察

(1) **ネットワークの利用状況**　それでは，各種のエスニック・ネットワークは，誰によってどのように利用されているのだろうか．別の研究は，次のような考察結果を示している[175]．

まず，ブラジル人のエスニック・ビジネス利用状況を見ると，次のような傾向があるという．「新聞読者層は相対的に安定した生活基盤を確保しているものと考えられる．しかし，それ以外のビジネスの顧客となるのは，日本での生活基盤が安定せず，短期のデカセギ指向が強い層だといってよい．そ

---

[173]　坪谷美欧子「地域で学習をサポートする——ボランティア・ネットワークが果たす役割」宮島＝太田編・外国人の子どもと日本の教育——不就学問題と多文化共生の課題（東京大学出版会，2005）202-206頁．
[174]　白水繁彦・エスニック・メディア研究——越境・多文化・アイデンティティ（明石書店，2004）第7章「在日ブラジル人向けメディア」による．
[175]　樋口直人「移民コミュニティの形成？——社会的ネットワークの再編成をめぐって」梶田＝丹野＝樋口・顔の見えない定住化——日系ブラジル人と国家・市場・移民ネットワーク（名古屋大学出版会，2005）229-232頁．

うした層は，日本で社会生活を営む志向を持たないが，コミュニティの恩恵にはあずかっている．すなわち，エスニック・ビジネスが供給する商品を消費することで，自らはブラジル的生活を維持し適応の圧力を緩和しつつ，ビジネスを支える役回りを演じることになる」．

次に，アソシエーション（非営利団体）への参加状況である．「運動サークルと日本語教室への参加には共通点と相違点がある．双方とも，未婚の若年層が参加する傾向をもつ点では共通している．一方で，運動サークルの参加者には，男性，日本語能力が高い，来日後の年数が経過しているといった特徴がある．日本での生活に慣れて，生活に余裕がある層の余暇活動といえるだろう．日本語教室の場合，日本語能力が低く，学歴が高く，来日後の年数が経過していない点で異なる．後者は，これから日本語を学ぶ層が主に参加することと，人的資本の上積みに前向きなハビトゥス（学歴の高さ）と神話的なことによるのだろう．」

(2) 統合か孤立か　以上の結果から，次のような考察が導かれている[176]．「エスニック・ビジネスの担い手は，ブラジル人コミュニティのうちわずかな割合を占めるにすぎない．それ以外の労働者のうち，ビジネスの上客となるのは短期滞在志向で帰属意識が弱く，日本語能力も低い流動的な層だと考えられる．したがって，エスニック・ビジネスを通じたつながりが，持続的な関係構築を通じて社会的資本のインキュベーターになるとは考えにくい」．これに対して，「アソシエーションへの参加層はビジネスの利用層とは異なり，日本語能力や学歴などの面で，日本で一定程度安定した生活を営む層が主たる担い手となっている．両者の違いは，日常的な消費行動であるビジネスの利用と，より積極的な社会的行為であるアソシエーションへの参加という性質の違いに起因すると考えられる」．

以上の考察には，興味ある指摘が含まれている．エスニック・ネットワークの存在に関しては，日本社会への統合を阻害するか促進するかをめぐり，また，統合自体の当否をめぐり，賛否両論がある．しかし，上の考察からは，この問いに一義的な解答を与えることは困難であることが示唆される．エスニック・ネットワークは，短期滞在者には，日本社会との接触を回避するた

---

176)　樋口・前掲論文 233–234 頁．

めの緩衝材として働く．そもそも，このこと自体にプラス・マイナスの両面がある．一方で，日本社会との接触の機会を減らすことになるが，他方で，日本社会との接触による困難を緩和することにもなるからである．長期滞在者にとっても，エスニック・ネットワークは二重の意味を持つ．それは，一方では，日本社会との積極的な接触に乗り出すための補助ツールとして機能しうるが，他方，同国人との間での自立的（自閉的）な関係を強化するのに役立ちうるからである．

第3章 在日外国人の生活支援

第1節

具体例

第1 大都市——池袋・新宿
Leçon 17

I—序

　「外国人」に対する生活支援は,「外国人」が居住する各地域において,様々な形で試みられている.その態様は,どのような生活上の必要があるのか,また,どのような支援が可能なのか,によって異なる.とりわけ,公式のものだけでなく非公式のものをも考慮に入れるとすると,地域ごとの特性が色濃く反映することとなる.同時に,その実態をトータルに把握するのは,極めて困難な作業となる.

　そこで,以下では,「外国人」の集住地域として知られるいくつかの地域を具体例としてとりあげて,生活支援の様子を見ていくことにしたい.そうすることには,次の二つのメリットがある.第一に,いくつかの典型的なパターンを知ることができると思われること,第二に,既存の調査結果を利用することができることである.

　具体的には,まず,大都会の例として池袋・新宿(第1)をとりあげ,続いて,新興の工業都市の例として浜松・大泉(第2)を,旧来の工業都市の例として川崎(第3)を,また,郊外団地の例として横浜(第4)を,さらに,農村部の例として山形(第5)をとりあげる.最後に,以上をふまえて若干の考察を試みたい(第2節).

　なお,予め一言しておくと,登場する「外国人」は,池袋・新宿[1]ではアジア系のニューカマー,浜松・大泉では日系ブラジル人[2],川崎[3]では在日

韓国・朝鮮人[4]，横浜[5]では旧ベトナム難民，山形ではフィリピン人女性が，それぞれ中心となる[6]．日本に居住する外国人をいくつかのエスニック・グループに分けるとすれば，これでほぼ主要なグループはカバーされていることになる[7]．以下は，これらの人々の暮らしぶりの一端を示すものとしての意味も持つ．

II—前提

1 参照研究

(1) **紹介** 池袋・新宿については，都市社会学の奥田道大を中心とするグループの実態調査がよく知られている．以下においては，現時点での総括となっている奥田道大=鈴木久美子責任編集『エスノポリス・新宿／池袋——来日10年目のアジア系外国人調査記録』[8]，とりわけ，奥田の協力者であった著者による田嶋淳子『世界都市・東京のアジア系移住者』[9]による．奥田調査

---

1) この地区との関係では，治安に関する問題についても一言する．
2) 日系ブラジル人の集住地としては，他に，愛知県豊橋市・豊田市が著名である．前者については前章第3節第4で言及した．後者については，とりわけ保見団地が著名である．関連研究も少なくないが，そのいくつかには，第2・第4で付随的に言及する．なお，日系ブラジル人の法的地位については特有の問題がある．これについては，序章で一言したほか，これまでにも各所で触れてきたが，補章・結章でも改めて言及する．
3) この地区との関係では，政治参加に関する問題についても一言する．
4) 在日韓国・朝鮮人に関しては，固有の（あるいは関連の）法的問題が少なくない．この点に関しては，補章で検討することとして，本章では，生活支援に重点を置く．なお，在日韓国・朝鮮人の集住地は本章でとりあげる川崎の他にも少なくない．たとえば，東京でも，荒川・日暮里や枝川などが知られている．これらには立ち入らないが，関連の文献のみを掲げておく（前者につき，田嶋淳子・世界都市・東京のアジア系移住者〔学文社，1998〕第5章「在日コミュニティの社会変容—荒川区荒川・日暮里地区」，後者につき，江東・在日朝鮮人の歴史を記録する会編・東京のコリアン・タウン——枝川物語〔樹花舎，増補新版，2004〕）．
5) この地区との関係では，日本語ボランティアについても一言する．
6) 「外国人」に類するものとして「中国帰国者」たちも考慮に入れる必要があるが，目立った集住地区があるわけではない（第4章で触れるように，全くないわけではない．）．
7) イスラム系の人々については前章第3節第5で言及した．中国・台湾系のオールドカマーについては，まとまった形では取りあげないが，本章の各所で必要に応じて言及する．他に，欧米人，特に米軍軍人・軍属が重要であるが，これについては補章でとりあげる．なお，欧米人一般については，さしあたり，ジェンス・ウィルキンソン「欧米人——日本における複雑な立場」駒井洋編著・講座グローバル化する日本と移民問題・第6巻・多文化社会への道(明石書店，2003) を参照．
8) ハーベスト社，2001刊．ほかに，奥田道大=田嶋淳子編・新版池袋のアジア系外国人(明石書店，1995), 川村千鶴子編著・多民族共生の街・新宿の底力(明石書店，1998)．
9) 前掲注4) 参照．

は 1988 年から 1997・98 年度にわたって行われたものであり，「外国人」に対するインタビュー調査を中心とするものである[10]．

(2) 特徴　奥田グループの研究は，「池袋・新宿」の現状につき「ニューカマーズ・アジア系外国人，地元外国人が相互に入り組んで，受容と変容過程を繰り返しながらいわゆる『錯綜体都市』へと融合している」と理解し，「ニューカマーズ」については「来日 10 年目を迎えたニューカマーズが，どのような生きかたと複合アイデンティティを新宿や池袋を磁場として日本社会に持ち得たか」を重視している．とりわけ，彼らの多くが「それぞれに生活の安定期を迎え……彼らは『新宿（池袋）生まれ』，『新宿（池袋）育ち』の子供が学齢期を迎えるなかで，母国，あるいは母国以外の国を含む日本との柔軟な複合アイデンティティーズにおいて，日本社会で生きる第 2 ステージの人生設計を抱えている」ことが指摘されている[11]．

言い換えるならば，対象地域を「『大都市衰退地区の再生』という立場」から見ており，対象外国人を「'88 年組のニューカマーズは，『アジア系外国人』というゲスト市民としての資格よりも混成化コミュニティの構成員としての帰属感を持つ」人々としてとらえているのである[12]．

2　集住の経緯

(1) 地域　奥田グループの研究は池袋・新宿を対象地域とするが，ここでいう「池袋・新宿」とは「外国人登録人口比率が区全体の平均より高い町丁別に括った，いわゆる大都市インナーエリア市街区」を指しており，具体的には，池袋については池袋 1～3 丁目，東池袋 1～3・5 丁目，西池袋 2・4・5 丁目など，新宿については大久保 1～3 丁目，百人町 1～3 丁目，北新宿 1～4 丁目などを中心とする地区を指すようである（豊島区・新宿区の外国人登録人口は 1999 年現在，平均で 8％だが，インナーエリア調査地では平均で 12～15％，場所によっては 20％を超える．なお，実人口は登録人口の 1.5

---

10)　奥田には都市社会学に関する多くの業績があるが，この調査の方法に関するものとして，奥田「フィールド・ワークのすすめ（その 1）（その 2）」同・都市社会学の眼（ハーベスト社，2000）所収を参照．
11)　奥田=鈴木編・前掲書 iii–iv 頁．
12)　奥田=鈴木編・前掲書 1 頁，3 頁．

〜2倍と推計されるという)[13]．駅名で言うと，池袋は，池袋駅を中心とする地域，新宿は，新大久保・大久保を中心としてその東西に広がる地域ということになる（地図を参照）．なお，ここでいう「インナーエリア」とは「大都市の郊外と都心の中間地帯に位置し，都心をとりまく周辺部の内部地区であり，住工あるいは商住工混在地域という特色を持つ」とされ，「そこで生ずる問題が都市全体の衰退を示すものとして認識される」と説明されている[14]．

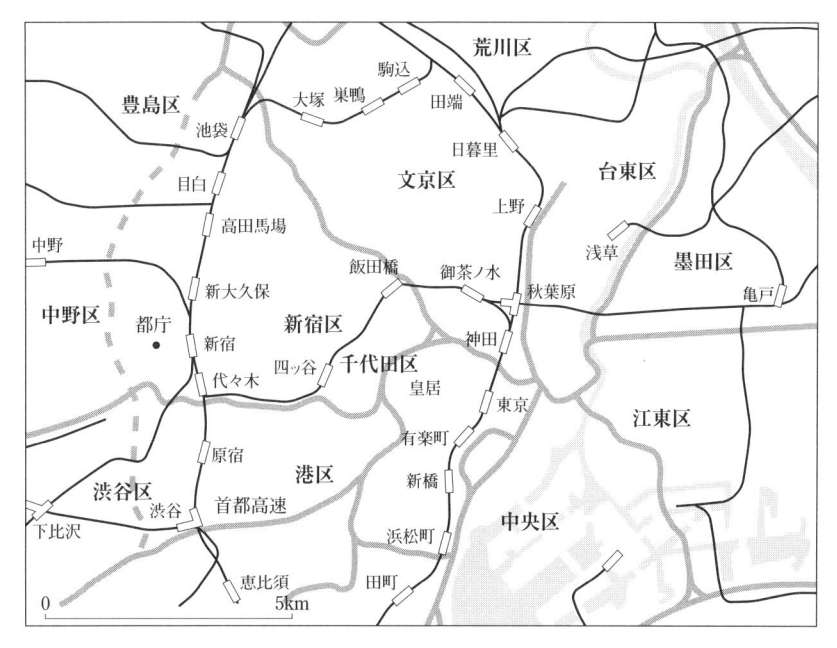

池袋は 1960 年代の後半以降，東京の副都心・盛り場の一つという地位を確かなものとしていたが，1978 年の高層ビル・サンシャイン開業以降，とりわけ 80 年代半ば以降，池袋駅東口の業務空間化が進行した．それでも，池袋には多数の木造賃貸アパートが残存していた．その背後には豊島区が，高度成長期に地方出身の若年労働者を多数受け入れていたという事情がある[15]．

---

13) 奥田＝鈴木編・前掲書 3 頁，50–51 頁，130 頁．
14) 田嶋・前掲書 38 頁．
15) 田嶋・前掲書 59–60 頁，63 頁．

新宿もまた副都心としての性格を持つ．さらに，1992年の都庁移転以降は，都心としての性格を持つようになりつつある．しかし，東口には，歌舞伎町を中心とする「盛り場」が広がり，「猥雑さ，悪場所的な要素をもった地域」となっている．なお，アジア系移住者が集住する大久保地区は，昭和30年代から歌舞伎町で働く地方の若者や女性たちを受け入れてきた地域であり，やはり木造賃貸住宅が多い．集合住宅の割合が高くほとんどの地区で3割以上になっている．6畳一間の単身者向けアパートも多く残っており，単身世帯比率も6～7割と高くなっている[16]．

(2) **住民**　この地域に住む「外国人」を出身国で見ると，調査対象者の43％が韓国（朝鮮），18％が台湾，16％が中国である．韓国・朝鮮の比重が高まり，台湾・中国は低減傾向にあるが，他の中国系アジア人を含めると，韓国系・中国系が二大勢力であると言える．おおまかに言うと，池袋は中国系が，新宿は韓国系が多いという．

来日時期で見ると，① 86年以前15％，② 88年組をコアとする87–89年が13％，③ 90–92年が21％，④ 93–95年21％，⑤ 96–98年30％となっている．①がオールドタイマーにあたるのに対して，②が前期ニューカマー，③④が後期ニューカマー，⑤がニュー・ニューカマーと呼ばれている．出身地と関係づけて見ると，①は台湾が，②は韓国・中国が多いが，③④⑤では韓国が圧倒的に多くなっている[17]．したがって，この地域の韓国人たちは，ニューカマーとしての韓国人であることになる[18]．

III ― 生活状況

1　池袋の場合

(1) **地域的な特性**　アジア系外国人が池袋地区で増えたのは1987年から88年にかけてであったというが，それに先立ち，この地区には，中国人国費留学生や台湾人などが住むようになっていた．とりわけ1979年の出国制限の緩和以降，台湾人が増えていった．1980年代前半の台湾人留学生の存

---

16) 田嶋・前掲書118頁，122頁．
17) 奥田=鈴木編・前掲書6–9頁，72–74頁．
18) なお，ニューカマーとしての韓国人につき，高鮮徽『『新韓国人』——適応による潜在化と孤立』駒井編著・前掲書を参照．

在は，その後の中国人就学生の受け入れに際して，地域住民の違和感を減殺する効果を持ったという．彼ら就学生たちは日本語学校には通っていたが，学校が宿舎の提供をしなかったため自ら住居を探し，友人・親戚の紹介でこの地区に住み着くことが多かった．この地区には，賃料の安い木造賃貸アパートが多かったことも，このような傾向を促進した[19]．

彼らは一般に経済的に困窮していたので，友人の友人というようなほとんど見ず知らずの人々と狭い住居で暮らすことを余儀なくされた．そして，こうした住居形態が近隣住民の苦情の対象となった．地元の住民たちは，町内会を通じトラブルの経験を経て，「外国人」と接触するようになる．ゴミ，騒音，風紀上の問題，アパートの転貸，自転車の放置など日常的な問題が次々と発生した．これらの問題の解決は，主にアパート経営者・不動産業者や町内会長などによって図られた．それゆえ，管理人や経営者が近くにいないアパートやマンションで，問題は深刻化しやすかったようである[20]．

もっとも，1988年前後に日本に到来した「外国人」たちは，10年後には相対的に豊かになってきている．そうした人々は，日本人と同様に，不動産業者を介して住居を探すようになる．また，そうした需要に応じる不動産業者も増えてきた[21]．この点は，新宿につき改めて触れることにしよう．

(2) 生活支援の特色　この地区の「外国人」受け入れの特徴の一つは，地域が衰退に向かっているという事情とかかわる．地元の商店・アパート経営者にとっては，ニューカマーは顧客，借り手として一定の意味を持った．彼らが暮らすことによって，地域社会が活気を多少とも帯びるという事情があったがゆえに，消極的にではあれ，「外国人」を受け入れるという姿勢が生じたというのである[22]．

さらに，先行のニューカマーが地区に定着するようになると，日本社会に適応した彼らが，後発のニューカマーたちにアドバイスを与えるようになる．「人に迷惑をかけないようにしてほしい」「日本の生活習慣やマナーに従うこと」「同国人だけが固まらないように」といったアドバイスがなされている

---

19) 田嶋・前掲書69–71頁．
20) 田嶋・前掲書77頁，85頁．
21) 奥田=鈴木編・前掲書76頁．
22) 田嶋・前掲書85–86頁．

という.なお,その際に,「池袋は便利だから,住みやすいよ,住みなさい.新大久保より安全だし,外国人が多すぎない」などと説かれているというのは興味深い[23].こうして見ると,「外国人」たちの生活を支えるものとして,非公式のエスニック・ネットワークが重要な役割を果たしていることが確認される.

2 新宿の場合

(1) 地域的な特性 新宿区は現在都内で最も外国人居住者の多い地域であるが,その4割は韓国人が占める.もちろん,そこには在日韓国・朝鮮人も含まれていて,中国系の場合の台湾人にあたる地位を占めている.しかし,それ以上に1980年代から90年代にかけて,多くの韓国人が新たに流入した.1980年代には約3,000人だったのが,15年後には8,000人を超えるに至っている[24].

その結果,この地域には,韓国人が韓国語のみで生活できる空間が出現している.「地域にはホテルで働く韓国人が従業員宿舎のように使う一戸建て住宅や,料理店の賄いなどを務める『アジュマ』(おばさん)と呼ばれる年配の女性たちが住むアパートがある.こうしたアパートでの生活はほとんどが韓国語で行われており,アパートの注意書きもすべてハングルである.若い『アガシ』(娘)たちはスナック等で働き,教会に通う」という[25].

上の引用部分にも窺われるが,大久保地区の場合には,就労の場が提供されている点に大きな特色がある.すでに,在日韓国人などによるエスニック・ビジネスが展開されているためである.

(2) 生活支援の特色 大久保地区においては,池袋の場合以上に,買い手としてのアジア系移住者の存在が,地元商店街や不動産業者によって明確に意識されているという.大久保では日本語の掲示はみられず,ハングルや中国語のみを使う商店が多い.この地域では顧客の3割程度がアジア系移住者であるという商店もみられることからすれば,当然の趨勢と言えるだろう.また,不動産業者も,多少のリスクを覚悟し,かつ,手間暇をかけてでもア

---

23) 奥田=鈴木編・前掲書85頁.
24) 田嶋・前掲書128頁.
25) 田嶋・前掲書129頁.

写真 9・10： 大久保地区および同地区の不動産屋

ジア系移住者を顧客にせざるを得ない状況に至っているという．

　なお，新宿区が不動産業者に対して行った調査（1992 年）によると，外国人を斡旋している業者は 1 割程度，「外国人不可」という条件は，貸家業者等で 25％，仲介業者等で 40％に達していたが[26]，現在の大久保地区に関する限り，「不動産業者も家主も『外国人はお断り』では経営が成り立たない．今や大久保の不動産業者にとって，賃貸物件を探しに来る客の 7 割以上は外国人なのである」[27] という事態に至っている．その結果として，「日本人の保証人や契約者以外の人との同居など，外国人が部屋を借りる時に常にネックとなっていた問題に対しても，杓子定規に構えるのではなく，実情に合わせて柔軟に対応するという姿勢が生まれている．」[28] ともいう．

26） 田嶋・前掲書 117 頁注 11）．
27） 稲葉佳子「外国人の住宅・居住問題」石井由香編著・講座グローバル化する日本と移民問題・第 4 巻・移民の居住と生活（明石書店，2003）147 頁．
28） 稲葉・前掲論文 147–148 頁．

また，先行居住者のはたす役割も，池袋以上に大きい．とりわけ，地域住民として在日韓国人たちはむしろ日本社会の側に立っており，ニューカマーたちと接触しているという．その結果，大久保の韓国人たちは，直接日本人と対峙する機会が，池袋に比べて少ない[29]．

　さらに，もう一つ重要な点として，教会の役割に触れておく必要がある．新宿ではさまざまな教会が外国人を受け入れており，教会は，ニューカマーの韓国系移住者たちを結びつける機能をはたしているという[30]．

　もっとも，大久保地区では，ニューカマーの数が増えていることに伴う別の問題が発生していることにも注意を要する．池袋以上に「外国人」の多い大久保地区では，外国人同士が隣人となることも稀でないが，その結果として，外国人間のトラブルが増えているというのである[31]．最近の調査では，新宿につき，「外国人が多いので，周囲の日本人が優しい」「外国人に部屋を貸してくれる」「韓国人と日本人との差を感じない．気にしなくてすむ」といった積極的な評価とともに，「治安が悪い，環境が悪い」「外国人が多い」「外国人同士のトラブルがある」「外国人がたくさんいて，怖い」などという意見も目立つようになっているという[32]．

IV ─ 補論 ─ 治安に関する問題

　序章でも触れたように，外国人犯罪は人々の大きな関心の対象となっている[33]．本書では，刑事の問題には立ち入らないが[34]，外国人犯罪が話題になることが多い地域との関係で，日常生活にかかわる問題の一つとして，治安の悪化に関する問題についてもごく簡単に触れておきたい．

　ここで述べておきたいのは，次の2点である．一つは，治安は本当に悪化しているのか，悪化しているとしてその程度はどのくらいか，という点で

---

29) 田嶋・前掲書 135 頁.
30) 田嶋・前掲書 129 頁. なお，より一般的にキリスト教の教会の役割については，中川明「変容するカトリック教会」駒井編・前掲書所収を参照.
31) 田嶋・前掲書 137–138 頁.
32) 奥田=鈴木編・前掲書 80–81 頁.
33) 外国人犯罪の状況につき，張荊・来日外国人犯罪──文化衝突からみた来日中国人犯罪（明石書店，2003)，森田靖郎・中国人犯罪グループ（中公新書ラクレ，2004 年)，外国人差別ウォッチ・ネットワーク編・外国人包囲網──「治安悪化」のスケープゴート（現代人文社，2004）などを参照．新宿の状況につき，坂中英徳・入管戦記（講談社，2005)，特に第 1 章も参照．
34) たとえば，最近では，帰国した外国人の処罰が問題となっている．

ある。この点に関しては、必ずしも治安が悪化しているとは言えないという見方も有力に主張されている[35]。もう一つは、治安が悪化しているとして、どのような対応策が講じられるべきか、という点である。安全・安心の確保を国家（警察）に委ねるのか、それとも、市場（警備会社）や地域（自警団）に委ねるのか、これらを組み合わせるのか、あるいは別の方策がありうるのか[36]。この点は、外国人問題を超えて、日本社会のこれからのあり方に大きくかかわる。

第2　工業都市A——浜松・大泉 Leçon 18

I—前提

1　参照研究

(1) **紹介**　すでに述べたように、浜松・大泉は日系ブラジル人の集住地域としてよく知られており、多数の地域研究が存在する。以下においては、代表的なものとして、浜松につき、池上重弘編著『ブラジル人と国際化する地域社会——居住・教育・医療』[37]、大泉につき、小内透＝酒井恵真編著『日系ブラジル人の定住化と地域社会——群馬県太田・大泉地区を事例として』[38]の二つを参照したい[39]。前者は、静岡県立大学の4名の研究者たちが、1996年から行った調査をまとめたもの、後者は、北大・札幌学院大の関係者を中心とする研究者グループが、機関調査・郵送調査・面接調査など様々な方法を用いて、1994年から始めた研究をまとめたものである。

(2) **特徴**　池上グループの特色は、文化人類学・図書館情報学・看護学と

---

35) 河合幹雄・安全神話崩壊のパラドックス——治安の法社会学（岩波書店、2004）、特に第I部、久保大・治安はほんとうに悪化しているか（公人社、2006）などを参照。
36) この点につき、河合・前出注35）、特に第III部のほか、五十嵐太郎・過防備都市（中公新書ラクレ、2004）、吉原直樹・開いて守る——安心・安全のコミュニティづくりのために（岩波書店、2007）などを参照。さらに、マイク・デイヴィス（村山＝日比野訳）・要塞都市LA（青土社、2001）も参照。
37) 明石書店、2001年刊。
38) 御茶の水書房、2001年刊。ほかに、深沢正雪・パラレルワールド（潮出版社、1999）も参照。
39) 両地域に関する考察を含むものとして、リリ川村・日本社会とブラジル人移民——新しい文化の創造をめざして（明石書店、2000）を利用することもある。なお、初期の状況については、渡辺雅子編著・出稼ぎ日系ブラジル人（上）論文編（明石書店、1995）がある（（下）は資料編）。

異なる専門を持つ研究者たちが,「自分たち自身が浜松に生活の本拠を置き,地域社会のなかで日常的にブラジル人と接する『生活者』でもある点に軸足を据え……浜松における地域社会の国際化をめぐる問題に研究上の焦点を定めた」点にある[40]. 他方, 小内・酒井のグループは「特定地域を対象にしたモノグラフ研究」という地域社会学の伝統に連なろうとするものであるが,「編者の一人 (小内) が太田市の出身で, 伝え聞く地元の人たちの声と調査報告で紹介される内容がかみ合っていないという感を強く抱いた」ことに端を発する[41].「太田・大泉地区がすでに『外国人住民と地域住民とのあいだに良好な共生関係がみられる地域』として高く評価されていることを念頭に置くと, 本書の試みは, 太田・大泉地区の実態をより詳細に把握することを通して, 従来の評価の内実を問い直す試みとして位置づけることも可能である」というわけである. そのために,「焦点を外国人労働者とホスト社会・ホスト住民との関係に移動させる」という選択がなされている[42].

二つの研究はいずれも, 研究者たち (の一部) が実際によく知る地域につき, その地域の側に視点を置いて, 外国人集住にかかわる問題を検討しようとするものである.

2 集住の経緯

(1) 浜松とブラジル人 浜松市 (静岡県) は,「世界的に有名な輸送機器メーカーや楽器メーカーの大工場をはじめ, それに関連する中小零細の下請け工場・孫請け工場が多数存在する工業都市」である[43]. こうした説明を聞くと, 改めて浜松＝ヤマハという図式が思い浮かぶ. その浜松でブラジル人の増加が始まったのは, 他の地域と同様, 1990 年の改正出入国管理法施行以後のことである. 愛知県・静岡県には, 22 万人 (1999 年) の在日ブラジル人の約 3 分の 1 にあたる 7 万人が居住するが, 浜松はブラジル人の集住する都市として知られている. 2001 年末現在, 浜松の総人口は約 59 万人, 外国人登録者は約 2 万人であるが, そのうちの 6 割にあたる 11,000 人がブラジル人

---

40) 池上編著・前掲書 5 頁.
41) 小内=酒井編著・前掲書 ii 頁. 両編者は, 布施鉄治を中心とした夕張研究 (『地域産業変動と階級・階層』〔御茶の水書房, 1982〕) のメンバーであった.
42) 小内=酒井編著・前掲書 13-14 頁.
43) 池上編著・前掲書 23 頁.

浜松市における外国人登録者数の推移

	1989	1992	1995	1998	2001
ブラジル	146	6,132	6,527	10,086	11,716
韓国・朝鮮	1,945	2,213	1,857	1,720	1,597
フィリピン	290	797	828	912	1,501
ペルー	8	836	692	827	1,263
中国	277	519	838	1,028	1,165
総数	3,088	11,456	11,775	16,032	19,235
総人口	529,063	557,319	564,176	577,174	588,857
外国人比率	0.58%	2.06	2.09	2.78	3.27
ブラジル人比率	4.7%	53.5	55.4	62.9	60.9

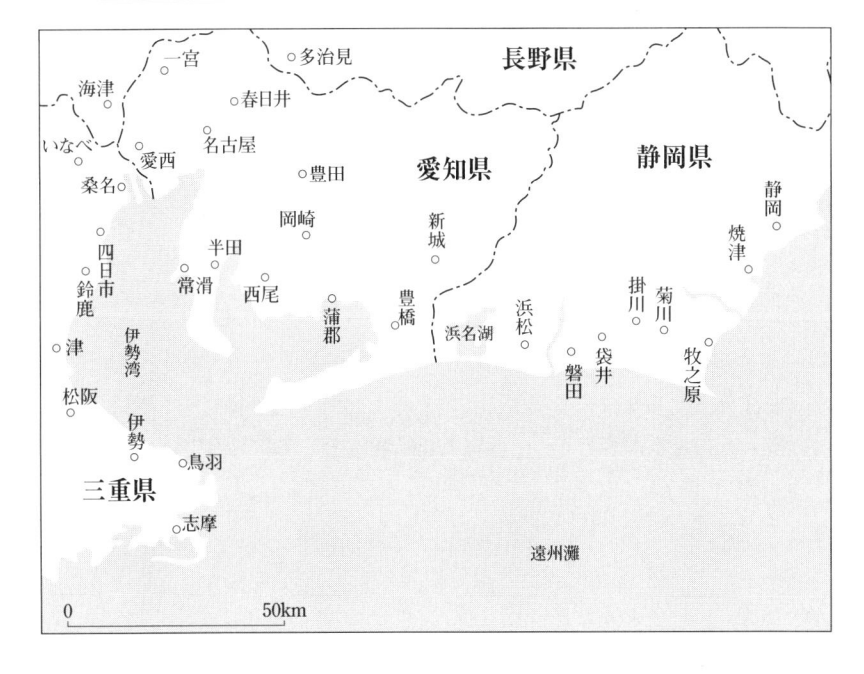

であり，その数は全国の都市中で最多である[44]．浜松におけるブラジル人の増加の様子を示すために，簡単な表を掲げる[45]．やはりブラジル人が多いことで知られる豊橋・豊田とあわせて，浜松の位置も示しておこう．

---

44) 池上編著・前掲書 25 頁．
45) 池上編著・前掲書 22–23 頁の表を簡略化．

(2) **大泉とブラジル人**　太田市と大泉町（群馬県）は，「関東平野の北西部にあり，東京から約 80km に位置している」が，二つの町はとくに強いつながりを持っている．このつながりは「この地域の戦前から現在に至る工業集積過程の中で作られてきた」．この地区の重工業は，1917 年に太田市に中島飛行機製作所が開設されたことに端を発するが，第 2 次大戦後の米軍駐留を経て，旧中島飛行機は富士重工業として再出発した（現在，群馬製作所に従業員 7,000 人）．また，1959 年には大泉町の米軍基地跡地に三洋電機東京製作所が誘致された（現在，従業員 12,000 人）．その他にも，飛行機関連技術をもとにして成長した金型メーカーやボタンメーカー（全国一のシェアを持つアイリス）が存在する．その結果，上記企業を中心にその下請けを含めて，様々な工場が立地するに至っている[46]．

太田・大泉でも，ブラジル人人口の急増は 1990 年以降に始まる．二つの町の日本人人口は 1980 年代末から減少に転じたが，ニューカマーの流入によって，町全体の人口は増加している．1995 年現在で，太田市の人口は 143,000 人，大泉町の人口は 41,100 人であったが，外国人登録者の数はそれぞれ 4,600 人，3,800 人に達していた（2000 年現在では，6,800 人，5,700 人）．そのうちブラジル人はそれぞれ 2,500 人，2,900 人（2000 年現在では，3,300 人，4,400 人）となっている．このようにして，大泉町は，2000 年現在では，「人口に占める外国人比率は 13.4％に及び，全国で最も外国人比率の高い自治体として知られるまでになっている．しかも，大泉町の場合，太田市以上にブラジル人の増加が著しく……外国人登録者の 78.3％に及んでいる．ここに，大泉町が『ブラジル・タウン』と呼ばれる所以がある」[47]．以上の事情を勘案して，以下においては，大泉町だけを検討の対象とする．

なお，ここでもブラジル人人口の増加を示す表[48]と太田・大泉の位置を示す地図を掲げておくことにしよう．

---

46) 小内=酒井編著・前掲書 25–29 頁．
47) 小内=酒井編著・前掲書 34–41 頁．
48) 小内=酒井編著・前掲書 35 頁・37 頁・40 頁の表から作成．

大泉町における外国人登録者数の推移

	1989	1992	1995	1998	2000
ブラジル	277	1,528	2,871	3,826	4,460
ペルー	51	319	529	542	648
フィリピン	49	51	106	119	125
韓国・朝鮮	151	152	146	127	123
中国	26	166	63	57	69
総数	623	2,304	3,848	4,882	5,699
総人口	—	—	41,100	—	42,530
外国人比率	—	—	9.4%	—	13.4
ブラジル人比率	44.4%	66.3	74.6	78.4	78.3

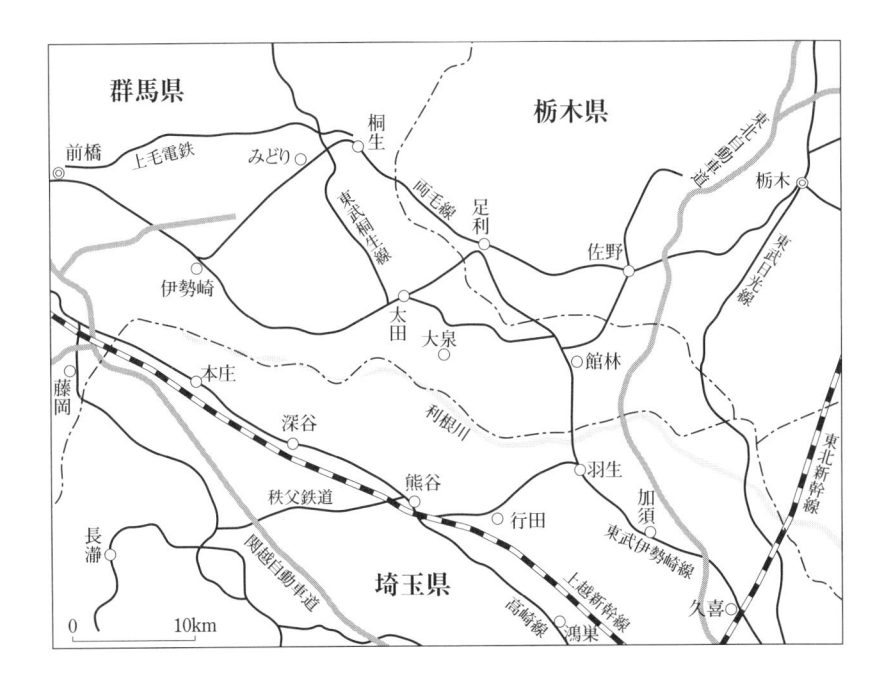

II－生活状況

1 浜松の場合

(1) **地域的な特性** 1万人を超えるブラジル人を擁する浜松には，ブラジル人の「エスニック・コミュニティ」ができつつある．JR 浜松駅の南に店舗

を構えるブラジル雑貨店の1階には食材や雑誌・新聞・書籍，2階には輸入CDや洋服・下着類が売られており，1993年7月にはブラジル銀行浜松出張所が開設され，本国への送金などに多くのブラジル人が利用しているという．その他，旅行代理店・中古車販売店・携帯電話取扱店・パソコン教室兼販売店などブラジル人を対象としたビジネスが展開されている．さらに，1996年に「エスコーラ・ブラジレイラ浜松（浜松ブラジル人学校）」が開設されたのに続き，2000年・2001年に第2・第3のブラジル人学校も設置されている．また，市内のカトリック教会では，日系ブラジル人神父がポルトガル語でミサを行う．なお，浜松では，ブラジル人によって企画・運営されるイベントとして「ブラジル・フェスタ」などが定着している．ただし，浜松には，ブラジル人を代表する団体が確立されておらず，この点に関する限り，エスニック・コミュニティがすでに成立しているとまでは言えない[49]．

(2) **生活支援の特色** 浜松において注目されるのは，集住外国人への自治体の対応のあり方である．以下においては，一般的な対応と医療問題に関する対応の二つに分けて見ていく．

まず，一般的な対応である[50]．浜松市では，1991年6月に設置された国際交流室（1999年4月に国際室に改組）と同年10月に設立された財団法人浜松国際交流協会（HICE＝Hamamatsu Foundation for International Communications and Exchanges）が，官民のパートナーとして連係して国際化施策・国際交流を進めている[51]．HICEは，1992年4月に，JR浜松駅前の複合ビル「フォルテ」内に開設された浜松市国際交流センターの委託管理を行っている．同センターでは，情報提供・生活相談などの生活支援が，ポルトガル語・中国語・フィリピン語・スペイン語などによって行われているほか，日本語教室など各種講座も開設されているという．

浜松市は，1990年6月の改正出入国管理法施行後まもない時点から，外国語によるパンフレット類の作成に力を注いできている．『水道ガイド』（ポルトガル語版，フィリピン語版，英語版），『ごみの出し方』（日本語・英語・

---

49) 池上編著・前掲書31–35頁．
50) 以下の叙述も含めて，池上編著・前掲書40–45頁，52–55頁．
51) その活動内容の詳細については，それぞれのホームページを参照（http://www.city.hamamatsu.shizuoka.jp/admin/policy/kokusai/center.html，http://www.hi-hice.jp/）．

写真11: HICE 入口

ポルトガル語・スペイン語対訳) から始まり，1998年4月の時点では，その数は18種に達している．他方，HICE は，毎月発行の『HICE NEWS』英語・ポルトガル語版で，浜松市の広報誌『広報はままつ』の記事から生活関連情報やイベント情報などを抜粋・掲載してきたほか，『浜松ガイドマップ』(英語・ポルトガル語併記)，『浜松生活ガイド――ポルトガル語版』などを公刊している．さらに，1998年度からは『広報はままつポルトガル語版』も発行されており，2001年3月現在で31号に達しているという．

1999年5月には，北脇・新市長が就任し，「技術と文化の世界都市・浜松」というコンセプトが提示された．これに基づき，新しい施策が打ち出された．たとえば，2000年には外国人市民会議 (これについては，次の「川崎」の項で検討する) が設置されたほか，地域共生会議の開催，日本語ボランティア支援事業，外国人集住都市会議の開催などが実現された．

このように，浜松市は積極的な施策を講じてきたが，次のような指摘もなされている[52]．一つは，外国人市民会議が開催されているとしても，これによって外国人市民の意見が十分に聞かれているとは断言できないことである．もう一つは，各種の施策は定住指向の人々に向けられており，それ以外の人々には十分な配慮がなされていないのではないかということである．現時点では望蜀の観もあるが，これらはいずれも重要な指摘であろう[53]．

---

52) 池上編著・前掲書56–57頁．
53) 浜松市の最近の状況については，原田なおみ「外国人集住都市浜松における地域共生の取り組み」を，NPO の視点から見たものとして，山口祐子「浜松市における NPO の試み」を参照 (いずれも，駒井洋編著・講座グローバル化する日本と移民問題・第5巻・移民をめぐる自治体の政策と社会運動〔明石書店，2004〕所収)．

次に，医療問題に関する対応である[54]．すでに述べたように，日本では制度上は，「外国人」も健康保険または国民健康保険に加入することとされている．しかし，実際には健康保険に加入する外国人労働者は少ない．他方，外国人労働者が国民健康保険に加入している場合もある．本来，国民健康保険は，健康保険の適用されない人々を対象とするが，実際の運用に際しては，厳格に仕分けをする自治体と柔軟に国民健康保険への加入を認める自治体とがある．浜松市は，前者に属していたが，1997年に「グルッポ・ジェスチサ・エ・パス（公正と平和を求めるグループ）」による陳情がなされ，かつ，在名古屋ブラジル総領事がブラジル人の医療保障の改善を求めたこともあって，問題が顕在化した．しかし，浜松市・静岡県は，結局，従来の方針を改めて打ち出すこととなった．その後，北脇・新市長は，この点につき「在住外国人の公的医療保険制度の見直しについて」という要望書を提出した．この要望書は，全国市長会を通じて厚生労働省などに配布されたという．

この問題につき，制度的な解決が困難な中で，1996年10月以来，浜松では民間組織による外国人無料検診会が実施されている[55]．この試みは，他の都市にも広がりつつあるという．対症療法ではあるが，貴重な試みであることは確かであろう．

2 大泉の場合

(1) 地域的な特性 町の人口の1割以上がブラジル人である大泉は，まさに「ブラジル・タウン」の様相を呈している[56]．1991年にはじまった「サンバ・パレード」は，1999年には400人の参加者，20万人の観光客で賑わう大泉町の代表的なイベントとなっており，「ブラジル・タウン」を象徴する．エスニック・ビジネスも盛んであり，1992年には「日伯商業組合」（現・日伯商工会）が設立され，1996年には16の店舗が集まってショッピングセンター「ブラジリアン・プラザ」が開設されており，「ブラジル・タウン」のもう一つの象徴となっている．さらに，1999年・2000年には太田市にブラ

---

54) 池上編著・前掲書 228–234 頁．
55) 池上編著・前掲書 261–265 頁．なお，この試みの主唱者による報告として，山口貴司「市民による外国人医療支援活動」駒井編著・前掲書所収がある．
56) 池上編著・前掲書 300–313 頁．なお，エスニック・ビジネスについては，同 144–159 頁に詳しい．

写真12: ブラジリアン・プラザ

ジル人学校が開設されている．なお，「大泉日伯地域安全活動推進協議会」や「大泉群馬ブラジル協会」などブラジル人の団体も組織されており，特に後者は「群馬県在住の日系ブラジル人を代表する団体」を標榜しているが，組織率は低くその基盤は未だ脆弱であるという．

(2) **生活支援の特色**　大泉では，自治体の施策は，浜松以上に積極的に展開されてきた．1980年代後半，太田・大泉地区では労働力不足が深刻な問題となった．そこで大泉町の企業を中心に結成された東毛地区雇用促進安定協議会は，長期滞在かつ単純労働が可能な日系人を町ぐるみで受け入れる方針を打ち出した．具体的には，1989年12月，真下・大泉町長の発案によって上記の協議会が設立されたのである．こうした経緯から，大泉町では，日系ブラジル人に対して，「たんなる労働者としてではなく，生活者として行政自体が人権を保障しよう」という姿勢が示されることとなった[57]．

具体的には，次のような施策が講じられている[58]．すでに見たように，子どもたちの学校への積極的な受け入れをはじめとして，日本語学習機会の提供を中心とする社会教育のほか，多言語による行政対応や広報・情報提供，国際交流のための行政組織整備と交流事業の推進などが行われている．

たとえば，行政対応や広報などについては，町民相談室にはブラジル出身の女性が採用されており（1991年に嘱託として，95年からは正規職員として），各種の相談に応じるほか通訳・翻訳なども行っている．また，1991年に『生

---

57) 小内=酒井編著・前掲書41頁，99–100頁．
58) 小内=酒井編著・前掲書100–115頁．

活ガイドブック』（ポルトガル語）が作成されたほか，92年からは月刊のポルトガル語広報誌『Garapa』，さらに94年からは隔月刊でその別冊『Garapa cultural』が発行されている．ほかにも，『交通安全のルールとマナー』『くらしの便利帳』（いずれもポルトガル語版）などが作成されている．行政組織に関しては，1995年から国際交流課が設けられ，96年には，民間主導で設立されていた交際交流協会が，行政とのタイアップによって大泉町国際交流協会に改編されている．

　ここで注目すべきは次の二つの施策である．一つは，医療・福祉サービスの整備であるが，大泉町は，太田市とともに，外国人労働者についても国民健康保険への加入を認める方針を採っており，その結果，国民健康保険への加入率は54％と相対的に高い水準に達している．特に，大泉町では保険料が安かったこともこの傾向に拍車をかけた．また，外国人の妊婦も増えており，外国人登録がなされていない場合にも，人道的な見地から母子手帳を交付しており，入局管理局への通報も（義務はあるものの）行っていないという．

　もう一つは，公営住宅への入居である．太田市でも大泉町でも，外国人登録がなされていれば公営住宅に入居できるとされているが，大泉町の場合には，その数は少ない．ところが，太田市では，低家賃の住宅に外国人が集まる傾向を見せており，ある市営団地では83戸（全戸数の3分の1）に達しているという．公営住宅への外国人集住は，太田市に限らず全国各地で，程度の差はあれ様々な問題を生じさせている．ある意味では，地域社会における「外国人」の受入れに関する問題が集約的に現れているのが，公営住宅であるとも言える．そこで，この点に関しては，項を改めて検討することとしたい．

III ─補論─「住み分け」をめぐる問題

1　公営住宅への入居

　公営住宅の入居に関しては，公営住宅法及びこれに基づき制定された自治体の条例[59]による規律がなされている．具体的には，低所得の住宅困窮者

---

[59] たとえば，大泉町の場合には，1997年に新たに「大泉町町営住宅管理条例」が制定されている（http://www.town.oizumi.gunma.jp/reiki_int/reiki_honbun/e2700348001.html に全文掲載）．

を対象に，公正な方法で入居を選考すべきことが定められている（法23条・25条）．その際に，「老人，身体障害者その他の特に居住の安定を図る必要がある者」については一定の優遇措置を講じているが，外国人に関しては特に規定は設けられていない．しかし，日本国籍を有することは公営住宅への入居の要件とはされていないので，所得要件等を満たしさえすれば，外国人であっても公営住宅に入居することは可能である．

実際のところ，低賃金で働く外国人労働者の中には，公営住宅に入居する者が多い．大泉町の例で言えば，町営住宅（13団地）で8.7％であり，町の人口に占める外国人の割合（13.4％）と比べると，必ずしも高い割合を示しているわけではない．しかし，県営住宅（1団地）で27.2％となっており，特定の団地に外国人が集中しているのが特徴的である．すでに述べたように，太田市のある団地でも32.9％が外国人世帯となっている．また，同じく太田市では，1997年の6.2％から2000年9.1％へと外国人入居者が増加していることが伺われる[60]．

このような現象は，外国人が集住する静岡県浜松市や愛知県豊橋市・豊田市などでも共通に観察される[61]．

2　問題の所在

外国人が多数居住する公営住宅では，二重の意味で「住み分け」の傾向が生じている．まず第一に，外国人が公営住宅に集住することにより，地域全体としては外国人の姿が見えにくくなっている反面，外国人割合の高い公営住宅では，様々な問題が濃縮された形で出現する形になっている．この問題は外国人に限ったことではない．高齢者・障害者あるいは母子家庭が公営住宅に集住することによって，いわばゲットー化が進みつつあるとも言える．第二に，公営住宅内部においても，外国人（さらには高齢者・障害者や母子家庭）は孤立することが少なくない．言語的・文化的な障壁（高齢者・障害者の場合には身体的な障壁）が，住民相互の交流を妨げているのである．

外国人入居者の割合が極めて高いことで著名な愛知県豊田市のH団地では，団地からの日本人の「退出」が進んでいるという．しかし，同時に，近隣関

---

60) 小内＝酒井編著・前出注38）182–185頁．
61) 稲葉佳子「外国人の住宅・居住問題」石井由香編・前掲書注27）154–155頁．

係・友人関係の形成も進んでおり，住民の自治能力も向上しているという評価もなされている[62]．今後，外国人集住団地がどうなっていくのかは予断を許さない．

第3　工業都市 B——川崎市臨海部　　Leçon 19

I—前提

1　参照研究

(1) **紹介**　川崎市の臨海部は，オールドタイマーとしての在日韓国・朝鮮人が多い地区である．川崎市は積極的な外国人施策で知られるが，ここでは，桜本地区に建設された「ふれあい館」をめぐって展開された行政・各種団体・地域住民の動きを詳しく記録した星野修美『自治体の変革と在日コリアン——共生の施設づくりとその苦悩』[63]を紹介する[64]．同書においては，著者自身が，この問題に市の職員として長年にわたり取り組んだ経験が語られている．

同書の内容は著者自身によって次のように語られている．「川崎市の『中学校区』という小さな地域社会で展開された教育・福祉・文化活動の実践と運動は学校と地域社会を変え行政をも動かした．その経過——在日韓国・朝鮮人とともに歩んで政策を整え，施設の建設をなしとげた学校，地域，そして行政の営み——をできるだけ事実に即して記述したものである」[65]．

(2) **特徴**　同書に序文を寄せた裵重度（ふれあい館館長）は，「在日韓国・朝鮮人当事者が問題を提起しかつ要求した事柄を，自治体行政がどのように受け止めていったのか，そして自治体行政が住民をどう説得・啓発していったのか」「その過程は，他の自治体従事者にとってもおおいに参考になるばかりでなく，担当者のひとりであった著者の悪戦苦闘する姿勢に共感を覚える

---

[62]　都築くるみ「日系ブラジル人集住地域における生活世界と人間関係」石井由香編・前出注27) 193頁以下．
[63]　明石書店，2005刊．
[64]　峰岸是雄「川崎市の外国人市民政策とNPO」駒井編著・前掲書（注53）の要を得た説明に依拠するところも大きい．
[65]　星野・前掲書278頁．

のではないだろうか」[66]と 述べている．実際のところ，ふれあい館は構想から建設までに7年を要したという．「最大の理由は，地元の人々による在日コリアンに対する差別と偏見にもとづく建設反対運動があったためである」[67]．著者は直截にこう述べている．

オールドタイマーである在日韓国・朝鮮人の地域社会に対する要求，これを理解し対応しようとした長期革新市政．しかし，「同化」ではなく「共生」を実現するのは容易なことではない．同書は，この困難克服の過程を具体的に示そうとしている．

2 集住の経緯

(1) 戦前の川崎と外国人　川崎市の外国人登録者数は約27,000人（2004年），そのうち朝鮮・韓国人は1万人ほどであるという．周知の通り，川崎市は日本を代表する工業都市であり，工業の発展に伴って外国人を含む労働力が大量に流入してきた経緯がある[68]．

川崎市には，戦前からすでに，朝鮮半島からも多数の労働者が集まってきていた[69]．政府主導の同化政策の一環として，1925年には「協和会」の分会（39年に支部）が設置される一方で，1931年には朝鮮人労働者を中心に「全協土建神奈川支部」（組合員810名中朝鮮人780名）が設立されている．同支部の崩壊後も「京浜朝鮮人団体協議会」や「多摩川消費組合」などを通じて，当時から朝鮮人の組織化が図られていたという．

(2) 戦後の川崎と外国人　戦後しばらくは戦災復興・地域経済の再生に重点が置かれ，外国人に関する特別な施策の余裕はなかった．しかし，1971年に伊藤革新市政が誕生，89年には高橋市政がこれを継承した．両市政を通じて，「ふれあい教育」「共生のまちづくり」への取り組みが行われることとなった．

川崎市の外国人市民政策の立案・実施には，民族団体・市民団体が大きな役割をはたしたことが指摘されている．川崎市の在日韓国・朝鮮人二世・三

---

66)　星野・前掲書8頁，7頁．
67)　星野・前掲書34頁．
68)　以下は，峰岸・前掲論文96–100頁による．
69)　戦前の状況につき，『神奈川のなかの朝鮮』編集委員会編著・神奈川のなかの朝鮮——歩いて知る朝鮮と日本の歴史（明石書店，1998）を参照．

世は「朝鮮半島への帰属意識から比較的自由であったこともあり，朝鮮半島の政治状況に影響されない組織を結成していく．それが，一部の日本人に受け入れられて，共闘態勢を組み川崎市と強力な交渉を重ね，市政を動かした．『青丘社』や『民族差別と闘う連絡協議会』は，保育園の経営や就職差別反対の闘いなどをとおして，日本人の理解者の強力な支援を獲得し，川崎市の外国人市民施策を体系化させ，実施させた」[70]とされる．

II―生活状況

1 桜本地区の場合

(1) 地域的な特性 「ふれあい館」が建設された桜本地区は，在日韓国・朝鮮人がとりわけ多い臨海部に位置する．桜本中学校の在校生の約15％が在日の生徒たちであるという[71]．

1969年，この地区にある川崎教会の礼拝堂に桜本保育所が誕生した．74年には，教会から独立して保育園を運営する「社会福祉法人青丘社」が設立された．保育園には，日本人と在日韓国・朝鮮人双方の園児が集まったが，さらに，障害児・非行児も受け入れて，同園は児童館の役割をもはたすようになったという．そして，1982年，この地域の在日韓国・朝鮮人たちから，民族性を保持した青少年の育成を目指す社会教育施設建設の要望が提出されたのを受け，市側は在日韓国・朝鮮人向けの児童館を建設するという方向で検討に入った[72]．

ここから「ふれあい館」誕生への歩みが始まるわけであるが，「ふれあい館」建設に至るプロセスをたどることによって，この地域における在日韓国・朝鮮人の生活の様子の一端を垣間見ることができる[73]．また，「ふれあい館」という形態での支援の意味も明らかになるだろう．

---

70) 峰岸・前掲論文99頁．著者は，これを「外国人市民による『自治体への公民権運動』」と呼んでいる．
71) 峰岸・前掲論文104頁．
72) 峰岸・前掲論文198頁．
73) 以下は，星野・前掲書140–198頁，42–44頁，57–58頁による．なお，同210–216頁には年表も付されており，参考になる．

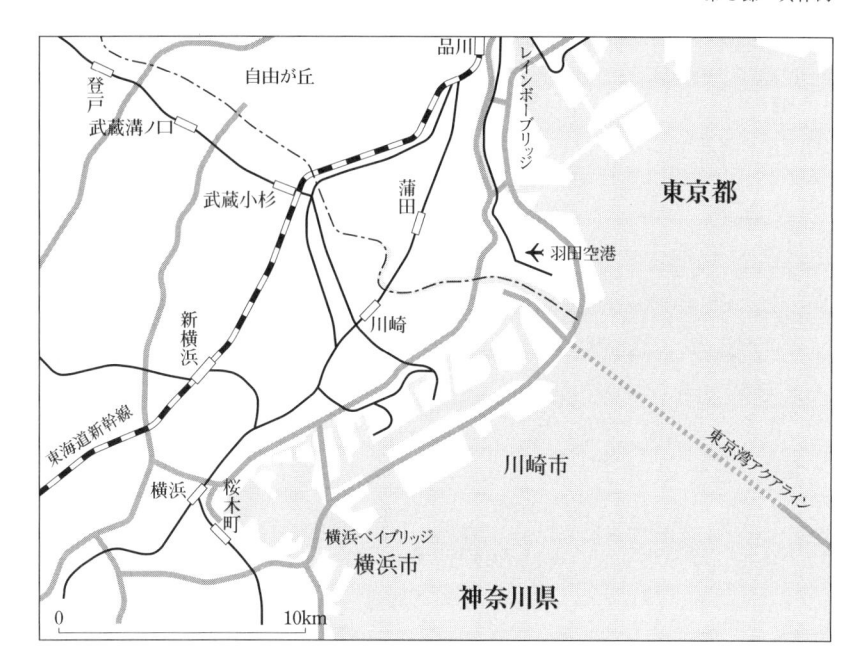

(2) **生活支援の特色**　青丘社が要望書を提出した翌年の 1983 年 2 月に，川崎市民生局青少年課は，青丘社とともにプロジェクトチーム（青少年会館設置研究協議会）を編成した．前述のように，この段階では，中学校区ごとに建設されている「子ども文化センター（児童館）」の建設が想定されていた．

しかし，84 年 6 月の第 2 次要望書では，教育・福祉だけではなく市民生活全般にわたる，より総合的な施設の建設が求められた．教育委員会・市民局・企画調整局なども含む全庁的な新プロジェクトチームが作られ，85 年 8 月には，「在日韓国・朝鮮人問題をいたずらに放置することなく，マイノリティの人権を尊重することによって，共に生きる地域社会を作ることに寄与する具体的な施策展開のインパクトとする」，「住民の自主的参加をできるだけ可能とする」という発想に立ち，「桜本中学校区におけるこども文化センターの役割を担うとともに，老人福祉施設の一環として在日韓国・朝鮮人の高齢化に対応するほか，全市を対象とした韓国・朝鮮の文化との触れ合いを図る拠点施設」となる会館を設立し，その管理は「地域活動の実績を評価

して青丘社に委託」する方針が打ち出された[74]．

　ところが，85 年 11 月には，桜本地区の町内会長からふれあい館建設予定地に子ども文化センターと老人いこいの家の合築施設を建ててほしいという要望書が市に提出される．地元はふれあい館を望んでいないことが示されたわけである．反対の理由は一言で言えば，「青丘社に委託すれば韓国・朝鮮人のものになってしまうので一般の住民は利用できなくなる」[75] という点にあった．86 年春からは地元町内会への説明会も行われたが，反対は強まり秋には市長宛の公開質問状も提出されるに至った．

　翌 1987 年 6 月には，市側は，妥協案として職員 6 名のうち館長を含む 3 名は市から 2 年間（館長以外は 1 年間）派遣することとし，地元関係者を含む運営協議会を設置するという案を提示，町内会側も最終的にこれを了承した．しかし，「ふれあい館」のオープンまでにはさらに波乱があった．87 年 11 月の着工から半年後の翌 88 年 5 月，町内会側が運営協議会の構成メンバーにつき，市長に対して強く抗議したのである．協議の結果，各町内会からメンバーを追加することとなり，ようやく 6 月 14 日の開館に至った．そして，開館から 2 年後の 1990 年に，「ふれあい館」の管理は青丘社に委ねられた．

　「ふれあい館」は，韓国・朝鮮人だけでなく日本人によっても利用された．むしろ日本人の利用者（全体の 3 分の 2）に混じって，オールドタイマーの朝鮮・韓国人，さらに，ニューカマーたちも集まっているという状況だという．そして，「日本人と在日朝鮮・韓国人の文化交流が，踊り，料理，ことばの教室，各種の講座などを通じて自然な形で定着している」[76] とされている．

　「ふれあい館」建設に向けての交渉妥結は，4 段抜き写真入りの記事で報じられたという[77]．このことは，この問題に対する世論の関心が高かったことを示していると言える．町内会関係者の立場に立つならば，星野が随所に示す評価の中には承服しがたいだろうと思われるものもある．しかし，長期にわたった紛争自体が，「これはまた別の角度から見ると社会教育の実践そ

---

74)　星野・前掲書 143–144 頁．
75)　星野・前掲書 153 頁．
76)　星野・前掲書 57 頁．
77)　星野・前掲書 174 頁．

写真 13: ふれあい館外観

のものなのである．地域に根ざした生活課題を切実な問題として受け止め，……自らの意識を形成していくという学習のメカニズムが働いていると見ることができよう」という評価は，現時点からふり返って見れば，適切なものであると言えるのではないか．

2　外国人の政治参加

(1) **仕組み**　ここまで見てきたように，川崎では在日韓国・朝鮮人の自治体に対する働きかけが積極的に行われている．こうした実状を背景に，1996 年には，外国人市民代表者会議が実現している[78]．直接にはこれは，川崎市が 1994 年に主催した「地方新時代市町村シンポジウム」における政策提言に由来する．

この会議は，「地方参政権に代わる市政参加」「外国人の議会」というコンセプトの下に構想され，代表者は，18 歳以上，外国人登録 1 年以上を要件として，任期 2 年，定数 26 とされた．この 26 議席は，10 議席を外国人登録者数上位 10 ヶ国に各 1 ずつ，10 議席を登録者数 1,000 人以上の国に比例配分，さらに，地域代表ということで，アジア 2，そのほかの 4 地域に各 1 ずつという形で配分されている．代表者の選出には，推薦母体のある韓国・朝鮮については推薦制（民団 2，総連 2，青丘社 1）が，他の国については公募制が採られている．会議は日本語で行われる．

---

[78] 以下は，峰岸・前掲論文 120–123 頁のほか，宮島喬・共に生きられる日本へ——外国人施策とその課題（有斐閣，2003）第 8 章「外国人市政参加の意義と課題」による．

代表者会議は，市長の付属機関とされ，外国人市民政策への提言，外国人市民による文化・スポーツ振興，人権侵害への調査・対応の3点のみが審議事項とされている．当初，検討された市議会への参加（準議員制度）は実現しなかったものの，市長が年1回市議会に代表者会議の報告を行うとともに，代表者会議の代表に市議会での意見表明の機会を保障するという方法で連絡がはかられている．

(2) **評価** 代表者会議は，毎年，いくつかの提言を行っているが[79]，そのうち，1996年度の提言2「入居差別を禁止する条項を盛り込んだ『仮称・川崎市住宅条例』を制定する」は，実際の施策として結実している．その意味では，「かなり豊かな成果」[80]があがっていると評しうる．

ただ，市長や担当部局が，熱心に提言に対応しているのに対して，市議会や教育委員会に対しては，そもそも働きかけがほとんどなされていないという．代表者会議は市議会に対しては，市長に対するほどの期待を抱いていないということかもしれないが，市議会はもちろん一般市民の支持がなければ，この試みは長続きしないだろう．

また，在日韓国人・朝鮮人や中国人の参加意識が高いのに対して，日系南米人などは消極的な姿勢をとっているという[81]．定住者が増えれば状況は変化するかもしれないが，これまでにも見たように，滞在の長期化が必然的に定住指向をもたらすというわけでもない．そうだとすると，非定住者（特に「リピーター」「往還者」などと呼ばれる層）の取り扱いが大きな課題となろう．地方議会と同様に，代表者会議には「民主主義の学校」[82]としての機能も期待されるところなので，定住者以外の外国人にも広く参加を呼びかけることには，それ自体に意味があると言えるだろう．

同様にして政治参加を促す試みは，日本人（特に若者たち）についてもなされる必要がある．ここにも，「外国人」にとどまらない問題が存在する．

---

79) 宮島・前掲書232–233頁は，1996年度～2000年度の提言一覧表を掲げる．
80) 宮島・前掲書225頁．
81) 宮島・前掲書210–213頁．
82) 宮島・前掲書224頁．

第4 郊外団地——横浜市内陸部 `Leçon 20`

I—前提

1 参照研究

(1) **紹介** 横浜は,明治初期から諸外国との交流の拠点であり,港や中心街にはいまでもその痕跡が残る.また,中華街の存在もよく知られている.しかし,外国人登録者の比率は2%弱(実数で7万人弱),全国平均を少し上回る程度である.市域全体をならして見れば,外国人が集住しているというわけではない.そうした中で,神奈川県営いちょう上飯田団地(以下,「いちょう団地」と呼ぶ)は,市内最大の外国人集住地域となっている.横浜市立いちょう小学校はこの団地内にある学校で,団地の子どもたちが通学している.山脇啓造+横浜市立いちょう小学校編『多文化共生の学校づくり——横浜市立いちょう小学校の挑戦』[83]では,この小学校を中心に展開されている様々な試みが報告されている.

(2) **特徴** 同書の最大の特色は,この地域出身の有力なコーディネーター(山脇)の協力の下に,いちょう小学校の教職員をはじめとする関係者たち(PTA・自治会・NPO・大学の関係者や他の学校・保育園の教職員など)が,同小学校をめぐる経験を自ら語っている点にある.すでに述べたように,いちょう小学校では「外国につながる子ども」が過半数を超えている.しかし,教員たちは「何か特別な学校のように思われがちですが,本校は,どこにでもある普通の学校です.もし,違いがあるとすれば,支援を要する子どもに必要な支援ができる体制が整いつつあるということです」と述べている.もっとも,こうした体制は簡単に整うわけではない.教員たちも「始めから協働がうまくいったわけではありません.今日に至るまで,職員同士の様々な葛藤があり,外部支援者との行き違いもありましたが,その都度,話し合いを重ね,乗り越えてきました.その結果として,職員同士の協働が進み,『開かれた職員集団づくり』が前進しました」としている[84].

[83) 明石書店,2005年刊.
[84) 以上,山脇+いちょう小編・前掲書241–242頁.

新興の郊外団地，多数のニューカマー，こうした環境の下で展開された学校を拠点とした地域のネットワークづくりは，確かに，「外国人の受け入れが本格化するであろう日本社会にとって，先駆的意義をもっている」[85]と言えるだろう．

2 集住の経緯

(1) **地域** 横浜市泉区の上飯田地域は，かつては田園風景の広がる農村地帯であったが，昭和40年代に団地が建設された結果，急激に人口が増加した．子どもたちの数も急増したが，これに対応すべく，いちょう小学校は1973年に開校された．一時期は児童数2,000人を超える大規模校だったという．しかし，その後，郊外団地に移り住んだ人々の高齢化に伴い，児童数は減少に転じ，最近では200名程度の小規模校となっている．先に述べたように，「外国につながる児童」が多くなったのは，日本人の子どもが減少する一方で，この地域に子どもの多い若い世代を中心とした外国出身住民が集まるようになったためである．

いちょう小学校に外国籍児童が増え始めたのは平成元年（1989年）ころだというが，1990年にはいちょう団地の外国人世帯が30を超え，日本人住民と外国人住民との交流会も始められたとされている[86]．

(2) **住民** いちょう団地には約2,200世帯が暮らすが，外国出身者世帯がその2割強を占める．大半は中国出身者，ベトナム出身者であり，それぞれ約200世帯を数えるが，その他にも，カンボジア，ラオス，ペルーなど20ヶ国を超える国の出身者が住んでいる．中国出身者・ベトナム出身者の集住の背景には，次の二つの事情がある．一つは，神奈川県が中国帰国者・インドシナ難民の県営住宅への優先入居策をとったこと，もう一つは，隣接する大和市にインドシナ難民定住促進センター（80年設立，98年閉鎖）があったことである[87]．

外国人登録者数で見ると（2004年），日本全国でベトナム人の数は46,000人ほどであるが，そのうち難民として受け入れられているのは約8,600人で

---

85) 山脇＋いちょう小編・前掲書239頁．
86) 山脇＋いちょう小編・前掲書9頁，232頁．
87) 山脇＋いちょう小編・前掲書232頁．

写真 14: いちょう小学校

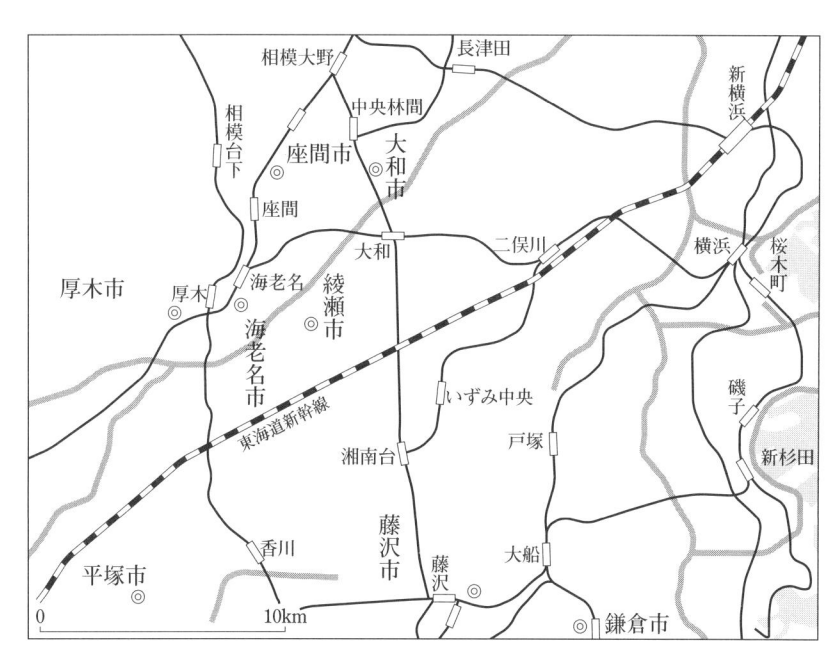

ある．また，日本語指導の必要な外国人児童数で見ると (2004 年)，ベトナム語を母語とするものは 449 人である[88]．これらの数字に照らして見ても，いちょう団地がベトナム人の集住地区であることが窺われるだろう．

---

[88] 田房由起子「子どもたちの教育におけるモデルの不在——ベトナム出身者を中心に」宮島＝太田編・外国人の子どもと日本の教育——不就学問題と多文化共生の課題（東京大学出版会，2005）156 頁．

II — 生活状況

1 上飯田地域の場合

(1) 地域的な特性 いちょう小学校を中心とした様々な試みは，1998 年から 2004 年にかけて同校に勤務した二人の校長のリーダーシップに負うところが大きいと評されている．特に，この二人の校長の下で，学校と地域の連携が大きく進展したとされている[89]．瀬野尾校長が 98 年に着任した時には，校内では習慣・文化の違いによる子どもたちの衝突が絶えず，その保護者たちも学校への関与に消極的であったという．また，地域は外国出身者の増加に対して消極的であり，外国人同士でも連帯意識は希薄であったともいう[90]．

確かに，二人の校長のリーダーシップには眼をみはるものがある．しかし，いちょう小学校と上飯田地域の歩みを総覧してみると[91]，その後，様々な試みがなされる際の基盤となるような諸要素が見いだせないわけではない．いちょう小学校には，1992 年から国際教室が開設されていたほか，障害児教育推進校（1986 年）や福祉の風土づくり推進校（1995 年）などに指定された経験などもあった．たとえば，その後も国際教室を担う金子教諭は，すでに台北日本人学校から着任していた[92]．地域の方でも，前述のように 1990 年に第 1 回の交流会が開かれているほか，97 年には月例住民相談会もスタートしている．また，ボランティアによる日本語教室も開かれていた（1991 年・94 年）．さらに遡れば，自治会には，「生活環境の整備をはじめ，交通網の実現などに取り組んだ」経験や「児童の通学の安全確保のために，スロープ式の歩道橋設置の要望が繰り返し市に出され，実現した」経験などもあった[93]．

(2) 生活支援の特色 以上のように，いちょう小学校と上飯田地域には潜在的な能力があったとしても，これらは発見され連結されてはじめて，大きな成果をもたらすことになった．その意味で，瀬野尾校長が「内にも外にも開

---

89) 山脇＋いちょう小編・前掲書 223 頁．
90) 山脇＋いちょう小編・前掲書 35–36 頁．
91) 山脇＋いちょう小編・前掲書 244–247 頁に要領のよい年表が付されている．
92) 山脇＋いちょう小編・前掲書 37 頁．
93) 山脇＋いちょう小編・前掲書 178–179 頁．

かれた学校づくり」を掲げて，積極的な働きかけをしたことの意義は大きい．具体的には，職員会議のオープン化・教室のオープン化，「わがまちの学校づくり運営委員会」を中心とした学校と地域の連携，幼稚園・小学校・中学校・大学研究者との連携促進，連合自治会での学校教育内容の説明，外部指導者・ボランティアの積極的受け入れなどが図られた．また，いちょう小学校の教職員もこれによく応えた．様々な紆余曲折はあっただろうが[94]，自治会・PTA・NPOとの結びつきも深まり，様々なネットワークが子どもたちをサポートする仕組みを作り出したように思われる．結果として，子どもたちの喧嘩は少なくなり，自分たちが外国出身であることを隠さないようになったという．保護者たちとの意思疎通も，夜の懇談会や通訳付きの家庭訪問・個人面談などによって改善されたようである[95]．

　ここで注目したいのは，学校や地域の働きかけを受けて，外国人の側も徐々に変化を見せ始めたということである．たとえば，二代にわたってPTAの代表を務めた二人の中国系の母親は，いずれも当初は校長の要請に応じて，いわば受動的にこの職務を引き受けた．しかし，その積極的な活動は他の中国人の参加を促すきっかけとなったように思われる．そこから，「中国獅子舞泉の会」や「中国語教室」も生まれた[96]．また，個別支援学級で開かれた「ベトナムレストラン」の企画も興味深い（給食でもベトナム料理が供されているという）．この試みについては，「何より，ベトナムレストランを開いたことでの一番の成果は，保護者同士の交流が深められたことです．……このことをきっかけに積極的に学校にかかわるようになりました」[97]と語られているが，参加のきっかけができたことの意義は大きい．

　様々な成果をもたらした瀬野尾校長は，残された課題もあるとしていくつかの点をあげているが，その一つが日本語支援に関することがらである．いちょう小学校は，これについても積極的に取り組んできたが，「時間が十分に取れなかったので，学校外の学習施設が必要でした」[98]としている．いちょ

---

94) たとえば，ボランティアの活動家と学校の折り合いは，ある時期までは必ずしも良好ではなかったことが窺われる（山脇＋いちょう小編・前掲書25頁）．
95) 山脇＋いちょう小編・前掲書39–40頁，44頁．
96) この二人の感想は，山脇＋いちょう小編・前掲書160–177頁に収録されている．
97) 山脇＋いちょう小編・前掲書89–91頁．
98) 山脇＋いちょう小編・前掲書47頁．

う小学校に限らず，小学校における日本語教育には限界があることは，以前にも見た通りである．そこで，次の項では，学校外における日本語学習のサポートについて見てみることにしたい．

2　日本語学習のサポート

(1) 仕組み　NPO法人かながわ難民定住援助協会は，定住外国人の子どもたちを対象に「ボランティア学習室」を開くかたわら，学校との連携をはかろうとしてきた．その機会はなかなか得られなかったが，2000年に，いちょう小学校（および近隣の飯田北小学校）と提携して「子どもの日本語教室」開設が実現した．その後，この企画が文化庁の事業となると，子どもたちの保護者も参加するようになり，「親子の日本語教室」となった．子どもクラスでは，教科書の予復習などのほかに，本の読み聞かせなども行われる一方で，夜のクラスでは，両小学校の年間行事表・給食献立表などを教材とするなど，保護者が子どもの学校生活を理解できるような工夫もなされている．この企画には，学校や専門家が協力・参加することによって，場所の確保のほか，コースデザイン・カリキュラム作成・ボランティアの指導などが円滑に行われている[99]．

(2) 評価　こうした学校外の教室には，ある種のフリースクールなどと同様に，不就学の子どもたちの「居場所」としての機能もあると説かれることが多い．しかし，上飯田地域の日本語教室の場合には，「この地域の学校にもともと在籍している子どもが学校に行かなくなる例はあまりないという．さまざまな出身の『国際教室』の友人関係が小学校段階から続いているため，中学に上がって『何とかもっている状態』だと見ている．また，地域内の小中学校が『必死にがんばって』外国人の子どもに対応しているので，不就学が目立っていないのではないかと考える」[100]との指摘がなされている．

しかし，神奈川県内で活動している地域学習室全般についてではあるが，次のような指摘もなされている．「実際に教室に通う子どもたちは限定されている．多くの場合，進学を目標にし，勉強することに意味を見出す子ども

---

99)　山脇＋いちょう小編・前掲書189–196頁．
100)　坪谷美欧子「地域で学習をサポートする――ボランティア・ネットワークが果たす役割」宮島＝太田編・前掲書200頁．

が通っているのではないか．したがって，進学を希望しない者，学校で授業を受ける意味を見出せない者は，さらに地域の学習室に通うということはしないだろう」[101]．

確かに，いちょう小学校や上飯田地区では，様々な試みがなされており，子どもたちはのびのびと生活しているように思われる．しかし，中学校に入ると，子どもたちは二極化し，元気を失っていく子が出てくることが指摘されている．そして，その原因は，進学問題とかかわっていると認識されている[102]．日本語教室の関係者からも「もし高校受験に失敗した場合には，親と一緒の部品の組立工場などの単純労働に従事せざるをえない．そうした仕事の大半は時給制で，長続きもしない．また，進学や就職ができても，団地の外に出て行くことに不安を感じる子どもが多いようだ」[103]という声が聞かれる．

皮肉なことに，いちょう小学校ではのびのびと生活できたからこそ，団地の内外の落差は子どもたちにとっては大きなショックとなる．学校と地域で始まった「いちょう小学校の挑戦」は，より構造的で困難な課題を浮き彫りにしているとも言えよう．

第5 農村部——山形県最上地域　　Leçon 21

I—前提

1 参照研究

(1) **紹介**　これまで紹介してきたのは，程度の差はあれ都市部における外国人集住の事例であった．しかし，外国人が暮らすのは都市部に限られない．農村部では，外国人妻の受け入れという現象が見られるからである．とりわけ，山形県最上地域で展開された自治体ぐるみでの動きは，朝日＝大蔵方式という名でメディアや研究者たちの関心を集めた．関連の報告・研究はいく

---

101) 田房・前掲論文160頁．
102) 山脇＋いちょう小編・前掲書26頁，28-29頁．
103) 坪谷・前掲論文206頁．

つかあるが[104]，以下においては，桑山紀彦『国際結婚とストレス——アジアからの花嫁と変容するニッポンの家族』を中心に，その様子を見ていくことにしたい[105]．

(2) 特徴　表題からも分かるように，同書は，山形大学医学部出身で，出版当時は，山形大学及び新庄精神病院に勤務する精神科医であった著者の手によるものである．著者の専門は，多文化間精神医学，難民・移民心理学である．その観点から，山形県内の外国出身の「定住配偶者」に焦点をあてつつ，広く「日本に住む新しい『移民』とどう共存するか」「『移民』にとって日本社会に於けるストレスとは何か」を述べるというアプローチがとられている．同時に，著者は，日本国際ボランティアセンター山形（JVC 山形）の事務局長として，「NGO」の活動者としてのスタンスを鮮明にしている[106]．

結果として，同書は「現実的なケアシステム」の提案を中心とするが，その前提として，嫁不足の背景や夫婦・家族のあり方をめぐる葛藤についても説明している．そこには変化しつつある農村部の人々の行動や心理が垣間見られ，「やむにやまれぬ国際化」の実状を知ることができる．

2　集住の経緯

(1) 地域　山形県新庄市を中心とする1市4町3村（当時）は，最上地域と呼ばれる．その面積は大阪府や香川県に匹敵するが，人口は約10万人の過疎地域である．稲作地域であり農業への依存度は高いが，専業農家は少ないという．最上地域では，1980年代から90年代にかけて，嫁不足が深刻化した．30〜45歳の未婚者の男女比を見ると，1985年には男子100に対し女子60であったのが，90年には女子29となっている．その背後には，若年者の離村現象，農業の停滞，女性の高学歴化，少子化といった事情に加えて，この地域の農村の家族構造にかかわる事情があるとされる．山形県は拡

---

104) この問題に注目が集まるきっかけとなったものとして，宿谷京子・アジアから来た花嫁——迎える側の論理（明石書店，1989），法学者とジャーナリストの手になるものとして，佐藤隆夫編・農村と国際結婚（日本評論社，1989）などがある．なお，最近のもので，問題の全貌をよく示すものとして，渡辺雅子「ニューカマー外国人の増大と日本社会の文化変容——農村の外国人妻と地域社会の変容を中心に」宮島喬＝加納弘勝編・国際社会②変容する日本社会と文化（東京大学出版会，2002）がある．
105) 明石書店，1995年刊．
106) 桑山・前掲書3頁．

写真15: 朝日町風景

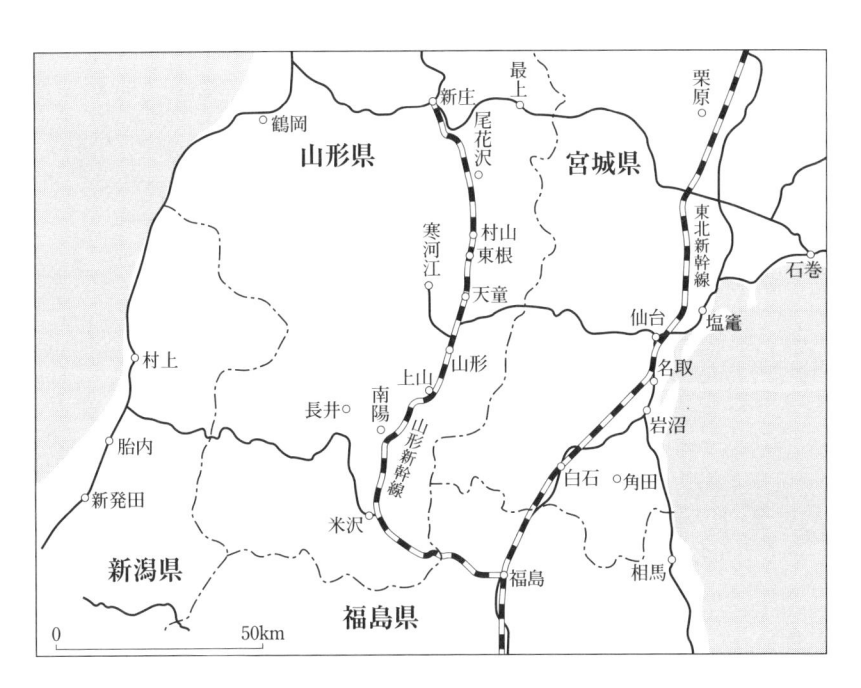

大家族世帯率・世帯人員数が全国一であり，家存続の思想が強く，長男は跡取り息子として育てられて，両親と同居するのが一般的であるという．その結果，嫁のなり手が少ないというわけである[107]．

---

107) 以上は，渡辺・前掲論文18頁．なお，山形県の農村部における家と女性の状況については，永野由紀子・現代農村における「家」と女性——庄内地方に見る歴史の連続と断絶（刀水書房, 2005）を参照．

嫁不足は農業後継者問題として大きな行政的課題となった．そこで，1985年には，山形県朝日町（山形市の周辺の村山地域に属する）が行政主導で国際結婚仲介を行い，フィリピンから花嫁を迎えた．86年には，最上地域でも，大蔵村がやはりフィリピンから10名の花嫁を迎えたのを初めとして，他の自治体もこれに続いた．これに対しては，人身売買だとかインスタント結婚だといった批判も強かったために，最上地域では行政主導の結婚仲介はほどなく中止され，その後は民間業者がこれに代わった．

(2) 住民 山形県に「日本人の配偶者」という資格で居住する外国人女性は1994年末で875人で，実数として見る限り決して多いとは言えない．しかし，その数は一時ほどの急激さはなくなったものの，年々増加を続けている（1992年には535人だった）[108]．これを最上地域に限って見ると，次の表の

最上地域における外国人妻（定住配偶者）の人数

	1990/3	1991/3	1992/3	1993/3	1994/3
総　数	55	78	96	114	158
前年比		+41.%	+23.1	+18.8	+38.6
	1995/12	1996/12	1997/12	1998/12	1999/12
総　数	180	198	224	246	293
前年比	+13.9	+10.0	+13.1	+9.8	+19.1

ようになる（2000年）[109]．

再び県全体に戻るが，在留資格別で見ると，山形県における「定住配偶者」の数は，労働者，留学生・就学生，研修者の合計を上回る．このことから，「定住配偶者」がいかに多いかがわかるだろう[110]．なお，出身国別で見ると，行政主導の初期（86〜89年）にはフィリピンが多かったが，民間業者は，韓国（89年〜）へ，そして中国（92年〜）へと花嫁を求める先を移していく．さらに，ベトナムがこれに続く[111]．

---

108) 桑山・前掲書13頁．
109) 渡辺・前掲論文17頁の表を簡略化．
110) 桑山・前掲書13–14頁．
111) 桑山・前掲書15–16頁．

II―生活状況

1　朝日町・大蔵村の場合

(1) 地域的な特性　「定住配偶者」である女性たちは，夫はもちろんだがその他にも，多数の日本人たちと密接な関係を持つことを強いられる．日常生活におけるストレスは他の外国人よりも大きいことが想像される．ストレスの種類は時期によって変化し，いくつかの山場があるという[112]．

まず，「とまどい・困惑」(1ヶ月目)，「怒り」(3ヶ月目)，「身体的な疲れ」(6ヶ月目)など「初期適応段階のストレス」が初めの半年ぐらいまでに現れる．しかし，これは定住配偶者でなくても経験するストレスである．次に来るのが「中期適応段階のストレス」であり，「飽き・望郷の念」(2年目)や「深い不満」(5年目)などとなって現れる．この時期は，少し落ち着いて，祖国と日本とを心の底で「対比」する時期であるという．さらに，5年目までの「第1ラウンド」にそれ以降の「第2ラウンド」が続く．この時期には，自らのアイデンティティについての模索のほかに，子どもの教育や祖国の両親の問題などが加わる．

もっとも，ある段階以降の問題は，定住配偶者に特有のものではないことも指摘されている．たとえば「この5年目の山というものは，外国人特有のものではなく，ある土地で育った女性が，それとはまったく違う地域の家庭に『嫁として他人の家に入った』ということで起こりやすい『山場』なのであろう」とされている．ただ，日本人の場合には「実家に帰る」「調停や裁判に持ち込む」ことをはじめとしていくつかの方策があるが，外国人の場合にはそうした方策によることが難しい点が異なる[113]．

(2) 生活支援の特色　最上地域では，行政の手によって国際結婚が推進されたこともあって，その後も行政主導型ケア体制が構築されていった．そして，「日本語教室，異文化交流，保健・医療事業，在留資格更新の支援，法律説明会，国際家族懇談会，子弟のための教育懇談会など，外国人定住者の生活に必要な全般にわたって，最上方式といわれる行政主導の多面的ケアシステ

---

112)　桑山・前掲書 18–29頁，195–202頁．特に，26頁，196頁の表を参照．
113)　桑山・前掲書 28頁，176頁．

ムを確立するに至った」[114].

特に興味深いのは，当初の「イベント方式から，1990年以降，定住者へのケアに力点が移行していく」ことが指摘され，その理由が「人数の増加とともに，嫁姑問題，妊娠・出産・育児等に伴う問題が顕在化してきたからである」と説明されていることである[115]．たとえば，「外国人妻側からも自分が働いて得たお金をなぜ姑に渡さなければならないのか，法事の時に長男の妻だけがなぜ働かなければならないのか，毎日曜の教会での礼拝に参加させてほしい，といった問いや要求がだされる」[116]という．

見方を変えるならば，「外国人妻が地域社会につきつけたものは，国際結婚というベールをとりはらえば，過疎の農山村が抱える地域問題から発するものである．外国人妻の不満は，文化の違いに起因するとともに，農村の構造にかかわるもので，それが国際結婚を契機として，あぶりだされてきたのである．すなわち，嫁と姑の問題，三世代・四世代同居の問題，大家族的経済制度に対する疑問，婦人の自立，夫である長男の自立の問題など，農村社会がこれまで積み残してきたものであった」，そして，「これらは，日本人女性が結婚をちゅうちょする理由でもあり，すでに問題になっていた」[117]ということになる．

そこから，「日本人のなかで，これまで同じ様な問題で悩んできた人々と，外国人配偶者たちが同じ土壌に立ってこの問題に取り組むということが，すなわち『支援』につながる．そして，「これは次の『日本人自身の自信の回復』というテーマに直結していく．すなわち，日本人自身が『なぜこの山形に住んでいるのか』とか『なぜ農業をしているのか』『人生の目標とはなにか』という事に直面し，その答えを見つけるべく努力していけば，その人物と共に暮らしている外国人も，その人物（多くの場合は夫であるが）の努力に呼応して自らもこの日本に住む意味や意義を見つけていけるに違いない」という認識が導かれることになる[118]．

---

114)　渡辺・前掲論文20頁.
115)　渡辺・前掲論文21–22頁.
116)　渡辺・前掲論文28頁.
117)　渡辺・前掲論文27–28頁.
118)　桑山・前掲書199–200頁.

この点については,「国際結婚を推進した自治体にとっては, 後継者対策として考えぬいた上での選択であって, 外国人妻が定着することはムラの存亡をかけての重要課題であった. そのためには, せっかちな同化策をとらず, 外国人妻のアイデンティティを認め, また次世代を担う国際児の場合も母親のルーツを否定せず, 誇りをもって生きることができるようにすることが必要であるという認識が, 自治体等の啓蒙活動によって共有化されていった. ……むしろ受け入れ側の日本人住民の意識改革に向けての取り組みがなされてきた.」という評価がなされている[119].

　もっとも, 話はそれほど簡単でもない. 論者たちが自ら指摘するように, 日本人の若い妻たちの中には, 外国人優遇に対する不満の声も聞かれるからである.「自分たちも同じ嫁姑や家庭内の問題で苦しんできたのに, どうして外国人の女性たちのほうにだけ, 発言の場が与えられ, 救援グループなどが出来るのか」,「村で国際パーティーなどをすると……どうして日本人の女性は決まって金を払い, 外国人はただでぱくぱく食べられるのか」といった「逆被差別意識」が伏在するというのである[120].

2　結婚仲介をめぐる問題

　結婚仲介は, 今日では, 一部地域においてのみ行われているわけではない. 少子化に対する危機意識もあって, 結婚仲介を行う自治体が増える一方で, 大手から小規模零細まで各種の仲介業者の活動も活発になっている[121]. ここでも重要なのは, 外国人花嫁をめぐる問題にとどまらず, より広く結婚仲介サービスを利用する人々が直面しうる様々な問題がありうることを意識することである.

　この点をふまえて, 裁判例に現れたいくつかの例を見ていこう. 具体的には三つの判決をとりあげる (①～③事件と呼ぶ)[122].

---

119)　渡辺・前掲論文35頁.
120)　桑山・前掲書177頁.
121)　鶴見利夫=河村はじめ・お嫁さん, 欲しい.(鶴書院, 2003), 金城富美子・いまどきの結婚——結婚相談所活用術 (アスク, 2006), 板本洋子・追って追われて結婚探し (新日本出版社, 2005) などを参照.
122)　①京都地判1993 (平5)・11・25判時1480号136頁, ②東京高判1997 (平9)・9・24判時1649号119頁, 大阪地判1994 (平6)・2・25判タ861号266頁.

①事件は，スリランカ人女性 X が仲介業者 Y に対して行った損害賠償請求を一部認容したものである．Y はスリランカ人女性を来日させて日本人男性と見合いをさせる方式で結婚仲介を行っていたが，紹介する日本人男性に対する情報に偽りが多い上に，来日したスリランカ人女性に強制的に結婚を迫るものであった．本件では，X はいったん訴外 A と結婚しているが，1 年ほどで帰国し離婚に至っている．裁判所は Y の行為を「人身売買にも等しい卑劣な方法」と認定して不法行為の成立を認め，慰謝料の支払を命じた．②事件は，結婚仲介業者 X が顧客である日本人男性 Y に追加費用と成婚料の請求をしたものである．本件では，裁判所は，追加費用がかかったのは訴外 A との婚約の後に Y が個人的理由から破談にしたことによる，また，訴外 B との結婚の手続は完了しており B が来日できないのは Y 自身が B と結婚生活を営む意思を失い渡航手続に協力しないためであるとして，X の請求を認めている．二つのケースはトラブルの原因がそれぞれ仲介業者・日本人男性である点で異なるが，外国人女性が被害を被っているのに対して日本人男性は被害を被っていない点で共通している．

　これらに対して，③事件では，日本在住の（中国人）男性 X から仲介業者 Y への損害賠償請求が認容されている．このケースでは，相手方の台湾人女性 A はいったん婚約破棄を申し入れたが，Y はこれを退けて X との結婚に至らせたものの，結局，1 年足らずで離婚に至っている．もともと A は結婚に対して消極的であったが，Y はこのことを X に秘し，時には強圧的な方法で X を婚約・結婚に至らせたとされ，その行為は違法であると評価されている．このケースでも，被害者というべきは外国人女性であるが，結婚仲介を依頼した男性の側もまた被害者であると言える．

　以上から，結婚仲介サービスが，それ自体として様々な問題をはらんでいることがわかる．それにもかかわらず，これに対する規制は十分とは言えない．特定商取引法は，結婚相手紹介サービスを「特定継続的役務提供」の一つとして指定し（特商 41 条 1 項），書面交付義務（特商 42 条），禁止行為（特商 44 条），クーリングオフ（特商 48 条）などの規定を置いているが，今後，このサービスの利用者は増えるだろうと予想されるので，より適切なサービス提供を確保するための方策を講ずる必要があろう．

第2節 考察

Leçon 22

　第1節で取りあげた具体例をいくつかの観点から整理しつつ，若干の考察を加える．一方で，生活支援の担い手に着目するとともに (I)，他方，支援を受ける人々の多様性にも注意しよう (II)．

I—様々なアクター

1 能動的・制度的なアクター

(1) **自治体**　外国人に対する生活支援の担い手のうち，最も影響力を持つのは自治体であろう．実際，第1節で見た集住地域でも，多くの場合には自治体が何らかの活動を行っており，一定の成果をあげていた．

　とりわけ，規模の小さな自治体に一定数以上の外国人が居住している場合には，自治体はそこから生じる問題に無関心ではいられない．このことは，大泉町・太田市や朝日町・大蔵村の例を見ればよくわかる．さらに言えば，これらの自治体においては，外国人の定住を自治体自身が積極的に推進したという事情があり，その施策も積極的なものとなっていた．そこから「生活者として……人権を保障しよう」（大泉町），「次代を担う国際児……も……誇りをもって生きることができるようにする」（大蔵村）といったふみこんだスタンスが導かれていた．ただし，こうした自治体の指針は，必ずしもすべての住民によって好意的に受け入れられているわけではない．外国人に対する支援や優遇措置に対する反発や反感が伏在することも，すでに見たとおりである．

　これに対して，大規模な自治体の場合には，特定の地域に集住する外国人への生活支援は多数の施策のうちの一つということにならざるを得ない．た

だし，浜松や川崎に見られたように，外国人の意見反映のための仕組みづくりなど注目される試みもなされている．

(2) **学校・町内会** より日常的なレベルでの生活支援は，地域社会で生活する外国人に密着した団体によって，必要に迫られる形で提供されることが多い．

とりわけ，外国人の子どもを受け入れる学校は，好むと好まざるとにかかわらず，何らかの支援を求められることになる．なかには，いちょう小学校のように，地域住民や支援団体との連携を深めつつ積極的な活動を展開し，大きな成果をあげた例もある．しかし，一般には，外国人の子どもたちに割ける人的資源は限られており，対応をしたいと思いつつも実際には困難なことも多いようである．一定の成果をあげるためには，いちょう小学校のように，外国とかかわりのある児童数が極めて多いことに加えて，校長のイニシアティブ・教職員の協力体制を整えることが必要であり，なかなか容易なことではない．

大人たちの日常生活においては，地域の代表者として立ち現れる町内会が大きな意味を持つ．この場合にも，当初は，近隣紛争の解決など受け身の対応から接触が始まることが多いようである．その上で，次第に，より積極的に外国人を受け入れる方策が考えられるようになる．もっとも，池袋や新宿のように，地元町内会（商店会）が外国人受け入れに一定の意義を認めている場合は別として，受け入れが必ずうまくいくという保障はない．いくつかの団地で深刻なトラブルが生じていることもすでに見た通りである．川崎の例のように，町内会が外国人グループの活動に対して拒絶的な対応をする場合もある．そこには，集団・組織となった外国人に対する脅威・懸念も作用している．

(3) **当事者団体・支援団体** さらに，外国人自身が組織する団体や関連の支援団体の役割にも注意する必要がある．

一方で，外国人たちが団体をつくる契機となるのは，ビジネス・教育・宗教などであると言える．とりわけエスニック・ビジネスを展開する人々は，地元との良好な関係を維持することに関心を払っている．大泉の例に見られるように，そのために団体を組織して一定の活動をしていることもある．また，日本の学校での教育が必ずしもうまく行かないこともあって，浜松や大

泉のように一定数の子どもが住む地域では，外国人学校も開設されている．学校は，親たちも含めて，外国人たちの情報交換・交流の場となる．さらに，イスラムの人々の場合には宗教施設の開設が重要であり，そのための努力がなされていることは，すでに見たとおりである．キリスト教に関しては，既存の教会がはたしている役割にも注目する必要がある．

他方，日本人たちの支援団体としては，学校以外の場での日本語教育を行う団体，あるいは，無料診療を行う団体などが活動している．いずれも喫緊の問題を緩和するための試みであるといえる．

2　受動的・非制度的なアクター

(1) **旧来の住民**　外国人の受け入れに対して好意的な地域には，共通の特徴があると言えるかもしれない．それは，新来の住民を受け入れた経験や共通の困難に対処した経験などを持っているということである．

東京のような巨大都市は様々な出自の人々を受け入れてきたが，とくに，池袋や新宿のように，地方出身の若年労働者や盛り場で働く女性などを受け入れてきた地域では，新来外国人に対する許容度も高いように思われる．また，地方都市であっても，大泉・太田のように，戦前から軍需工場が立地していたために労働者の流入の多かったところでは，同様の傾向にあると言える．もっとも，経験の多さが，直ちに，外国人に対して開かれた姿勢を導くとは言えないようである（川崎の場合を参照）．

なお，横浜の上飯田地区のように，自らの生活環境を自らの手で改善してきたという経験は，新たな試みを進めるにあたってプラスの要因として働くようである．

(2) **先行居住者としての外国人住民**　すでに一定数の新来外国人住民が居住することの意味も無視しがたい．エスニック・ネットワークの両義性についてはすでに触れた通りであるが，池袋や新宿の例を見ると，先行居住者の存在は，ニューカマーにとって心強い助けとなっている．先行居住者が日本人住民との仲介・緩衝の役割を担ってくれるからである．もっとも，そのことによって，直接に日本人住民と接触する機会が減ることも指摘されている．

II—いくつかの傾向

1 態様による差異

(1) 消費者として 外国人居住者が多い地域では，外国人は消費者としての存在感を持っている．とりわけ，地域全体の商業が外国人に依存している場合には，地元商店街は，消費者としての外国人に対して拒絶的な態度をとらない．この傾向は，池袋や新宿に顕著であり，地元のビジネスは外国人ぬきには考えにくい．日用品の購入はもちろん，不動産業者もまた，外国人を有力な借り手として意識しているという．お金を払ってくれる以上は大切な顧客であるというわけである．

この事実は，ある意味では非常に興味深い．消費の局面では，金銭だけをバロメーターとするドライな関係が，取引相手方の外国人という属性を捨象しているのである．ここには「市場」のプラスの側面が現れているとも言える．もっとも，劣悪な条件の雇用において外国人が求められるように，劣悪な商品・住居の販売促進のために外国人が求められることもありうるので，注意が必要だろう．

(2) 家族として 労働者や地域住民として，あるいは，消費者として外国人を受け入れることと，家族の一員として外国人を受け入れることとの間には，大きな差がある．外国人の側から見ても，一時的に日本企業で働くということと永続的に日本人家族の一員になるということは，異質な経験であるに違いない．

それだけに，一般には，受け入れる側も受け入れられる側も相応の覚悟をしている．山形県最上地区の例にも現れているように，外国人妻が抱えるストレスは相当に大きい．これに対処するために，日本人夫だけではなく，他の家族や地域住民も，家族や地域のあり方を再考することを迫られている．

(3) 集団として さらに，集団としての外国人がある特定の地域にまとまって居住するとなると，別の問題が発生する．

一方で，外国人たちはエスニック・ネットワークによって自足的に生活することが可能になる．それゆえ，日本社会に溶け込む必要は乏しくなる．他方，地域住民の側も，外国人集住地域を特殊な地域として取り扱い，できるだけ関係を持たないように努めるようになる．こうして「住み分け」が完成

することになる.

　もちろん，学校や非営利団体による活動（たとえば日本語教室）を通じて，外国人が地域住民と接触する機会がないわけではない．もちろん，外国人学校に子どもを通わせる場合もあるが，それでも学校は「住み分け」ではなく「共生」の契機となる可能性を秘めている．

2　段階による差異

　(1) 定着＝受容の段階　外国人，特に新来の外国人は，（低賃金の）労働者として大きな期待を寄せられている．また，消費者あるいは居住者として外国人も，地域経済に貢献する存在として一定程度の評価を受けている．すでに見たように，このレベルでは市場の原理が貫徹しつつあり，不合理な外国人差別は，全体としては徐々に減っているものと思われる．

　もっとも，外国人犯罪に対する不安感が醸成されているので，何か事件があれば，外国人排斥の動きが生じないとも限らない．その意味では，外国人は消極的に受け入れられているに留まっているとも言える．さらに，積極的な統合をはかる必要があるが，同時に，メディアは不用意に不安感を煽ることがないように注意しなければならない．

　(2) 包摂＝統合の段階　今日，日本社会に定住する外国人が増加しているが，この段階に至ると，これらの外国人をより積極的に日本社会に溶け込ませる＝取り込むことが必要になる．その際に最も重要なのは，教育（およびそれを前提とした雇用）である．

　まず，日本語や日本文化の習得の機会が確保されなければならないが，その上で，就学・就労に際して差別がなされないような措置が講じられる必要がある．この場合の差別は形式的なものに限られない．実質的に見て，外国人だから十分に勉強ができず，適切な職を得ることができないという事態を避ける必要がある．

　すでに何度か示唆したように，この問題は，日本人にも共通の問題である．外国人であれ日本人であれ，若者たちの一部が最初から社会的に見て不利な位置に置かれてしまう社会構造を是正していく必要がある．本書で繰り返し述べているように，外国人の問題は同時に日本人の問題でもある．

　(3) 承認＝創発の段階　その先にはもう一つの問題がある．それは，定住外

国人たちは，「日本人」に（のように）ならなければいけないのかという問題である．

　中国や韓国・朝鮮の人々，ブラジル・ペルー（ラテン系）の人々，東南アジア・西アジア（イスラム）の人々，さらには，アイヌや沖縄の人々は，それぞれに固有の文化を持っている．これらの文化を放棄して，「日本文化」を受け入れなくてはならないのだろうか．あるいは，それぞれのエスニシティの利益を主張することは許されないのだろうか．

　また，文化の独自性やエスニシティの自律性を認めるとして，外国人との「共生」はどのようにして可能なのだろうか．それとも，「住み分け」は不可避なのだろうか．

　このレベルでの外国人の受け入れ・生活支援は，いまのところ必ずしも十分とは言えない．しかし，大泉のサンバ・パレードに代表されるように，ラテン文化は日本文化に新たな要素をもたらしつつあると見ることもできないではない[123]．いわゆる「韓流」やアジアン・テイストも，現時点では表層的なものかもしれないが，日本社会に徐々に浸透しつつあるようにも見える．

　では，将来に向けて，どのような文化，どのような社会を構想するのか．この点については，結章において，より理論的な観点からの検討を加えたい．

---

[123] こうした混淆・創発は，日本国内の地域文化相互間においても生じている．この点につき，坪井善明=長谷川岳・YOSAKOI ソーラン祭り——街づくり NPO の経営学（岩波アクティブ新書，2002）を参照．

補章

「外国人」の多様性・「日本人」の多様性

第1節 戦後日本の「外国人」

Leçon 23

I — 序

　これまで「外国人」と「日本人」という二分法を前提に議論を進めてきたが，実は，（日本における）「外国人」も「日本人」も一様ではない．もちろん，国籍法は，日本国籍の有無によって，「外国人」と「日本人」とを峻別している．しかし，この二分法は完全ではない．

　一方で，現在の日本には，一般の外国人とは異なる法的処遇を受けた特殊な「外国人」が存在する．在日韓国・朝鮮人と米軍軍人・軍属およびその家族である．これらの人々につき特殊な処遇がなされるに至った背景には，日本の敗戦という事情がある．すなわち，戦後日本は，植民地を失った後に植民地出身の「内地」在住者に対して国籍を付与しなかったため，とりわけ多数の在日韓国・朝鮮人を「外国人」として処遇せざるをえなかった．また，アメリカの占領を脱した後も米軍に依存する体制を築いてきたため，米軍軍人・軍属などに対しては特別な取扱いをせざるをえなかった．

　他方，現在でも日本には，一般の日本人とは同視できない側面を持つその意味では特殊な「日本人」が存在する．アイヌの人々と琉球の人々である．今日，これらの人々は法的には完全に日本人であるが，北海道や沖縄が日本の領土とされたのは明治以降のことであり，これらの地域は「本土」と完全に同じではなかった．また，これらの地域には今日でも固有の文化が残存している．

　以下においては，まず，特殊な「外国人」の法的処遇について触れることによって，「外国人」の多様性を指摘する（第1節）．続いて，特殊な「日本人」

（あるいは，日本国内の特殊な地域）の存在を指摘することを通じて，「日本人」の多様性を指摘する（第2節）．

なお，在日韓国・朝鮮人の成立過程やその生活実態，あるいは，単一民族国家日本の神話性に関しては多数の研究が存在するが，これらの問題に深入りすることはしない[1]．以下においては，それぞれの問題につきごく簡単な経緯を示した後で，現行法に即していくつかの法律問題を指摘するにとどめる．それだけでも，「外国人」の多様性・「日本人」の多様性を示すことは可能であろう．

II ― 在日韓国・朝鮮人の場合

1 経緯

いわゆる江華島条約が結ばれたのは1876年であるが，一般の朝鮮人が日本で生活するために渡航してきたのは1890年代になってからであるとされる[2]．その後，第1次大戦時の労働力不足を契機に急増し，1917年には1万人を超えた人口はその後も増え続け，戦時中のいわゆる強制連行を経て，日本の敗戦直前の1944年には200万人近くに達した[3]．

しかし，敗戦による朝鮮半島への帰還により，その数は1945年には115万人，46年には65万人と急速に減少した．以後，1950年代の半ばまでは微減を続け，その後は，1990年の初めまで微増した後に再び微減に転じ，2000年には64万人にまで減っている[4]．2005年末の時点では総数で60万人弱に，在日外国人全体に占める割合も30%弱になっているが，それでも最大の集団であることに変わりはない．

2 法的処遇

(1) 国籍　1910年の韓国併合に際して，日本政府は「内地」とは異なる法

---

1) 前者につき，金賛汀・在日，激動の百年（朝日選書，2004），福岡安則=金明秀・在日韓国人青年の生活と意識（東京大学出版会，1997），在日コリアン研究会編・となりのコリアン――日本社会と在日コリアン（日本評論社，2004）を，後者につき，小熊英二・単一民族神話の起源――〈日本人〉の自画像の系譜（新曜社，1995），同・〈日本人〉の境界――沖縄・アイヌ・台湾・朝鮮 植民地支配から復帰運動まで（新曜社，1998）をあげておく．
2) 金・前掲書12頁．
3) 金・前掲書18頁表1による．
4) 金・前掲書106頁表3による．

の適用をはかった．たとえば，日本人には（旧）戸籍法が適用されたのに対して朝鮮人には「朝鮮戸籍令」が適用され，内地人・外地人の関係については国際私法のルールに準ずる「共通法」が適用された．また，朝鮮には選挙法が適用されず，朝鮮人（朝鮮居住者）は選挙権・被選挙権を有しなかった．また，兵役義務についても，兵役法は徴兵の対象を内地に戸籍を有する者に限っていた[5]．

　敗戦後の 1947 年に，日本政府は外国人登録令を制定し，在日朝鮮人を外国人とみなして登録を実施した．さらに，1951 年の出入国管理令の制定に際して，附則において「日本人で戸籍法の適用を受けないものは，当分の間，この政令の適用については外国人とみなす」と規定した．その後，1952 年のサンフランシスコ講和条約により朝鮮の独立を承認した日本政府は，在日朝鮮人は自動的に朝鮮の国籍を持つべきであるとして，（戸籍を基準として）日本国籍を失わせるという方策を打ち出した[6]．

　(2) 在留資格　在日韓国・朝鮮人には，一般の在留資格以外に，特別な在留資格が認められている．1991 年の「日本国との平和条約に基づき日本の国籍を離脱した者等の出入国管理に関する特例法」によって，「平和条約国籍離脱者」または「平和条約国籍離脱者の子孫」で一定の要件を満たすものは，法定特別永住者として永住資格が付与されているのである（同法 3 条）．また，「平和条約国籍離脱者の子孫」で出生などによって入管法による上陸許可の手続を経ずに居住するものは，特別永住許可によって永住資格が付与される（同法 4 条）．これは，入管法 2 条の 2 第 1 項の「他の法律に特別の規定がある場合」にあたるとされている．現在，在日韓国・朝鮮人の 4 分の 3 にあたる約 45 万人が特別永住者となっている．

　このように，在日韓国・朝鮮人（の大部分）は日本国籍を有しないものの，特別な在留資格を有する点で，一般の外国人と同視することはできない．上

---

5) 大沼保昭・在日韓国・朝鮮人の国籍と人権（東信堂，2004）184–185 頁．なお，共通法に関する最近の研究として，序章でも一言した浅野豊美「植民地での条約改正と日本帝国の法的形成──属人的に限定された『単位法律関係』と『共通法』の機能を中心に」浅野＝松田編・植民地帝国日本の法的構造（信山社，2004）があるほか，外地人に適用される法令に関する最近の研究として，向英洋・詳解旧外地法（日本加除出版，2007）がある．

6) 以上の経緯につき，大沼・前掲注 5) 199 頁以下を参照．同「出入国管理法制の成立過程」同・単一民族社会の神話を超えて──在日韓国・朝鮮人と出入国管理体制（東信堂，新版，1993）15 頁以下も参照．

記の1991年法は,1965年の日韓地位協定に基づく「在日三世」以降の永住権問題解決のタイムリミットにあわせて制定されたものであると言われているが,この立法は,「日系人」の永住資格を認めた1990年施行の改正入管法と連動しているのではないかという推測もなされている[7]。以上の点については,結章で改めて論ずる。

(3) 地方参政権 特別永住資格の獲得と相俟って1990年代にクローズアップされたのが,在日韓国・朝鮮人の地方参政権問題である[8]。1995年に,最高裁は選挙人名簿不登録処分取消を求める訴えを退けたものの,「法律をもって,地方公共団体の長,その議会の議員等に対する選挙権を付与する措置を講ずることは,憲法上禁止されているものではない」という見方を示した(最判1995[平7]・2・28民集49巻2号639頁)。これを受けて,1998年秋には民主党・公明党による「永住外国人地方選挙権付与法案」が国会に提出された。さらに,1999年に公明党が与党となるに及んで,この問題は政治的課題としてクローズアップされることになったが,自民党内部には反対も強く,2000年には公明党・自由党による法案提出がなされたが,成立には至っていない。

他方,韓国では,2005年に外国人に地方参政権が認められるに至っている[9]。なお,日本でも,自治体レベルでは,外国人の政治参加につき様々な工夫がなされていることは前にも述べた通りである。この点についても,結章で改めて論ずる。

(4) 民族学校 在日韓国・朝鮮人の民族学校に対する処遇については様々な問題があるが,そのうちのいくつかには改善が見られる。たとえば,従前は,高校レベルでのスポーツ大会への参加が拒まれることがあったが,1994年に全国高体連はインターハイへの参加を認めるに至った。また,2003年には,大学入学資格についても「個別の資格審査」という形ではあるが,途が開かれることとなった。

---

7) 梶田孝道「国民国家の境界と日系人カテゴリーの形成——1990年入管法改正をめぐって」梶田=丹野=樋口・顔の見えない定住化——日系ブラジル人と国家・市場・移民ネットワーク(名古屋大学出版会,2005)108頁以下。
8) 宮島喬編・外国人市民と政治参加(有信堂,2000),近藤敦・外国人の人権と市民権(明石書店,2001)などを参照。
9) 田中宏=金敬得編・日・韓「共生社会」の展望——韓国で実現した外国人地方参政権(新幹社,2006)を参照。

III —米軍軍人・軍属などの場合

1 経緯

敗戦後，アメリカ軍は日本を占領したが，独立回復後も日米安全保障条約に基づき，日本国内には多数の米軍基地が残存することになった．現在でも，全国に 130 ヶ所以上の基地が存在する．とりわけ沖縄には米軍専用施設の 75％が集中し，沖縄本島の 20％は基地のために使用されている．在日米軍の人員は約 35,000 人，これに軍属約 5,000 人や家族約 40,000 人を加えると約 80,000 人に達する[10]．

2 法的処遇——日米地位協定

米軍基地をめぐる法的紛争は少なくない．最も著名なものは，日米安保条約と憲法 9 条の関係が問われた砂川事件判決（最大判 1959［昭 34］・12・16 刑集 13 巻 13 号 3225 頁）だが，その他，基地の騒音公害に関する訴訟も多く，最高裁判決も現れている（厚木基地訴訟——最判 1993［平 5］・2・25 民集 47 巻 2 号 634 頁，横田基地訴訟——最判 1993［平 5］・2・25 判時 1456 号 53 頁）[11]．

上記の砂川事件は米軍使用区域への侵入にかかわるもの，厚木基地・横田基地騒音訴訟は米軍施設のもたらす騒音被害に関するものであるが，いずれもその前提となる日米地位協定（「日本国とアメリカ合衆国との間の相互協力及び安全保障条約第 6 条に基づく施設及び区域並びに日本国における合衆国軍隊の地位に関する協定」）の存在に留意する必要がある[12]．すなわち，砂川事件では，被告人は，「日本国とアメリカ合衆国との間の相互協力及び安全保障条約第 6 条に基づく施設及び区域並びに日本国における合衆国軍隊の地位に関する協定の実施に伴う刑事特別法」に基づいて訴追された．また，厚木基地訴訟・横田基地訴訟においては，地位協定 18 条 5 項（「公務執行中の合衆国軍隊の構成員若しくは被用者の作為若しくは不作為又は合衆国軍隊が法律上責任を

---

10) 森本敏・米軍再編と在日米軍（文春新書，2006）130–131 頁による．なお，在日米軍の状況については，同書のほか，梅林宏道・在日米軍（岩波新書，2002）も参照．

11) 多数の研究があるが，大塚直「厚木基地第 1 次，横田基地第 1, 2 次訴訟最高裁判決について」ジュリスト 1026 号（1993），吉村良一「基地騒音公害の差止め——米軍機による騒音公害を中心に」立命館法学 292 号（2003）をあげておく．

12) 詳しくは，本間浩・在日米軍地位協定（日本評論社，1996）を参照．

有するその他の作為,不作為若しくは事故で,日本国において日本国政府以外の第三者に損害を与えたものから生ずる請求権」に関し,「日本国が……処理する」ことを定める)の存在が問題となりうる.

こうした事件とは別に,ここでは,地位協定に基づく米軍軍人・軍属など[13]の法的地位の特殊性について次の3点のみを指摘しておく.第一に,これらの者は,「旅券及び査証に関する日本国の法令の適用から除外される」(地位協定9条1項).また,「外国人の登録及び管理に関する日本国の法令の適用から除外される」(同9条2項).つまり,米軍軍人・軍属などには出入国管理法や外国人登録法は適用されない.第二に,刑事事件については,米軍当局は「合衆国の軍法に服するすべての者に対し,合衆国の法令により与えられたすべての刑事及び懲戒の裁判権を日本国において行使する権利を有する」,日本国当局は「合衆国軍隊の構成員及び軍属並びにそれらの家族に対し,日本国の領域内で犯す罪で日本国の法令によつて罰することができるものについて,裁判権を有する」(地位協定17条1項)とされた上で,「裁判権を行使する権利が競合する場合」につき,「公務執行中の作為又は不作為から生ずる罪」などに関しては米軍当局が,「その他の罪」に関しては日本国当局が,それぞれ第1次的な権利を有するとされている(同3項)[14].第三に,民事事件のうち,公務執行中の作為・不作為については前述した通りである.公務執行中以外の作為・不作為については日本の裁判権が及ぶことが確認されているが(地位協定18条6項(d)),公務執行中であったか否かの判断は仲裁人に委ねられている(地位協定8項).以上のように,米軍軍人・軍属に関しては,日本の裁判権が及ばない場合が存在する.

---

13) 軍人・軍属などの定義については,地位協定1条参照.
14) この問題についても文献は多いが,比較の観点から考察する今井健一朗「アメリカの安全保障条約と米軍兵士による犯罪——米軍地位協定における刑事管轄権の国際比較」山口=中谷編・融ける境 超える法 ② 安全保障と国際犯罪(東京大学出版会,2005)を参照.

第2節 明治日本の「日本人」

I —北海道の場合

1 経緯

　明治政府が蝦夷を北海道と改称し開拓使の設置を決めたのは，1869年8月のことであった．当時は道南を中心として人口は6万人ほどであったという[15]．明治以前に，蝦夷には松前藩が置かれていたものの，同藩が直接支配する和人地はわずかであった[16]．すなわち，幕藩体制の支配は蝦夷全体には及んでいなかった．いうまでもなく，蝦夷はアイヌ民族の地であった．

　その後，1874年の（旧）戸籍法制定の際にアイヌは平民に編入されたが，1878年には，平民一般と区別するために「旧土人」と称することとされた．1999年の時点では，その総数（北海道居住者に限る）は約24,000人，3分の2が日高・胆振に集中しているという[17]．

　なお，北海道の法的地位は内地と同じではなかったことを付言しておく．1889年に衆議院議員選挙法が成立したことにより，翌1890年には第1回衆議院議員選挙が行われた．しかし，北海道は沖縄・小笠原とともに，その施行を延期されていた．北海道から議員が選出されたのは1902年のことで

---

15) 北海道新聞社編・星霜1――北海道史 1868–1945・明治1（1868–1874）（北海道新聞社，2002）8–9頁．なお，北海道の歴史一般につき，永井秀夫・日本の近代化と北海道（北海道大学出版会，2007）を参照．
16) 浪川健治・アイヌ民族の軌跡（山川出版社，2004）36頁以下．
17) 浪川・前掲書86頁，1頁．なお，アイヌの歴史につき，榎森進・アイヌ民族の歴史（草風館，2007），近代日本とアイヌ民族との関係につき，テッサ・モーリス=鈴木・辺境から眺める――アイヌが経験する近代（みすず書房，2000）も参照．

あった[18]．

　その後，北海道の位置づけは二転三転する．1882 年には開拓使が廃止され，北海道には札幌県・函館県・根室県の 3 県が置かれるとともに，農商務省内に北海道事業管理局が設けられた．さらに，1886 年には 3 県 1 局が統合されて内務省直轄の北海道が誕生した．1947 年の地方自治法の下で，北海道は他の都府県と同様の普通地方公共団体となったが，他方，1949 年に北海道開発庁が設置された．2001 年の中央省庁再編に伴い，同庁は国土交通省に統合されたが，現在でも同省には北海道局が置かれている[19]．この点において，なお若干の特別な取り扱いが残されている．

2　法的処遇

　(1) 土地所有権　明治以前，アイヌの大地（アイヌ・モシリ）であった北海道の土地は，明治日本の法制度の中に組み込まれた．1877 年の「北海道地券発行条例」では，アイヌの「住居地所」は当分「官有地第 3 種」に編入し，次第にアイヌに私的所有権を認めるという方針が採用されたという[20]．その後，1899 年の「北海道旧土人保護法」では，アイヌの土地売買について許可制を採用されるとともに，北海道旧土人共有財産は北海道長官（その後，知事）が管理することができるとされた[21]．

　北海道旧土人保護法は，1997 年のアイヌ文化振興法制定とともに廃止され，上記の共有財産の返還がなされたが，その対象は 150 万円程度の銀行預金だけであったという[22]．この金額に不満を抱いたアイヌたちは，共有財産の

---

[18] 北海道新聞社編・星霜 4——北海道史 1868–1945・明治 4（1898–1912）（北海道新聞社，2002）27 頁以下，71 頁以下．なお，同 28–29 頁には，政府委員としての梅謙次郎（民法典の起草者の一人．この当時は法制局長官）の答弁が記録されており興味深い．
[19] 今日では，分権改革・規制緩和の流れの中で道州制構想が語られているが，これとの関連で，山口二郎・分権の可能性——スコットランドと北海道（公人の友社，2000），佐藤克廣・道州制の論点と北海道（公人の友社，2005）を参照．なお，法学の観点から，北海道の特性に触れるものとして，太田＝鳥居編・北海道と憲法——地域から地球へ（法律文化社，2000）が興味深い．
[20] 浪川・前掲書 87 頁．
[21] 常本照樹・アイヌ民族をめぐる法の変遷——旧土人保護法から「アイヌ文化振興法」へ（さっぽろ自由学校「遊」，2000）9–11 頁．
[22] 常本・前掲書 11 頁．堀内光一・アイヌモシリ奪回——検証・アイヌ共有財産裁判（社会評論社，2004）19 頁．

補　章　「外国人」の多様性・「日本人」の多様性

写真 16: アイヌ民族博物館

返還手続を争う訴訟を提起した[23]．法律論としては請求を認めるのは困難であるものの，提訴そのものは明治以来の共有財産管理のあり方を問い直すという意味を持ったと言える[24]．

(2) **アイヌ文化**　アイヌの土地に関しては，もう一つ著名な事件がある．二風谷事件がそれである[25]．この事件では，ダム建設のための事業認定・土地収用裁決の適法性が争われたが，裁判所は，アイヌ民族を文化の独自性を保持した少数民族であるとした上で，アイヌ民族の文化を不当に軽視してなされた事業認定は違法であるとの判断を示した (札幌地判 1997 [平 9]・3・27 判時 1598 号 33 頁判タ 938 号 75 頁)．

この判決の 2 ヶ月後の 1997 年 5 月，前述したアイヌ文化振興法が成立した[26]．この法律は「アイヌの人々の民族としての誇りが尊重される社会の実現を図り，あわせて我が国の多様な文化の発展に寄与する」ことを目的に掲げた (同法 1 条)．この点は注目に値する．

---

[23] 堀内・前掲書 19–20 頁．公表されている判決として，釧路地判 1999 (平 11)・4・27 判例地方自治 210 号 72 頁．

[24] この問題を検討するものとして，吉田邦彦「アイヌ民族の民法問題 (上下)——所有権の問題を中心として」ジュリスト 1302 号・1303 号 (2005)〔同・多文化時代と所有・居住福祉・補償問題 (有斐閣，2006) 所収〕を参照．

[25] 中村康利・二風谷ダムを問う (さっぽろ自由学校「遊」，2001) を参照．なお，吉田邦彦「アイヌ民族と所有権・環境保護・多文化主義 (上下)——旭川近文と平取二風谷の事例を中心として」ジュリスト 1163 号・1165 号 (1999) (同・前出注 24) 所収) も参照．

[26] 同法の推進者に関して，萱野茂・アイヌの里 二風谷に生きて (日本図書センター，2005) などを参照．なお，萱野の助手による本田優子・二つの風の谷——アイヌコタンでの日々 (筑摩書房，1997) も参照．

II ― 沖縄の場合

1 経緯

　明治維新後しばらくの間，琉球の法的地位はあいまいであった．江戸時代には，薩摩藩は幕府によって琉球に対する支配権を認められてきたが，その扱いは他の領地とはやや異なるものであった．また，琉球は江戸に使節を送るとともに北京にも使節を送っていた．このような琉球の「日中両属」状態は，薩摩藩が鹿児島県となった後も続いていた[27]．

　明治政府は，1872年の琉球藩設置（琉球国王を琉球藩王とした），74年の台湾出兵を経て，翌75年には琉球藩を内務省に移管した．そして，1879年には，琉球藩を廃して沖縄県を置き，知事を派遣するに至った．これが琉球処分である[28]．

　北海道と同様，沖縄県もまた衆議院選挙への参加は遅れ，議員が選出されるようになったのは1912年からであった．しかし，それ以上に沖縄を特色づけるのは，言うまでもなく戦後の米軍による支配である[29]．敗戦から4半世紀以上を経た1972年に日本への返還が実現したが，やはり北海道の場合と同様，他の都府県とは異なる取り扱いがなされてきた．すなわち，1972年の沖縄返還から2001年の中央省庁再編までの間，沖縄開発庁が置かれ，現在では，内閣府に沖縄振興局が置かれている．また，沖縄及び北方対策担当大臣も置かれることとされている[30]．

---

27)　紙屋敦之・琉球と日本・中国（山川出版社，2003）16頁以下，56頁以下，92頁．
28)　紙屋・前掲書93-94頁，新崎盛暉・現代日本と沖縄（山川出版社，2001）1-7頁．なお，戦前の沖縄につき，新川明・琉球処分以後（上下）（朝日新聞社，1981）を参照．
29)　米軍統治下での法制度につき，中野育男・米国統治下沖縄の社会と法（専修大学出版局，2005）を参照．なお，中野敏男ほか編著・沖縄の占領と日本の復興——植民地主義はいかに継続したか（青弓社，2006）も参照．
30)　地方分権との関係では，琉球自治州の会・琉球自治州の構想——自立をめざして（那覇出版社，2005）．沖縄に関する研究は多数あるが，最近のものとして，松井健編・開発と環境の文化学——沖縄地域社会変動の諸契機（榕樹書林，2002），岩渕功一ほか編・沖縄に立ちすくむ——大学を越えて深化する知（せりか書房，2004），多田治・沖縄イメージの誕生——青い海のカルチュラル・スタディーズ（東洋経済新報社，2004），石原昌家ほか編・オキナワを平和学する！（法律文化社，2005）など．なお，法学の観点から，沖縄の特性に触れるものとして，新城将孝ほか編・法学——沖縄法律事情（琉球新報社，2005）が興味深い．

写真17: 軍用地取引

2　法的処遇

(1) 旧慣の存在　琉球処分の後，沖縄では旧慣温存政策がとられた．地租改正も秩禄処分も棚上げされ，最終的にこれらが終了したのは1910年のことであったという．その間，土地は部落の共有とされてきた[31]．

沖縄の旧慣はその後も残存しつづけた．たとえば，「門中」と呼ばれる独自の同族集団が今日でも存在している．最高裁は，「門中」を，いわゆる権利能力なき社団の一種として位置づけた（最判1980［昭55］・2・8民集34巻2号138頁）．なお，朝鮮半島には，この「門中」に類似した「宗中」と呼ばれる同族集団が広く存在するが，このことは，沖縄と朝鮮半島の文化的な親近性を窺わせる．

また，沖縄では，慣習上の権利である入会権も存続し続けている．ただし，入会権の存在する山林が米軍基地用地に使われている場合も多いようであり，この場合，入会権は補償金請求権という金銭債権に転化してしまっていると言っても過言ではない．近時の最高裁判決（最判2006［平18］・3・17民集60巻3号773頁）は，こうした実状をよく示している．

(2) 基地との関係　米軍基地との関係では，いわゆる代理署名問題も重要である．

日本政府は，日米安保条約及び地位協定2条に基づき，米軍に施設・区域を使用させる義務を負っている．そのため，「日本国とアメリカ合衆国との間の相互協力及び安全保障条約第6条に基づく施設及び区域並びに日本

---

31)　新崎・前掲書9頁．

写真18: 通称「象の檻」＝楚辺通信所

国における合衆国軍隊の地位に関する協定の実施に伴う土地等の使用等に関する特別措置法」（米軍用地特別措置法）が制定されている．同法は，「駐留軍の用に供するため土地等を必要とする場合において，その土地等を駐留軍の用に供することが適正且つ合理的であるときは，この法律の定めるところにより，これを使用し，又は収用することができる」（同法3条），「内閣総理大臣は，申請に係る土地等の使用又は収用が第3条に規定する要件に該当すると認めるときは，遅滞なく，土地等の使用又は収用の認定をしなければならない」（同法5条）と定めている．

これらの規定に基づき同法は強制使用手続を定めており，その一環として土地調書の作成という手続が設けられている．この調書には土地所有者が署名押印することとされているが，土地所有者がこれを拒む場合には市町村長・県知事が署名・押印するものとされている．一部の基地用地の使用期限切れにあたって，知事がこの代理署名を拒んだために，内閣総理大臣が知事を相手に起こしたのが，上記の代理署名訴訟である．最高裁は，知事側の主張を退けている（最大判1996［平8］・8・28民集50巻7号1952頁）[32]．

米軍用地特別措置法は，沖縄のみに適用される法律ではない．しかし，米軍基地の75％が沖縄に集中していること，本土の基地用地には公有地が多いこと，沖縄には「反戦地主」が多いことなどを考慮に入れると，同法は主

---

32) 署名を拒んだ知事の主張については，知事自身の著書，大田昌秀・沖縄，基地なき島への道標（集英社新書，2000）を参照．なお，事件については，その前後の経緯も含めて，沖縄問題編集委員会編・沖縄から「日本の主権」を問う，同・代理署名拒否，同・代理署名訴訟最高裁上告棄却（リム出版新社，1995–96）を参照．

として沖縄に（実質的には沖縄のみに）適用される法律であると言える[33]．

---

33) 同法に限らず，米軍基地に関わる法問題を沖縄に特有の問題として検討するものとして，浦田賢治編・沖縄米軍基地法の現在（一粒社，2000）を参照．なお，戦後50年の基地問題を概観するものとして，沖縄タイムス社編・50年目の激動——総集 沖縄・米軍基地問題（沖縄タイムス社，1996）．最近の問題をとりあげるものとして，黒澤亜里子編・沖国大がアメリカに占領された日——8・13米軍ヘリ墜落事件から見えてきた沖縄／日本の縮図（青土社，2005）．

結 章

外国人と市民＝社会と法の将来

第1節

「民法」と「外国人法」
「人の法」の観点から
Leçon 24

I —「外国人法」の「民法」に対する影響

1　例外としての外国人

(1) **明らかな例外**　序章で見たように，外国人に関する民法の規定として民法3条2項が存在する．この規定は次のように定めていた．

民法3条2項
　外国人は，法令又は条約の規定により禁止される場合を除き，私権を享有する．

この規定をめぐる議論についても序章で見た通りであるが，ここでは視点を変えて，今日，行われている禁止（制限）の例をあげてみよう．たとえば，六法全書の参照条文の欄には，次のような規定が掲げられている．

禁止の例——鉱業法17条・87条（鉱業権），商法702条・船舶法1条（船舶所有権），水先法5条（水先人）

制限の例——外国人土地法（土地所有権），航空法4条・126条以下（航空機所有権・航空運送事業），貨物利用運送事業法35条以下（国際貨物運送），外為法26条以下（対内直接投資），銀行法47条以下（銀行業），特許法25条（特許権）・著作権法6条（著作権）・実用新案法2条の5（実用新案権）・意匠法68条（意匠権）・商標法77条（商標権），国家賠償法6条（国・自治体に対する損害賠償請求権）

こうして見ると，土地・鉱業権，船舶・航空機，運送・銀行・投資，知的財産権など国家の主権（あるいは戦略）にかかわる領域で，外国人の権利能力が制限されていることがわかる．別の言い方をすると，「私権」の制限は，「政権」の制限と連動していると言える．日本に在住する外国人との関係に着目すると，このうち知的財産法上の制限がとりわけ重要であるように思われる．しかし，この点に関しては，たとえば，日本に居住する外国人の発明や日本で発表された外国人の著作物は日本法による保護の対象となっているので，実際にはそれほど大きな不都合は生じないように思われる．

その他の制限の当否については個別に検討する必要があるが，ここで触れておきたいのは民法3条2項の必要性についてである．個別の制限は場合によっては必要であるとして，そのことを正当化するために民法に規定を置く必要はないように思われるからである．3条2項は，内外人平等の原則を示すという意味で歴史的には意味があったが，そのような役割はすでに過去のものとなったと思われる．

(2) **隠れた例外**　権利能力の問題を離れて，外国人に対する法的処遇をより実質的に見ると，いくつもの特別な取り扱いが法律・判例・慣行のレベルで行われていることは，第1章・第2章で見てきた通りである．これらの当否についても個別の検討を要するが，ここでは，「人格」「家族」「契約」「団体」といった民法の基本概念との関係で，やや一般性の高いことを述べておく．

第一に，人格との関係では，日本人・外国人を峻別するような身分登録制度には再考の余地がある．もちろん技術的な便宜を考慮に入れる必要はあるが，身分登録制度の持つ象徴的な意味を考えるならば，個人の価値を中核に据えた制度を構築することが望ましい．また，人身損害の賠償についても日本人・外国人の区別を排除することが望まれる．これは，損害概念の再構成に連なる問題である．

第二に，家族との関係では，各人の家族形成権を尊重すると同時に，多様な家族のあり方を承認すること，いったん形成された家族の崩壊をも考慮に入れることが望まれる．在留資格の管理は必要なことではあるが，外国人の家族関係のみを対象として特別に厳格な規制をかけるべきではない．むしろ，日本人であるか外国人であるかにかかわらず，（広い意味での）「家族」とい

う存在を日本社会はいかに取り扱うべきかという観点から，問題に取り組むべきだろう．

第三に，契約・団体との関係では，当事者の「契約締結の自由」「結社の自由」が不当に制約されないように，公序を通じてルール形成をはかる必要がある．画一的な外国人の排除が自由の制約を意味することはもちろんであるが，合理的な排除事由・排除方法としていかなるものが考えられるかという視点も重要である．「選別」の自由と限界については，十分な検討がなされてきたとは言い難いが，この点の検討は急務であろう．

問題は，とりわけ雇用をめぐって先鋭化する．雇用は「契約」の問題であると同時に「人格」の問題であるからである．また，雇用のあり方は，「主権」や「市民社会」のあり方と密接に関連することも問題を難しくする．

最後の点に関しては第2節で再び触れることとして，ここでは，ここまでに掲げてきた諸問題についてこそ，内外人平等の原則が採用されなければならないことを確認しておく．原理規定としての民法3条2項は不要であるとしても，この点を強調することには格別の意味がある．民法2条は「両性の本質的平等」を掲げる．この規定は歴史的な必要に応じたものであるが，今日では，平等原則の適用対象をより広く，かつ，具体的な形で示すことが望ましいように思われる．

2　一例としての「外国人」

(1) 年少者・障害者　例外としての「外国人」は原則に回収されるべきであるが，「外国人」は唯一の例外ではなく，例外の一例にすぎない．この点も序章で触れた通りであるが，民法・民法学は，様々な例外を想定した上でこれを原則に回収しようとしてきたと言える．

民法典に即して見てみると，日本人と外国人とを区別する民法3条2項には，成年と未成年とを区別する民法4条が続く[1]．その上で，未成年者に関しては，行為能力に制限がなされるとともに（民5条・6条），親権者による保護がなされるべきこととされている（民818条以下）．制限能力者とされているのは未成年者だけではない．「精神上の障害により事理を弁識する能力」

---

1) この規定につき，大村「民法4条に関する立法論的検討」法曹時報59巻9号（2007）．

が不十分な者は，その能力の程度に応じて，後見（民7条）・保佐（民11条）・補助（民15条）の対象とされており，行為能力の制限がされる（民9条・13条・17条）ほか，成年後見人・保佐人・補助人の支援を受けることとされている（民838条以下）．

　以上のように，民法典は，年少者と障害者を（序章で述べた意味での）マイノリティとして抽出し，制度的な支援策を講じているのである．こうした制度的な対応がなされていることは注目されてよいことがらだろう．もっとも，民法の用意する個別具体的な制度が「子どもの権利」や「障害者の権利」を制約することになっていないか，民法以外の法領域における制度的な対応はどうなっているのか，あるいは，年少者・障害者を特別に支援することはなぜ正当とされるのか，といった観点からの検討は必要だろう[2]．

　(2) 消費者・高齢者・女性　民法には明文の規定はないが[3][4]，カテゴリーとして認知されているものとして，「消費者」「高齢者」「女性」をあげることができる[5][6]．これらの者は数の上では少数ではないが，その置かれた立場ゆえに様々な意味で劣位に置かれることがある．

---

[2] 親権や成年後見に関しては民法典に制度があるために，それぞれに関する研究が進んでいる（近年の代表的な研究として，米倉明・信託法・成年後見の研究〔新青出版，1998〕，新井誠・高齢社会の成年後見法〔有斐閣，改訂版，1999〕，田山輝明・成年後見法制の研究〔成文堂，上下，2000，続・2002〕，小賀野晶一・成年身上監護制度論〔信山社，2000〕，石川稔・家族法における子どもの権利〔日本評論社，1995〕，川田昇・親権と子の利益〔信山社，2005〕など）．今後は，より広く，本文に述べたような点も含めた検討を行い，「外国人法」と同様，「年少者法」「障害者法」を語ることが望まれる．

[3] 特別法としては，消費者基本法・消費者契約法，高齢社会対策基本法・高齢者居住法，男女共同社会参画基本法・男女雇用機会均等法などの法律が存在する．

[4] 明治民法には，「妻」の能力制限に関する規定が存在した（民旧14～18条）．

[5] 講学上は，「消費者法」「高齢者法」「ジェンダー法（フェミニズム法学）」などの講義・概説書（伊藤進ほか編・テキストブック消費者法〔日本評論社，第3版，2006〕，長尾治助編・レクチャー消費者法〔法律文化社，第3版，2006〕，後藤巻則ほか・アクセス消費者法〔日本評論社，2005〕，大村・消費者法〔有斐閣，第3版，2007〕，山口浩一郎＝小島晴洋・高齢者法〔有斐閣，2002〕，金城清子・ジェンダーの法律学〔有斐閣，第2版，2007〕，浅倉むつ子ほか・フェミニズム法学〔明石書店，2004〕，小島妙子＝水谷英夫・ジェンダーと法Ⅰ〔信山社，2004〕，辻村みよ子・ジェンダーと法〔不磨書房，2005〕など）が存在する．

[6] 「労働者」については，今日では，民法から労働法が独立している．しかし，労働契約は，消費者契約と並び，日常生活において最も重要な契約類型であることを考えるならば，民法・民法学もまた「労働者」に対して無関心ではいられない．民法学の側からの近時の研究のうち，労働契約を論ずるものとして内田貴「雇用をめぐる法と政策――解雇法制の正当性」日本労働研究雑誌44巻2・3号（2002），労働者を論ずるものとして山野目章夫「『人の法』の観点からの再整理」民法研究4号（2004）をあげておく．

これらの者を未成年者・障害者などと同様に，保護・支援の対象とすることの当否については議論がありうるところであるが，その劣位が偶発的なものではなく構造的なもの（身体的な理由・社会的な理由による）であるとするならば，一定の対応をなすべきことは正当化されよう．「外国人」の場合も同様である．

立法論として考えた場合には，「消費者」に関する規定を民法典に置くことも考えられる．というのは，数の上から見た場合，（企業と消費者との間での）消費者取引こそが典型的な取引であり，民法において規律されるべきであるとも言えるからである．最近の立法例を見ると，消費者取引に関する規定を民法典に取り込んだ国（オランダ・ドイツなど）もあることを考えるならば，この方向は検討に値する．もっとも，消費者契約の特性に対応できる一般ルールを置くという方向もありうるだろう．なお，「高齢者」に関しては，「女性」や「外国人」の場合と同様，平等原則を明示することが望ましいだろう．

(3) **少数者** （性指向や性別に関する）「性的少数者」，（宗教・思想・信条に関する）「宗教的少数者」，あるいは（忌避される難病に罹患した）「病的少数者」に対する法的処遇も様々な問題を惹起している．

このうち，性的少数者に関しては，性同一性障害者や同性愛者の共同生活体の法的処遇が問題になるが，日本では前者についてのみ（戸籍の性別記載に関する）特別法が制定されている．宗教的少数者や病的少数者に関しては，これといった特別法は存在しない[7]．もっとも，関連する判例・裁判例はいくつか存在する[8]．

なお，「信教の自由」は憲法20条によって保障されているが，宗教のほか，性的指向や疾病を理由とした差別をしてはならない旨の規定を，やはり民法

---

7) らい予防法は1996年に廃止されている（2001年にはハンセン病補償法が制定されている）．エイズ予防法は1999年に廃止されている（ただし，1998年に感染症予防法が制定されている）．患者差別に関する文献は多いが，法的な観点からの研究として，森川恭剛・ハンセン病差別被害の法的研究（法律文化社，2005）がある．

8) 自衛官合祀事件（最大判1988［昭63］・6・1民集42巻5号277頁），エホバの証人輸血拒否事件（最判2000［平12］・2・29民集54巻2号582頁），ヤマギシ会脱退事件（最判2004［平16］・11・5民集58巻8号1997頁），同性愛者宿泊拒否事件（東京地判1994［平6］・3・30判時1509号80頁，東京高判1997［平9］・9・16判タ986号206頁），ハンセン病国賠事件（熊本地判2001［平13］・5・11判時1748号30頁）など．

典に具体的な形で設けることが望ましいだろう．また，祭祀や医療につき，誰のどのような利益を優先させるかは，一般的な問題として検討される必要がある．より積極的に，たとえば，同性愛者の共同生活体を保護するか否か，宗教・信条団体と信徒・賛同者の関係を規律するルールを設けるか否かといった問題もあるが，これらは別途検討を要するところである．

なお，日本社会も少数民族問題と無縁でないことは補章で触れた通りであるが，あわせて，部落問題も視野に収める必要がある[9]．

II ─「人の法」としての「民法」の再編

1 権利能力から「人の法」へ

(1) **生命と人格の保護** 民法3条1項は，「権利能力」の平等を定める規定であるとされてきた．そして，同条2項は，外国人につきその例外を定めるものとして理解されてきた．このような理解自体は誤っていないが，「人の法」の中心に権利能力を据える発想は問い直される必要がある．あるいは，法人格と言い換えられることもある権利能力の概念を拡張する必要がある．

権利能力＝法人格は，私法上の権利を持ちうる資格を示す．ここでの「権利」は財産権を念頭に置いている．しかし，人が有するのは財産権ばかりではない．財産権の帰属主体としてばかりではなく，生命を持ち人格を備えた存在として人を捉える必要がある．あるいは，財産権のほかに（生命権＝生命に対する権利や，各種の自由，を含む広義の）人格権を権利の客体として考える必要がある．

こうした見方は，民法が暗黙の前提とするところでもある．法律家ならば誰もが知っている民法710条は，精神的損害の賠償について定めているが，そこでは「『他人の身体，自由若しくは名誉』を侵害した場合又は『他人の財産権』を侵害した場合のいずれであるかを問わず……」という表現が用いられている[10]．つまり，「身体・自由・名誉」と「財産権」とが二つの主要な保護法益として掲げられている．

日本法においては，生命・身体，あるいは，自由・名誉を侵害する行為は

---

[9] 最近のものとして，山下力・被差別部落のわが半生（平凡社新書，2004），角岡伸彦・はじめての部落問題（文春新書，2005）

[10] 生命があげられていないのは，生命の侵害があった場合には被害者本人ではなく近親者に損害賠償請求権が発生すると考えられていたためである（民法711条参照）．

不法行為とされてきた．このことを考えれば，「人の法」において生命・人格が大きな位置を占めることは明らかであるとも言える．しかし，原則を宣言することの意味は大きい．それゆえ，立法論としては，民法3条に近接した箇所に，生命・身体・自由・名誉が保護の対象となることを宣言する規定（広義の人格権の存在を肯定する規定）を置くことが望まれる[11]．

(2) 生活と人生の支援　民法4条は成年を定義する．この規定は，論理的に未成年を想定しており，5条・6条には未成年者の保護のための規定が置かれている．さらに，未成年の保護に関する規定は，818条以下（親権），838条以下（後見）にも配置されている．このように，民法は年少者を保護する規定を置いているほか，障害者についても同種の規定を置いている．

以上の点はすでに述べた通りであるが，改めて強調しておきたいのは次のことである．すなわち，民法が，一定のカテゴリーに属する者につき，取引行為のみならず，日々の具体的な生活や人生設計を支援する仕組みを創り出しているということである．未成年者に対する監護・教育がその典型例である．

外国人を初めとするマイノリティについては，このような制度は設けられていない．年少者や障害者の場合とは異なり，十分な判断力を持つからというのが，その理由だろう．しかし，精神的な面でハンディがないというだけで直ちに，他の人と対等に生きてゆける環境が整っていることになるわけではない．翻って考えてみると，比較的年齢の高い年少者の場合には，精神面でのハンディがあるわけではない．むしろ社会経験の乏しさが民法によって補われていると理解すべきだろう．そうだとすると，民法典に，様々なマイノリティを支援するための制度を書き込むことも十分に考えられそうである．たとえば，立法論としては，年少者・障害者に限らず，アドヴァイザーを付すといった制度を設けることも検討に値する．

ただ，費用の負担をどうするかという問題は残る．成年後見制度を創ったからと言って，無料で後見人を選任することができるわけではない．この点では，民法を超えたサポート・システムとの連携が必要になる．

---

[11] 大村・「民法0・1・2・3条」――〈私〉が生きるルール（みすず書房，2007）112頁以下．

2 「人」の理解の更新

(1) 抽象的な理解から具体的な理解へ　「権利義務の帰属点」（＝権利能力）としての法人格を想定する場合，個々の人間の身体性・精神性は捨象されてしまうことになる（あるいは，身体や精神は権利の客体として抽象化される）．また，その人物の日々の生活のディテールや人生における価値も視野の外に置かれる（あるいは，日常生活の断面が法的な決定と関連づけられて析出される）．

このようにして「人」を捕捉する作業が，民法の世界では不可欠であることは承認しなければならない．人間の身体性・精神性にせよ，日常生活の連続性・価値志向性にせよ，ある種の概念装置を用いることなく，それらを直接に語ることは不可能だからである．だからといって，抽象的なアプローチによる「人」の理解が万全であることが保障されるわけではない．人の生命＝人生の厚みや広がりを考慮に入れる必要がないことにはならない．

これまでにも何回か触れたように，20世紀を通じて民法は，「人」の様々な属性に着目し，一定の保護を伴うカテゴリーを発見してきた．民法の「人」のイメージの透明度は下がった反面，その豊穣さは格段に増したと言える．「人」としての共通性を維持しつつ，様々な相違性が考慮に入れられてきた．今日，必要なのは，そうした各論的な努力を新たな「人」のイメージに集約することだろう．すなわち，「人間の共通属性・特殊属性の複合体」としての法人格を再構築することが求められていると言える．

(2) 固定的な理解から流動的な理解へ　もっとも，これらの属性を固定的なものとしてとらえる必要はない．とりわけ，特殊な属性は，可変的なものとして理解した方がよい．民法典も，いくつかのレベルでこのような発想を内包しているように思う．

たとえば，未成年者の場合．人は，未成年という状態に留まるわけでなく，やがて成年に達する．未成年は途中の状態として位置づけられている．あるいは，身体障害者の場合．比較的最近まで存続していた「聾唖者」の行為能力制限は，今日では撤廃されている．しかし，近年では，「口がきけない者」「耳がきこえない者」の遺言の方式につき，特則が定められている（民969条の2，972条1項を参照）．ここでは，必要な保護・支援のあり方が変化している．さらには，女性の場合．明治民法のもとでは，既婚女性（妻）の行為能

力は制限(ないし保護)されていたが，今日ではこのような制限は撤廃されている．しかし，女性に対する保護が完全になくなったわけではない．たとえば，最近制定された DV 防止法は，現在の状況を前提として，(主として)女性に対して一定の支援を行うことを企図するものである．ただし，将来，女性の地位が十分に上昇した場合には，このような支援は不要になり，一般の暴力の問題として処理すれば足りるということになるかもしれない．

　現在の社会状況において，どのような特殊属性に着目し，どのような方向での支援を行うのか．この点は，当該社会の(本来の意味での)政治的な判断――当該社会にとって何が必要とされているか――に委ねられることになる．

第2節　「外国人」から「市民」へ
「共和国」の観点から
Leçon 25

I —「市民」の概念

1　住民の流動化

(1)「**外国人**」**の多種化**　グローバリゼーションは，商品や資本だけでなく世界規模での人の移動を生じさせている．他の先進国と同様に，日本もまたこの波に洗われている．様々な外国人がそれぞれの目的を持ってやってくる．その結果，日本に滞在する外国人は，いまや一様の存在ではなくなっている．外国人の増加は，この傾向をより鮮明にさせつつある．

滞在期間から見ると，短期の旅行者は別にしても，数ヶ月～数年の期間に限って労働・学習のために来日している者から日本社会に定住している（しようとしている）者まで，長短様々な人々がいる．しかし，とりわけ近年では，ニューカマーの定住化が進みつつあり，これに伴う「二世問題」が深刻になりつつあることはすでに見てきた通りである．そこで，今後は，定住者に焦点を合わせた形で外国人政策を進めていくことが必要になろう．他方，(旅行者を含む) 短期滞在者に対する配慮も忘れてはならない．多数の短期滞在者を迎え入れることと多数の定住者を受け入れることとは同義ではないものの，「外国人」と向き合い「外国人」の存在を含む形で，日本の社会のあり方を構想するという点では共通の面があることに留意する必要がある．

滞在資格についても，不法滞在者は別にして，就労資格を持たない者・限定された範囲でのみ持つ者・制限なしに持つ者と，やはり様々である．ここで重要なのは，これもすでに見たように，「永住者」のほか「定住者」「特別永住者」の資格が設けられるに至っていることである．1989/91年の出入国

結　章　外国人と市民＝社会と法の将来

管理法制の改正によって，日系人に関して「定住者」の資格が設けられ，あわせて，在日韓国・朝鮮人に関して「特別永住者」の資格が設けられた．これらの資格の創設は，歴史的な事情によって日本と特別な関係を持つ外国人が存在することを念頭に置いたものであると言える．

「永住者」「定住者」「特別永住者」は，その他の滞在資格によって滞在する外国人に比べて，格段に広い自由を享受する．こうしたカテゴリーの存在は，一口に外国人と言っても，日本国民に近い処遇をすべき者があってもよいことを示し，さらに，このようなカテゴリーを拡張することはできないかという問いを惹起する．

(2)「市民」の重層化　「外国人」の多様化は「市民」の重層化と連動する．
ここで「市民 (citoyens)」と呼んでいるのは，序章で述べた意味での「市民的権利 (droits civils)」の保持者のことである．「市民的権利」には「政治的権利 (droits politiques)」は含まれないが，ここでの「政治的権利」は国家主権に参与する権利のみを指していると考えるならば，「市民権＝市民であること〔による権利〕(citoyenneté)」は，政治活動を行う権利 (言論・表現の自由，結社の自由) を含むことになる (これを狭義の「市民権」と呼ぶこともできる)．

以上のように考えるならば，国民 (国籍を有する者) を包摂する形で市民 (市民権を有する者) を観念することが可能になる．言い換えれば，「市民」には，国籍を有する者だけでなく，国籍を有しないが一定の要件を満たす者が含まれることになる[12]．

2　国境の相対化

(1) 東アジアへ　人々が国境を越えて往来し，一定の要件の下で複数の国において市民としての処遇を受けるようになると，国籍の持つ意味は相対的に低下することになる．現在の EU を見れば，このことは容易に理解される．EU 圏内においては EU 市民権を有することが重要であり，国籍の重要度は

---

[12] 本書の説く「市民的権利」は，基本的には内外人の区別なく等しく認められるべきものである．この意味での (狭義の) 市民権に加えて滞在資格，地方参政権や社会的権利を含めたものを広義の市民権と呼びたい．

相対的に低い（少なくともそうなることが期待されている）[13]．

　仮に，日本が東アジアの国々（たとえば中国・韓国・フィリピンなど）と協定を結んで，これらの国の国民であり，日本に居住し，一定の要件を満たす者に対して「市民権」を付与するならば，EU の場合と同様に，国籍の意味はより小さくなっていくだろう．この場合の「市民権」は，必ずしも「ひとかたまり」のものである必要はない．国籍ではなく居住を重視して，問題ごとに処遇をしていくことの積み重ねによって，段階的な「市民権」が外国人に付与されること，そして，それらを相互化していくことが，東アジアに共通の市民権への手がかりとなろう．

　(2) 大小の地域圏へ　国境の意味が減少すると，一方では，国家を超えた文化的・社会的・経済的な共通性がクローズアップされることになる．たとえば，EU のようにヨーロッパという単位での結束が図られる．しかし，なぜヨーロッパが単位となりうるのだろうか．共通の習慣・経験・宗教そして経済などを核にするのでない限り，一定の凝集力を生み出すことは難しいのは確かだが，何がどこまで共通なのかが問題となる．東アジアの場合には，この点はヨーロッパ以上に難しい．他方，国家よりも小さな単位における文化的な独自性も模索されるようになる．ヨーロッパの各地に見られる地域主義がこのことを示している．こうした観点から見ると均質に見える日本文化も決して一枚岩とは言えない．北海道や沖縄には本州とは異なる文化が残存することは，すでに述べた通りである．また，経済の領域では，国境を超えた局地的な経済圏が成立する可能性もある[14]．

II ― 「共和国」の概念

1 ネーションかステートか

　必ずしも国籍にかかわらず，重層的な市民からなる社会を構想するとなると，この社会の凝集力となる原理をどこに求めるかが問題となる．一言で言

---

[13] ヨーロッパ市民権につき，序章でも一言した宮島喬・ヨーロッパ市民の誕生（岩波新書，2004）を参照．
[14] たとえば，環バルト海につき，百瀬宏ほか・環バルト海――地域協力のゆくえ（岩波新書，1995），また環日本海につき，片山善博＝釼持佳苗・地域間交流が外交を変える――鳥取－朝鮮半島の「ある試み」（光文社新書，2003）など．

えば,「国」とは何か,「日本」とは何かが問題となる[15]．

　この点に関しては，国家以前の共同性を重視する立場と，国家の制度性を重視する立場とが考えられる．前者は，国家の抑圧性を回避することに重点を置くが，反面で，ネーションの分断の可能性を抱え込む．これに対して，後者は，むしろ国家の人工性を引き受けることを選択しようとするが，前国家的な共同性を完全に捨象したステートを樹立することは可能かという問題に直面する．

　そうだとすると，むしろネーションとステートの双方に改めて立脚した「国民国家」を再構築することが考えられるべきなのかもしれない．ただし，この場合のネーションは，自然に存在するものとしてではなく，国家のもとに集約された多少とも人工的・構成的な存在であることが意識される必要がある．ステートもまた，完全に人工的な存在ではなく，多少とも前国家的・歴史的な経緯を前提とすることを承認すべきだろう．

　ここでもEUの例をあげよう．EUの諸国民は，今日，ヨーロッパ市民というアイデンティティを獲得しつつあると言える．この場合の「ヨーロッパ」の境界は，EUへの加盟・非加盟によって画されている．EUの域内に居住し，EUのルールを承認する人々が「ヨーロッパ市民」なのであり，ア・プリオリに「ヨーロッパ人」が存在するわけではない[16]．むしろ，国境とは一致しない形で存在する多様な（そして，それ自体が固定的な存在ではない）エスニシティを再発見しつつ，新たにヨーロッパ人が生まれつつあるというべきだろう．

　他方，EUは人工的なルールのみによって規律されているわけではない．キリスト教文化を中核とするヨーロッパの伝統を背景にしてEUは初めて存在し得ている．このことは，「その精神的・道徳的な遺産」という表現でEU憲章前文にも書き込まれている．もっとも，この遺産も固定的・排他的なものであるわけではない．在来のヨーロッパ人たちの文化を前提としつつも，新来の非ヨーロッパ人たち（「移民たち」）の文化に配慮した新たな「ヨー

---

15) この点につき，E・ルナンほか（鵜飼ほか訳）・国民とは何か（インスクリプト，1997），マーサ・C・ヌスバウムほか（辰巳・能川訳）・国を愛するということ（人文書院，2000）などを参照．
16) ヨーロッパ人の多様性につき，ルイジ・バルジーニ（浅井訳）・ヨーロッパ人（みすず書房，新装版，2005）などを参照．

ロッパ文化」を生み出していく可能性は，将来に向けて開かれている．また，イスラム圏との交渉の長い歴史を振り返って，共通の遺産を再定義することも不可能ではなかろう．

　同様に考えるならば，現に存在する「日本文化」を捨象してルールのみによって規律される「日本国」を構想することは現実的とは言えない．ただし，ここで言う「日本文化」の内実については慎重な取扱いが必要であろう．地理的（空間的）・歴史的（時間的）に見て，「日本文化が」多様な要素の複合体であること，とりわけ，そこには，大陸や西洋に由来するものが少なくないこと，また，戦後日本（それ自体が単一ではない）もその重要な構成要素であることに注意すべきであろう．

　こうして「日本文化」を多元性・開放性・可変性の相においてとらえることによって，中心を持った多文化社会・多様性を内包した国民国家が可能になる．

2　「憲法と民法」による「穏健な共和国」

　一方で，人工的な制度を定立することによって，他方で，歴史的な経緯をふまえることによって成立する社会を，ここでは「穏健な共和国」と呼んでみたい．ここでいう「共和国（république）」は政体を指すのではなく，原義である「共通のことがら（res publica）」をふまえた社会のあり方（人間のあり方）を指す．

　このような社会を構成する原理は，すでに述べたように，人為的なものであると同時に伝統的なものである．あるいは，意図的・固定的な側面と無意識的・生成的な側面とを合わせ持つといってもよい．法規範の両義性あるいは双面性を関連づけるならば，憲法が前者の側面に対応するのに対して，民法は後者の側面に対応させることができるのではないか．

　近代は，普遍的な価値の下に意識的に社会を構成するという考え方を発展させてきた．このことは，因習にとらわれずによりよい社会を構想することを可能にした．しかし，伝統や歴史的経緯のすべてを捨てて，人工的に社会を構成することは極めて困難である[17]．そもそも，この社会を支える普遍的

---

17)　共和主義者のドブレもこのことを認める．レジス・ドブレ（藤田訳）・娘と話す　国家のしくみってなに？（現代企画室，2002）79-80頁．

な価値とは何かもア・プリオリに定まっているわけではない．よりよい社会を構築していくためには，一定の前提に立ちつつ試行錯誤を繰り返していくことが不可避である．このようにして，時間をかけて段階的に，相対的によりよいものを探し出そうとする社会のあり方（人間のあり方）を，ここでは「穏健な（modéré）」と呼んだのである．

第3節

「市民社会」の進化と「法」の役割
制度・慣習・法典の観点から

I ―「市民社会の法」としての民法

1 「共和国」と「市民社会」の関係

　前節の末尾では「共和国」という言葉を使ったが，この「共和国」は政体を指すわけではなく，その構成員である「市民」の統合の目的・原理を示すものにほかならない．より実体的に表現するならば，「市民社会」という言葉で代替することもできる．「市民社会の法」と呼ばれることもある民法の観点からは，この言葉の方がなじみがあるとも言える．

　もっとも，「市民社会」という言葉は多義的である．①国家（政治）と対置した形で市場（経済）を指したり（狭義の用法α），②国家でも市場でもない第三の領域，とりわけ NPO などによる非営利活動を指すことも少なくないが（狭義の用法β），③①②の双方，さらには政治の領域をも含めて，この言葉を用いることも可能である．その場合，国家だけは除外するか（広義の用法）国家をも含めるか（最広義の用法）が問題になる．

　「市民的権利（droits civils）」の法としての民法という観点に立つ本書は，さしあたり国家は除外して考えているが，市場に加えて非営利活動の領域を広くとらえ，これを「市民社会」と呼びたいと考える．しかし，このことは，（原理ではなく）国家としての「共和国」の存在を軽視するものではない．主権国家がなお厳然として存在する今日，国家と国家法によって「共和国」＝「市民社会」が実現されるという側面にも十分に留意する必要がある．

結　章　外国人と市民＝社会と法の将来

2　比喩としての集合住宅

　民法を学ぶ者にとってはイメージを形成しやすい例を掲げて，以上のことを説明してみよう．集合住宅の場合がその例である．

　分譲マンションのような複数の区分所有者からなる集合住宅（区分所有建物）を考えてみよう．居住者には，各区画（専有部分）の区分所有者（→国民）だけではなく，所有者からある区画を借り受けている賃借人（→外国人）も含まれる（さらに，区分所有者の家族なども含まれる→未成年者など）．この集合住宅内における日常生活をより快適にするために，所有者も賃借人もそれぞれ，自らが有する（所有する・賃借する）専有部分を原則として自由に使用することができる．また，必要に応じて廊下・エレベーター・中庭などの共用部分を利用することもできる．さらに，マンション全体の住環境の改善のために，意見を述べたり，団体を組織して活動することもできる．以上の点については，所有者であるか賃借人であるかは重要ではない．一定の継続性を持って当該マンションで暮らしているという点では変わりがないからである．そう考えると，事情により一時的に滞在している人にまで団体構成員となる資格を認める必要はないかもしれない．

　ただし，マンション全体を売却するとか建て替えるということになると，話は少しちがってくる．この場合には所有権（→国籍）の有無が重要である．所有権を持つ者が集合住宅の運命に対して最終的な権限と責任を持つのである．このように，所有者とそれ以外の者とでは集合住宅に対するコミットメントの度合いが異なる．賃借人を初めとする所有者以外の人々は，比較的簡単にこの集合住宅における共同生活から離脱することができるが，所有者の場合には，離脱は可能である（区分所有権を売却すればよい）とはいえ，それはそう容易なことではないからである．

　以上の事情は，（所有者が一人であれ複数であれ）居住者のすべてが賃借人である集合住宅（→国家を除いた市民社会）にも基本的にはあてはまるだろう．その場合，建物の処分に対して居住者は容喙できないが，それでも所有者に対して意見を述べることはできるはずである．他方，自分たちの生活環境のために，自分たちで活動をすることはできるが，所有者に働きかけてルールを作ってもらうこともできるだろう．

II ─「市民社会」と「法」の構造

1　進化する「市民社会」

「市民社会」の構成員資格は誰に認められるのか，また，「市民社会」は何を目標にするのか．これらの点は，ア・プリオリに定まっているわけではない．本書においては，「外国人」のメンバーシップに焦点を合わせ，「外国人」の生活支援のために何をすべきかを考えてきた．

もちろん，問題は「外国人」に限られるわけではない．たとえば，子どもの権利をどう考えるか，という問題がある．子どもたちには参政権を認めないとしても，意見を表明する権利や団体を組織して活動する権利を認めるべきではないか．あるいは，障害者支援のためには様々な金銭的・制度的な負担が伴うが，どこまでを「市民社会」がなすべきことがらとして想定するのか．

こうした問題に正解はない．状況に応じて，問題が発見され，解決がはかられる．人間としてのよりよい「生」のあり方を求めるという方向性は変わらないとしても，何をどうするかは模索の過程でしか明らかにならない．

2　媒介する「法」

(1) 基幹的制度と派生的制度　「市民社会」は，「市民」の意識の中に存在するとともに，各種の制度として可視化される．こうした制度には，社会の根幹をなすものとそこから派生したものとが存在する．

所有権とか契約といった制度はさまざまな制度の基本となるものである．たとえば，所有権や契約が存在しなければ，言い換えれば，自分の物に対する支配が保護され，他人との間で交わされた約束の実現が保障されなければ，安定した社会はおよそ存立しえない．

より複雑な制度，たとえば，住宅ローンという制度は，所有権から派生した抵当権と契約の一種である消費貸借契約の組み合わせからなる．あるいは，自動車事故の補償制度は，民事責任に保険制度を組み合わせて作られている．

派生的な制度は人々の創意によって創り出すことができるが，制度の安定性を確保したり制度の弊害を除くために，それ自体が制度として法定されることもある．本書に現れた例で言うと，外国人のための保証制度は，自発的

な活動として行われているが，（保証が今後も必要だとすれば）より安定した制度とするためには，法律によって定めることも考えられる．自治体の設けている外国人会議などについても同様である．

(2) **ハードローとソフトロー**　上に述べたことと重複するが，ルールには強制力を持つ形で定められたものとそれ以外の形で定められたものとがあることに留意する必要がある．法律上のルールには前者に属するものが多いが，そうではないものもある．後者の典型例としては，慣習やガイドラインのようなものがあげられる．

強制力を有するハードローは，その限度ではルールとして実効的である．しかし，ハードローは，明確な内容を持つものとして制定されていなければならず，それに伴うコストは大きい．その結果，最小限のルール化に留まることが多く，頻繁に改廃することが困難であるために，内容が固定化しやすい．

これに対して，ソフトローは，強制力を欠く点では実効性が低いが，内容が妥当なものであり，一般の承認が獲得されるならば，自発的な遵守が期待される．また，比較的簡単にルールを策定することができ，改訂も頻繁になしうる．よき慣行として一部で始まったことが，次第に普及して事実上の基準となることもある．さらには，それが法定されるに至ることもある．

民法は，強制力がある法律の形態をとっているので，その意味ではハードローであるが，憲法との関係では，よりソフトなローであると言える．また，民法のルールを出発点として，様々なソフトローが生成する余地があるし，現に生成している．各種の取引慣行はもちろん，家族の財産関係にかかわる慣行などを考えればよい．もっとも，存在する慣行のすべてが内容において正当なわけではないので，よりよい慣行を形成していくことが必要となる．

3　表象する「法典」

様々な制度，様々なルールが存在するとき，これらを明文化することはどのような意味を持つのだろうか．すべての制度・ルールを網羅することが不可能である以上は，明文化は断念した方がよいとも言える．他方で，ルールの根幹は，すべての人が認識できるように明文化した方がよいという考え方も成り立つ．

フランスやドイツなどのヨーロッパ大陸諸国，そして日本などが法典を編纂してきたのは，原理的には後者の考え方に与するものであると言える．環境が激しく変化し，また，人の往来も活発になった今日では，常に同じルールが妥当するわけではないし，また，暗黙のルールを知らない人々も増えてきている．そうだとすると，明文化の必要は大きくなっていると言えるだろう．

　さらに，「法典」という形で共通のルールを持つことは，二重の意味で「共和国」＝「市民社会」の統合に資するだろう．個別の問題につき，ルールを明文化することによって，社会が進む方向が示されることになる上に，自分たちのルールを法典という形で有するということ自体が，「共和国」＝「市民社会」を可視化することに繋がるというべきだろう．たとえば，フランスでは，人権宣言はこのような役割をはたしてきたし，実は，民法典についても同様のことが言えるのである．

　その先には，未解決の問題が残る．こうした法典が，国家法でなければならない理由はどこにあるのか，という問題である．すでに見たように，この点は，「共和国」＝「市民社会」の定義にもかかわる根本問題であり，さらに言えば，「法」の概念にもかかわる根本問題である．最終的な解答を与えることはできないが，ここには，「自己」と「他者」を媒介するには何らかの支点が必要とされるのではないかという問題と，その支点が「国家」であることとをどう考えるかという問題とが含まれることだけを述べておこう．

索　引

あ　行

アイデンティティ　155, 160, 168, 203, 240
アイヌ　212, 214, 220
アイヌ文化振興法　221, 222
朝日＝大蔵方式　199
朝日町（山形県）　207
厚木基地訴訟　218
アメリカ　13
アルバイト　109, 150, 153
安全　172
アンデレちゃん事件　84
EU　65, 138, 139, 238, 240
池袋　167, 208–210
慰謝料　126
イスラム　17, 156, 209, 212, 241
いちょう小学校（横浜市）　193
逸失利益　125
一夫多妻制　89
イラン（人）　99, 156
入会権　224
居留地制度　26
医療　121, 182, 233
医療費不払い　134
インタナショナル・プレス　162
インドシナ難民　63, 194
インドネシア　156
インナーエリア　168
ヴェール　160
氏の変更　72, 79
永住者　14, 56, 60, 61, 94, 95, 133, 139, 237
エスニック・グループ　167
エスニック・コミュニティ　179
エスニック・ネットワーク　156, 162, 172, 209, 210
エスニック・ビジネス　162, 172, 208
NPO　197, 198, 243
大泉町（群馬県）　142, 146, 175, 207, 209
大蔵村（山形県）　207
太田市（群馬県）　178, 207, 209

オールドタイマー　170, 186, 190
沖縄　23, 32, 212, 214
沖縄開発庁　223
沖縄県土地整理法　32
小樽温泉訴訟　2, 38

か　行

外国人学校　153, 160, 211
外国人市民（代表者）会議　181, 191
外国人集住地域（地区）　143, 156, 160, 166, 175, 210
外国人集住都市会議　149, 181
外国人妻　199
外国人登録　21, 56
外国人登録者(数／人口)　13, 168, 178, 187, 193
外国人登録証明書　63
外国人登録法　24, 56, 72, 219
外国人犯罪　19, 20, 43, 174, 211
外国人法　39, 40
外国人労働者　94
外国法人　26
開拓史　220
外地　32
拡大家族　85
学納金　109
仮装婚　73, 75
家族共同生活権　89
家族形成権　89, 229
家族再集権　90
学校　21, 145, 208, 211
稼働可能年数　127, 131
川崎市（神奈川県）　208, 209
韓国・朝鮮　13, 15, 103, 170, 202, 212
帰化　51, 83
基幹的制度と派生的制度　245
企業　92
偽装婚姻・縁組　21
技能実習制度　18, 101
教育　21
教会　172, 174, 180, 209
共生　187, 211

249

索　引

強制徴用　19
共通法　216
共同不法行為　81
共和国　241, 243
挙行地法　75
キリスト教　156
緊急医療　134
近隣住民　158, 171
公事　11
グローバリゼーション　17, 36, 237
結果発生地法　69
結婚仲介　205
結社の自由　119, 230
血統主義　50, 53
研修　14, 59, 96, 100
研修及び技能実習生の入国・在留管理に関する指針　101
研修制度　18
憲法14条　4, 7, 121
権利能力平等の原則　25
公営住宅　184
公開性　122
興行　15, 102
公共空間　12
公共性　8, 39, 122
公権と私権　43
公権力行使等地方公務員　4
公序　73, 122, 230
公務就任権　3, 22
公用語問題　154
行旅病人及行旅死亡人取扱法　135
高齢者　35, 185, 231
国際教室　144, 198
国際結婚　52
国際結婚仲介　202
国際私法　69
国際人権条約（規約）　7, 90, 136
国籍　21, 49, 79, 116, 130, 138, 214, 238
国籍条項　134
国籍選択　72
国籍法　24, 49
国籍要件　135, 136
国民権　32
国民健康保険　134, 137, 182, 184
戸籍　28, 54, 56, 71, 79, 232
戸籍法　47
国家　243, 247

子ども　35
　　──の権利　231
ゴミ　171
雇用の非正規化・脆弱化　98
コリアンタウン　156, 160
婚姻挙行地法　69
婚姻障害　75, 88
婚姻要件具備証明書　75

さ　行

再婚家族　85
在日韓国・朝鮮人　3, 18, 23, 99, 151, 153, 166, 186, 192, 214, 216
裁判権　219
最密接関係地法　69
在留資格　18, 21, 60, 96, 138, 202, 229
酒田短大事件　106
査証（ビザ）　59, 96, 157, 219
差別的入居拒否　115
参政権　43, 64
シヴィル　11, 23, 31, 40, 43, 48
支援団体　208
資格外活動　60, 110
私権と公権　8
自主権　10, 31, 32
自治会　197
自治体　145, 207
私的自治の原則　7, 118, 121
児童の権利条約　90, 152
市民　238
市民権　238
市民資格　48, 53
市民社会　11, 230, 243, 245
市民的権利　238, 243
市民登録　48
氏名　64
地元商店（街）　171, 172, 210
指紋押捺　56
社会学　41
社会統合・包摂　39, 43
社会保障　55
社会保障制度　132
弱者保護　35
上海事件　105
就学　14, 59, 94, 96, 103
就学義務　151
宗教　155, 232

宗教団体　93
宗教的少数者　232
宗教法人　158
自由結合　85, 87
集合住宅（比喩としての）　244
集住地域　→ 外国人集住地域（地区）
住所　47, 55
住宅ローン　116
自由貿易協定（FTA）　19
住民基本台帳法　47, 55
住民登録　55
就労　14, 60, 94, 96
就労可能期間　125
宿泊拒絶（元ハンセン病患者の）　119
主権　230
出入国　59
出入国管理及び難民認定法　18
出入国管理法　24, 77, 219, 237
準拠法　69, 79
準正　50, 83
障害者　35, 128, 131, 185, 231, 234
　──の権利　231
常居所地法　70, 71
城西国際大学事件　106
少数民族　222
少数民族問題　233
消費者　210, 231
消費者保護　108
女性，女子　14, 34, 102, 128, 167, 231, 235
女性専用車両　120, 123
人格権　6, 9, 64, 72, 233
信義則　115, 136
新宿　167, 208–210
人種差別撤廃条約　7
人身売買　20, 102
人身売買罪　102
身体障害者　131, 235
砂川事件判決　218
住み分け　184, 211
スリランカ人　126, 206
生活者　176, 183
生活保護　133
政権　10, 229
生殖補助医療　81
生地主義　50
性的少数者　35, 232

制度　39, 43
性同一性障害者　232
性別　130
世帯　55
選挙権　22
先行移住者　174, 209
戦後補償　22
騒音　171
相続税法　77
遡及効　83
損害額の算定方法　124

た 行

退去強制　61
退去命令　61
滞在資格　237
代理出産　21, 84
代理署名問題　224
代理母　50
台湾（人）　103, 170
治安　174
地域　21
地域住民　171, 208, 210
地方参政権　217
チャイナタウン（中華街）　156, 160, 193
嫡出推定＋否認　81
中華街　→ チャイナタウン
中国（人）　13–15, 103, 170, 192, 194, 202, 212
中国残留日本人　87
朝鮮　→ 韓国・朝鮮
朝鮮学校　153, 154
朝鮮戸籍令　216
朝鮮人の義務教育諸学校への就学　151
町内会　171, 190, 208
直接適用説・間接適用説　8
通則法　→ 法の適用に関する通則法
DV　74
DV 防止法　236
定額化論　132
定住化　147, 152
定住者　14, 18, 60, 62, 95, 133, 139, 237, 238
ドイツ　17
東京都昇進訴訟　2
同性愛者　232
同性カップル　88

索　引

特定商取引法　206
特別永住者　3, 14, 19, 60, 237
特別在留許可　62, 75, 90
豊田市（愛知県）　185
豊橋市（愛知県）　141, 145, 149

な　行

内縁　85, 88
内外人平等の原則　25, 229
難民条約　134–136
難民認定　21, 62
日米安全保障条約　218
日米地位協定　218
日系ブラジル人　→ブラジル人
二風谷事件　222
日本語学校　107
日本語教育施設の運営に関する基準　105
日本語教育担当職員　143, 146
日本語教室　161, 198, 203, 211
日本国との平和条約に基づき日本の国籍を離脱した者等の出入国管理に関する特例法　19, 60, 216
日本国民　49
日本人学校　20, 104
日本人の配偶者（等）　73, 87, 88, 157, 202
日本人法　39
日本文化　211, 241
入会拒絶（ゴルフクラブへの）　118
ニューカマー　140, 166, 170, 171, 174, 190, 209, 237
入店拒絶（宝石店への）　117
認知　81
ネーションかステートか　239
年少者　231, 234

は　行

ハードローとソフトロー　246
売買春　102
配偶者相続権　71, 73
パキスタン　125, 156
浜松市（静岡県）　175, 208
ハラール　159
バングラデシュ（人）　17, 99, 156
PTA　197
非営利団体，非営利組織　92, 93, 161, 163, 211
ビザ　→査証

人　42, 47, 235
——の法　233
日雇労働者　100
病的少数者　232
平等原則　3, 121, 230
平等取扱原則　122
フィリピン（人）　13, 15, 17, 80, 84, 99, 102, 140, 167, 202
不就学問題　149
不熟練労働　18, 100
普通養子　87
不動産業者　171, 172
不平等　39, 43
不法残留者　61, 62
不法就労　96, 131
不法就労者　125
不法滞在　20
不法滞在者　15, 98, 133, 137, 138, 237
不法入国者　61, 62
部落問題　233
ブラジリアン・プラザ　182
ブラジル（人）　13, 15, 17, 18, 140, 145, 153, 212
　日系——　97, 140, 141, 147, 161, 166, 175
ブラジル人学校　148, 153, 180
フランス　17
フリーター　98, 100
ふれあい館（川崎市）　186
文化　155
平均賃金　128, 131
米軍基地　22, 178, 218, 224
米軍軍人・軍属　214
米軍用地特別措置法　225
ベトナム　140, 202
——難民　140, 142, 167, 194
ペルー（人）　13, 15, 17, 18, 140, 145, 212
法廷通訳　155
法的人格　63
法典　246
法の適用に関する通則法　24, 27, 28, 69, 77, 87
暴力団関係者　120
ホームレス　100
母子家庭，母子世帯　141, 185
保証人　111
墓地　160

北海道　32, 214
北海道開発庁　221
北海道旧土人保護法　32, 221
ボランティア　161, 198
本国法　70

ま　行

マイノリティ　35, 36, 189, 231, 234
マクリーン判決　58
未成年者　235
三菱樹脂判決　121
身分登録制度　229
身元保証　111
民事身分　48, 53
民族学校　153, 217
民法3条2項　24, 228
無国籍児　50
木造賃貸アパート，住宅　169–171

モスク　157
門中　224

や　行

山形県最上地域　199
養子　77
横田基地訴訟　218
横浜市（神奈川県）　142, 161, 193, 209
寄せ場　98

ら　行

留学　14, 15, 59, 96, 103
留学生　20, 133
留学生十万人計画　103
琉球　214, 223
利用拒絶（同性愛者団体の）　119
旅券　59, 219
ロシア人　6

著者略歴
1958年　千葉県に生まれる
1982年　東京大学法学部卒業
現　在　東京大学法学部教授

主要著書
『公序良俗と契約正義』1995年，有斐閣
『典型契約と性質決定』1997年，有斐閣
『契約法から消費者法へ』1999年，東京大学出版会
『消費者・家族と法』1999年，東京大学出版会
『民法総論』2001年，岩波書店
『フランスの社交と法』2002年，有斐閣
『生活民法入門』2003年，東京大学出版会
『家族法 第2版補訂版』2004年，有斐閣
『もうひとつの基本民法 I』2005年，有斐閣
『生活のための制度を創る』2005年，有斐閣
『基本民法 II 債権各論 第2版』2005年，有斐閣
『基本民法 III 債権総論・担保物権 第2版』2005年，有斐閣
『父と娘の 法入門』2005年，岩波書店
『消費者法 第3版』2007年，有斐閣
『基本民法 I 総則・物権総論 第3版』2007年，有斐閣
『「民法0・1・2・3条」』2007年，みすず書房

他者とともに生きる　民法から見た外国人法

2008年1月30日　初　版

［検印廃止］

著　者　大村敦志（おおむらあつし）

発行所　財団法人　東京大学出版会

代表者　岡本和夫

113-8654　東京都文京区本郷7-3-1 東大構内
電話 03-3811-8814　Fax 03-3812-6958
振替 00160-6-59964

印刷所　研究社印刷株式会社
製本所　矢嶋製本株式会社

© 2008　Atsushi Omura
ISBN 978-4-13-032344-4　Printed in Japan

Ⓡ〈日本複写権センター委託出版物〉
本書の全部または一部を無断で複写複製（コピー）することは，著作権法上での例外を除き，禁じられています．本書からの複写を希望される場合は，日本複写権センター（03-3401-2382）にご連絡ください．

著者	書名	判型	価格
大村敦志著	生活民法入門 暮らしを支える法	A5	3200円
大村敦志著	契約法から消費者法へ 生活民法研究 I	A5	5800円
大村敦志著	消費者・家族と法 生活民法研究 II	A5	5800円
内田貴著	民法 I　第3版 総則・物権総論	A5	3200円
内田貴著	民法 II　第2版 債権総論	A5	3600円
内田貴著	民法 III　第3版 債権総論・担保物権	A5	3500円
内田貴著	民法 IV　補訂版 親族・相族	A5	3500円
藤田広美著	講義　民事訴訟	A5	3800円
平井宜雄著	損害賠償法の理論	A5	7200円
森田修著	強制履行の法学的構造	A5	7200円

ここに表示された価格は本体価格です．御購入の際には消費税が加算されますので御了承下さい．